Projet OCDE/G20 sur l'érosion de la base d'imposition et le transfert de bénéfices

I0885264

Aligner les prix de transfert calculés sur la création de valeur, Actions 8-10 - Rapports finaux 2015

OCDE

DES POLITIQUES MEILLEURES POUR UNE VIE MEILLEURE

Merci de citer cet ouvrage comme suit :
OCDE (2016), *Aligner les prix de transfert calculés sur la création de valeur, Actions 8-10 - Rapports finaux 2015*, Projet OCDE/G20 sur l'érosion de la base d'imposition et le transfert de bénéfices, Éditions OCDE, Paris.
http://dx.doi.org/10.1787/9789264249202-fr

ISBN 978-92-64-24919-6 (imprimé)
ISBN 978-92-64-24920-2 (PDF)

Série : Projet OCDE/G20 sur l'érosion de la base d'imposition et le transfert de bénéfices
ISSN 2313-2620 (imprimé)
ISSN 2313-2639 (en ligne)

Crédits photo : Couverture © ninog – Fotolia.com

Les corrigenda des publications de l'OCDE sont disponibles sur : *www.oecd.org/about/publishing/corrigenda.htm*.

Avant-propos

Les questions fiscales internationales sont aujourd'hui plus que jamais au cœur des préoccupations des pouvoirs publics. L'intégration des économies et des marchés nationaux a connu une accélération marquée ces dernières années, mettant à l'épreuve le cadre fiscal international conçu voilà plus d'un siècle. Les règles en place ont laissé apparaître des fragilités qui sont autant d'opportunités pour des pratiques d'érosion de la base d'imposition et de transfert de bénéfices (BEPS), appelant une action résolue de la part des dirigeants pour restaurer la confiance dans le système et faire en sorte que les bénéfices soient imposés là où les activités économiques sont réalisées et là où la valeur est créée.

À la suite de la parution du rapport intitulé *Lutter contre l'érosion de la base d'imposition et le transfert de bénéfices* en février 2013, les pays de l'OCDE et du G20 ont adopté en septembre 2013 un Plan d'action en 15 points visant à combattre ces pratiques. Les 15 actions à mener s'articulent autour de trois principaux piliers : harmoniser les règles nationales qui influent sur les activités transnationales, renforcer les exigences de substance dans les standards internationaux existants, et améliorer la transparence ainsi que la certitude.

Depuis lors, tous les pays de l'OCDE et du G20 ont œuvré sur un pied d'égalité, et la Commission européenne a également apporté sa contribution tout au long du projet BEPS. Les pays en développement ont été étroitement associés au moyen de différents mécanismes, notamment une participation directe aux travaux du Comité des affaires fiscales. En outre, des organisations fiscales régionales, comme le Forum sur l'administration fiscale africaine (ATAF), le Centre de rencontres et d'études des dirigeants des administrations fiscales (CREDAF), et le Centre interaméricain des administrations fiscales (CIAT), ont travaillé aux côtés d'organisations internationales, telles que le Fonds monétaire international (FMI), la Banque mondiale et les Nations Unies. Les parties prenantes ont été largement consultées : au total, le projet BEPS a fait l'objet de plus de 1 400 contributions d'entreprises, de fiscalistes, d'ONG et d'universitaires. 14 réunions publiques de consultation se sont tenues et ont été transmises en direct sur l'Internet, tandis que le Secrétariat de l'OCDE a diffusé des sessions interactives sur le Web afin de tenir le public informé de l'évolution du projet et de répondre à ses questions.

Après deux ans de travail, les 15 rapports prévus par le Plan d'action ont été établis. Tous ces rapports, y compris ceux publiés à titre provisoire en 2014, ont été réunis au sein d'un ensemble complet de mesures, qui représente le premier remaniement d'importance des règles fiscales internationales depuis près d'un siècle. La mise en œuvre des nouvelles mesures devrait conduire les entreprises à déclarer leurs bénéfices là où les activités économiques qui les génèrent sont réalisées et là où la valeur est créée. Les stratégies de planification fiscale qui s'appuient sur des règles périmées ou sur des dispositifs nationaux mal coordonnés seront caduques.

La mise en œuvre revêt donc une importance cruciale à ce stade. L'application des mesures prévues passe par des modifications de la législation et des pratiques nationales et par l'adoption de nouvelles dispositions conventionnelles, grâce à la négociation d'un instrument multilatéral qui devrait aboutir en 2016. Les pays de l'OCDE et du G20 ont également décidé de poursuivre leur coopération en vue de garantir une application cohérente et coordonnée des recommandations issues du projet BEPS. La mondialisation exige de trouver des solutions de portée mondiale et de nouer un dialogue mondial qui va au-delà des pays de l'OCDE et du G20. Pour promouvoir cet objectif, les pays de l'OCDE et du G20 concevront en 2016 un mécanisme complet de suivi auquel tous les pays intéressés participeront sur un pied d'égalité.

Une meilleure compréhension de la manière dont les recommandations issues du projet BEPS sont mises en pratique pourrait limiter les malentendus et les différends entre États. Une attention accrue portée à la mise en œuvre des actions et à l'administration de l'impôt pourrait être bénéfique tant pour les États que pour les entreprises. Enfin, des solutions sont proposées pour améliorer les données et les analyses, ce qui permettra d'évaluer et de quantifier régulièrement l'impact des mécanismes d'érosion de la base d'imposition et transfert de bénéfices et les résultats des mesures issues du projet BEPS appliquées pour lutter contre ces pratiques.

Table des matières

Abréviations et acronymes

ARC	Accord de répartition des coûts
BEPS	Érosion de la base d'imposition et transfert de bénéfices
CUP	Prix comparable sur le marché libre
G20	Groupe des vingt
OCDE	Organisation de coopération et de développement économiques
ONU	Organisation des Nations Unies
R&D	Recherche et développement
SEC	Société étrangère contrôlée
SRC	Société de recherche sous contrat
TVA	Taxe sur la valeur ajoutée

Synthèse

Pendant plusieurs décennies, dans le contexte de la mondialisation de l'économie, les échanges mondiaux intra-groupe se sont développés de manière exponentielle. Les règles relatives aux prix de transfert, qui sont utilisées à des fins fiscales, consistent à déterminer les conditions des transactions, notamment le prix, au sein d'un groupe d'entreprises multinationales, pour l'attribution des bénéfices aux sociétés du groupe présentes dans différents pays. L'impact de ces règles est devenu plus significatif pour les entreprises et les administrations fiscales dans un contexte de croissance du volume et de la valeur des échanges intra-groupe. Comme l'a souligné le Plan d'action BEPS, les normes internationales existantes en matière de règles de prix de transfert peuvent être appliquées à tort et aboutir à des résultats dans lesquels l'attribution des bénéfices ne correspond pas à l'activité économique qui a généré les bénéfices. Les travaux effectués dans le cadre des actions 8 à 10 du Plan d'action BEPS se sont concentrés sur ce problème afin de faire en sorte que les prix de transfert calculés soient conformes à la création de valeur.

Le principe de pleine concurrence est utilisé par les pays comme fondement des règles de prix de transfert. Il est inscrit dans les traités et figure à l'article 9(1) du Modèle OCDE de convention fiscale concernant le revenu et la fortune et du modèle de convention des Nations Unies concernant les doubles impositions (ci-après « les modèles de convention de l'OCDE et des Nations Unies »). Une interprétation de ce principe, partagée par bon nombre de ces pays, est définie dans les Principes de l'OCDE applicables en matière de prix de transfert à l'intention des entreprises multinationales et des administrations fiscales (ci-après « Principes applicables en matière de prix de transfert »), qui ont été publiés initialement dans le Rapport de l'OCDE de 1979 sur les Prix de transfert et entreprises multinationales, révisés et publiés en 1995 sous la forme de Principes et mis à jour une nouvelle fois en 2010. Ce principe implique que le prix des transactions entre des entreprises associées soit calculé comme si elles étaient indépendantes, opéraient en pleine concurrence et se livraient à des transactions comparables dans les mêmes conditions et circonstances économiques. Lorsque les conditions de la transaction sont différentes de celles applicables à des tiers dans des circonstances comparables, des ajustements des bénéfices peuvent être nécessaires à des fins fiscales. Le principe de pleine concurrence a démontré son efficacité comme norme pratique et équilibrée, pour que les administrations fiscales et les contribuables évaluent les prix de transfert entre des entreprises associées et évitent la double imposition. Toutefois, considérées comme attachant trop d'importance aux attributions contractuelles des fonctions, des actifs et des risques, les orientations actuelles sur l'application du principe se sont également révélées susceptibles de manipulations. Ces manipulations peuvent aboutir à des résultats ne correspondant pas à la valeur créée par l'activité économique sous-jacente exercée par les membres d'un groupe d'entreprises multinationales. Par conséquent, le Plan d'action nécessitait une clarification et un renforcement du principe du prix de pleine concurrence et, en cas de persistance des risques liés aux prix de transfert après cette clarification et ce renforcement des principes, le Plan d'action prévoyait la possibilité de mettre en place des mesures spécifiques dans le cadre ou au-delà du principe de pleine concurrence.

Ces travaux consacrés aux prix de transfert dans le cadre du Plan d'action BEPS ont privilégié trois domaines d'action principaux. Les travaux réalisés dans le cadre de l'Action 8 ont consisté à examiner les aspects des prix de transfert relatifs aux transactions impliquant des actifs incorporels attendu qu'une mauvaise attribution des bénéfices produits par les éléments incorporels de valeur a contribué à l'érosion de la base d'imposition et au transfert de bénéfices. Les travaux réalisés dans le cadre de l'Action 9 ont consisté à examiner l'attribution contractuelle des risques et la répartition des bénéfices en résultant en fonction de ces risques, qui sont susceptibles de ne pas correspondre aux activités effectivement exercées. Les travaux réalisés dans le cadre de l'Action 9 ont consisté à traiter le niveau de rendement des fonds fournis par un membre de groupe d'entreprises multinationales détenant une part importante du capital, lorsque ces rendements ne correspondent pas au niveau de l'activité exercée par la société ayant fourni les fonds. Les travaux réalisés dans le cadre de l'Action 10 étaient axés sur les transactions à haut risque, notamment sur l'importance accordée au traitement des attributions de bénéfices résultant de transactions qui ne sont pas commercialement rationnelles pour les entreprises individuelles concernées (requalification), à l'utilisation des méthodes de prix de transfert selon des modalités aboutissant au détournement des bénéfices des activités économiquement les plus importantes d'un groupe d'entreprises multinationales et à l'opposition à certains types de paiement entre les membres d'un groupe d'entreprises multinationales (comme les frais de gestion et les dépenses du siège) ayant pour effet d'éroder la base d'imposition en l'absence de conformité avec la création de valeur.

Le présent rapport propose une révision des principes qui répond à ces problèmes et s'assure que les règles en matière de prix de transfert aboutissent à des calculs selon lesquels les bénéfices opérationnels sont attribués aux activités économiques qui les ont générés. Il s'agit d'un accord entre les pays OCDE/G20 participant au projet BEPS. En ce qui concerne les pays qui souscrivent formellement aux Principes applicables en matière de prix de transfert, les orientations du présent Rapport se présentent sous la forme d'amendements des Principes applicables en matière de prix de transfert. En conséquence, le présent rapport reflète également la façon dont ces modifications seront intégrées à ces Principes[1].

Pour atteindre cet objectif, les principes révisés nécessitent une délimitation prudente de la transaction réelle entre des entreprises associées, en analysant les relations contractuelles entre les parties par rapport à leur comportement. Le comportement complètera ou remplacera les dispositions contractuelles si les contrats sont incomplets ou ne sont pas confirmés par le comportement. Parallèlement à l'application adéquate des méthodes de calculs de prix selon des modalités interdisant l'attribution de bénéfices à des sites qui n'ont pas contribué à ces bénéfices, cela permettra d'affecter les bénéfices aux entreprises qui exercent l'activité correspondante. Dans les cas où la transaction entre les entreprises associées est dépourvue de rationalité commerciale, les principes autorisent toujours la disqualification de la transaction aux fins des prix de transfert.

Cette révision des principes comprend deux éclaircissements importants relatifs aux risques et aux actifs incorporels.

Les risques sont définis comme l'effet de l'incertitude sur les objectifs d'une entreprise. Dans toutes les activités d'une entreprise, dans chacune des mesures prises pour tirer parti des opportunités, chaque fois qu'une entreprise dépense de l'argent ou génère un revenu, l'incertitude existe et un risque est supporté. Les entreprises sans but lucratif prennent des risques commerciaux sans espérer réaliser de profit. Cette notion économique selon laquelle des risques plus élevés garantissent des profits supérieurs ont incité les groupes d'entreprises multinationales à adopter des stratégies de planification des risques reposant sur les réaffectations contractuelles des risques, parfois sans changer les opérations commerciales. Pour tenir compte de cette situation, le présent rapport établit que les risques supportés contractuellement par une partie qui ne peut exercer, dans les faits, un contrôle significatif et précisément défini des risques ou qui n'a pas la capacité financière de supporter les risques, seront pris en charge par la partie qui exerce ce contrôle et qui a la capacité financière d'assumer les risques.

Pour les actifs incorporels, les principes précisent que la seule propriété légale ne donne pas nécessairement droit à la totalité (ou même à une partie) du rendement généré par l'actif incorporel. Les membres de groupes d'entreprises multinationales qui exercent des fonctions importantes, qui contrôlent des risques économiquement significatifs et fournissent des actifs, selon la définition clairement délimitée de la transaction réelle, seront en droit de percevoir un rendement approprié reflétant la valeur de leurs contributions. Les Principes spécifiques veilleront à ce que l'analyse ne soit pas sujette à des asymétries de l'information entre l'administration fiscale et le contribuable en cas d'actifs incorporels difficiles à valoriser ou d'application de liens contractuels spécifiques, tels qu'un accord de répartition des coûts.

Les Principes révisés traitent également des circonstances dans lesquelles un membre du groupe détenteur de capital apporte des fonds mais exerce peu d'activités. Si cette entreprise associée ne contrôle pas en réalité les risques financiers liés à ses fonds (notamment parce qu'elle n'apporte de l'argent que lorsque cela lui est demandé, sans évaluer si la partie recevant l'argent est solvable), les bénéfices associés à ces risques financiers ne lui seront alors pas attribués et elle ne devra pas s'attendre à mieux qu'à un rendement sans risque, notamment si la transaction n'est pas commercialement rationnelle, le principe de non-reconnaissance s'appliquant alors dans ce cas.

Enfin, les Principes font en sorte que les méthodes de prix de transfert attribuent les bénéfices aux activités économiques les plus importantes. Il ne sera plus possible d'affecter les avantages synergiques résultant de l'appartenance à un groupe à d'autres membres que ceux qui ont contribué à ces avantages synergiques. Par exemple, les remises obtenues sur le volume de marchandises commandé par plusieurs sociétés d'un groupe devront être affectées aux sociétés du groupe concernées. Ce rapport comprend un mandat de poursuite des travaux relatifs à la méthode transactionnelle du partage des bénéfices, qui sera effectué en 2016 et finalisé au premier semestre 2017. Ces travaux aboutiront à des principes détaillés sur les moyens d'appliquer cette méthode de manière concluante et appropriée, afin que le calcul des prix de transfert soit conforme à la création de valeur, y compris dans les cas de chaînes de valeur mondiales intégrées.

Les Principes sont liés globalement à d'autres actions BEPS. Comme indiqué ci-dessus, ces Principes veillent à ce que les entités qui détiennent du capital mais n'exercent pas d'autres activités économiques pertinentes (« cash boxes ») ne soient pas autorisées à réaliser des bénéfices excessifs. Les bénéfices que la « cash box » est en droit de conserver ne dépasseront pas un rendement sans risque. En outre, si ce rendement donne droit à un intérêt ou à un paiement économiquement équivalent, ces bénéfices déjà marginaux seront alors également visés par les règles de déductibilité des intérêts de l'Action 4. Par ailleurs, il sera extrêmement difficile de structurer les paiements dans le pays dans lequel la « cash box » a sa résidence fiscale, de manière à éviter la retenue de taxes, en raison des principes visant à empêcher l'utilisation abusive des conventions fiscales (Action 6). Enfin, une « cash box » exerçant des activités économiques limitées ou nulles est susceptibles d'être visée par les règles relatives aux SEC (Action 3). En conséquence, l'approche globale adoptée par le Plan d'action BEPS fera en sorte d'avoir un effet dissuasif sur le rôle des « cash boxes » dans les stratégies BEPS.

L'approche globale de prise en compte du comportement dans le Plan BEPS est soutenue par les exigences de transparence adoptées au titre de l'Action 13. L'analyse des prix de transfert dépend de l'accès aux informations pertinentes. L'accès à la documentation sur les prix de transfert prévu par l'Action 13 permettra l'application pratique des principes prévus par ce rapport, reposant sur les informations significatives du fichier principal et du fichier local sur les opérations mondiales et locales. En outre, la déclaration pays par pays permettra de meilleures pratiques en matière d'évaluation des risques en fournissant des informations sur l'affectation globale des revenus, bénéfices, taxes et activités économiques des groupes multinationaux.

En plus de faciliter l'accès aux informations significatives sur les prix de transfert dans le cadre de l'Action 13, ce rapport contient des orientations relatives aux transactions portant sur des produits de base et aux services intra-groupe à faible valeur ajoutée. Étant donné que le Plan BEPS représente des enjeux supplémentaires pour les pays en développement et que ces derniers ont jugé ces deux domaines comme étant extrêmement importants, ces Principes seront complétés par d'autres travaux commandés par le Groupe de travail du G20 sur le développement, qui fourniront les connaissances, les meilleures pratiques et les outils nécessaires aux pays en développement pour calculer les prix de transfert des transactions portant sur des produits de base et éviter l'érosion de leur bases fiscales par les types courants de paiements y contribuant.

Les prix de transfert dépendent en réalité de l'analyse des faits et circonstances et peuvent impliquer des interprétations subjectives de ces faits et circonstances. Pour prendre en compte le risque de double imposition, les travaux réalisés dans le cadre de l'Action 14 visant à améliorer l'efficacité des mécanismes de résolution des différends comprennent une nouvelle norme minimale prévoyant l'accès à la procédure d'accord amiable prévue par l'article 25 du modèle de convention fiscale applicable à toutes les situations de prix de transfert. En outre, les 20 pays qui se sont engagés à respecter les règles d'arbitrage obligatoires de l'Action 14 ont précisé qu'ils vont autoriser l'arbitrage dans les cas de prix de transfert afin d'éliminer la double imposition.

Les travaux réalisés dans le cadre des Actions 8 à 10 du Plan d'action BEPS veilleront à ce que les prix de transfert calculés soient conformes à la création de valeur du groupe d'entreprises multinationales concerné. Par ailleurs, le caractère global du Plan d'action BEPS fera en sorte que le rôle des entités qui détiennent le capital et exercent peu d'activités au titre du plan BEPS, devienne moins significatif. Par conséquent, les objectifs fixés par le Plan d'action BEPS dans le cadre du développement des règles relatives aux prix de transfert ont été atteints sans qu'il ne soit nécessaire de mettre au point des mesures spécifiques en dehors du principe de pleine concurrence. D'autres travaux seront consacrés aux méthodes de partage des bénéfices et aux transactions financières. Ce rapport accorde une attention particulière aux besoins des pays en développement. Les nouveaux principes seront complétés par d'autres travaux commandés par le Groupe de travail du G20 sur le développement et par les rapports suivants de l'OCDE sur l'impact de l'érosion de la base d'imposition et du transfert de bénéfices dans les pays en voie de développement. Enfin, l'interaction avec l'Action 14 relative à la résolution des différends veillera à ce que les mesures relatives aux prix de transfert proposées dans ce rapport n'aboutissent pas à une double imposition.

PRINCIPES RELATIFS À L'APPLICATION DU PRINCIPE DE PLEINE CONCURRENCE

Révisions apportées à la Section D du chapitre I des Principes applicables en matière de prix de transfert

Synthèse

Les Principes énoncés dans ce chapitre du Rapport répondent à la demande formulée dans le cadre des Action 8 à 10 du Plan d'action BEPS exigeant que les règles établies fassent en sorte que le calcul des prix de transfert soit conforme à la création de valeur. Plus spécifiquement, les Actions 9 et 10 imposent le développement de :

(i) « règles qui empêchent l'érosion de la base d'imposition et le transfert de bénéfices (BEPS) par le biais du transfert de risques entre membres d'un même groupe ou de l'attribution d'une fraction excessive du capital aux membres de ce groupe. Il faudra pour cela adopter des règles d'établissement des prix de transfert ou des mesures spéciales qui empêchent qu'une entité perçoive des revenus inappropriés du seul fait qu'elle s'est contractuellement engagée à assumer des risques ou à apporter du capital. Les règles à définir devront également imposer que les revenus soient proportionnels à la création de valeur. »

(ii) « règles qui empêchent l'érosion de la base d'imposition et le transfert de bénéfices par le biais de transactions dans lesquelles des entreprises indépendantes ne s'engageraient pas, ou ne s'engageraient que rarement. Il faudra pour cela adopter des règles d'établissement des prix de transfert ou des mesures spéciales visant à : (i) préciser les circonstances dans lesquelles des transactions peuvent être requalifiées ».

Les Principes font en sorte que :

- les transactions commerciales réelles entre des entreprises associées soient identifiées et que les prix de transfert ne reposent pas sur des accords contractuels qui ne reflètent pas la réalité économique ;
- les attributions contractuelles des risques ne soient respectées que si elles sont étayées par une prise de décision réelle ;
- le capital sans les fonctions ne génère pas plus qu'un rendement sans risque afin de garantir qu'un rendement supérieur ne soit pas attribué à des « cash boxes » de manière infondée ;
- Les administrations fiscales peuvent ne pas reconnaître des transactions dans des cas exceptionnels de transaction commercialement irrationnelle.

Globalement, ces modifications apportent une contribution essentielle au principe de calcul de prix de transfert conformes aux activités de création de valeur exercées par les membres d'un groupe d'entreprises multinationales.

Ces révisions constituent une mise à jour des Principes applicables en matière de prix de transfert afin de servir d'orientation aux contribuables et aux administrations fiscales dans le cadre de l'analyse des prix de transfert. Les révisions soulignent l'importance d'une définition délimitant clairement la transaction réelle entre des entreprises associées en complétant, si nécessaire, les clauses d'un contrat par la preuve du comportement effectif des parties. La transaction n'est pas définie uniquement par ce qui est énoncé dans le contrat.

Le risque supporté par une partie à la transaction peut affecter de manière significative le prix de cette transaction dans des conditions de pleine concurrence. Les révisions étendent la portée des principes relatifs à l'identification des risques spécifiques et à leur impact, et fournissent un cadre analytique afin de déterminer l'entreprise associée qui supporte le risque aux fins du calcul des prix de transfert. Pour supporter le risque aux fins du calcul des prix de transfert, l'entreprise associée doit contrôler le risque et disposer des capacités financières pour l'assumer.

Enfin, ces principes contribuent à déterminer précisément les contributions réelles d'une entreprise associée qui apporte exclusivement le capital. Lorsque l'entité qui apporte le capital ne contrôle pas les risques d'investissement pouvant donner lieu à des rendements supérieurs, l'entreprise associée concernée ne doit pas s'attendre à mieux qu'un rendement sans risque.

Considérés ensemble, ces aspects des principes révisés veillent à ce que l'analyse des prix de transfert repose sur une définition précisément délimitée de la contribution effective des entreprises associées à la transaction et non pas sur des dispositions contractuelles, notamment sur la prise en charge contractuelle du risque, qui ne sont pas mises en application dans la pratique. Ces indications servent de base à l'analyse des prix de transfert mais elles abordent également certains problèmes majeurs d'érosion de la base d'imposition et de transfert de bénéfices : l'affectation des risques sur le papier n'implique pas en soi un transfert des bénéfices.

Normalement, le prix des accords réels devrait être calculé conformément aux directives énoncées dans les autres chapitres des Principes applicables en matière de prix de transfert. Toutefois, les révisions apportées à ce chapitre renforcent les possibilités, pour les administrations fiscales, de ne pas reconnaître des transactions entre des entreprises associées dans les cas exceptionnels de transactions commercialement irrationnelles. Les principes rappellent que le simple fait que la transaction ne puisse pas être observée entre des parties indépendantes ne signifie pas qu'elle doive être écartée. Au contraire, la question essentielle consiste à savoir si la transaction effective présente la rationalité commerciale des accords qui seraient conclus entre des parties non associées dans des circonstances économiquement comparables.

En résumé, les révisions répondent à l'obligation d'interdire des rendements inappropriés du capital et une mauvaise affectation du risque en favorisant la rigueur dans la définition des accord effectifs entre des entreprises associées afin que le calcul du prix tienne compte des contributions réelles de ces parties, notamment des risques réellement supportés, et en autorisant la non-reconnaissance de transactions qui n'ont aucun sens d'un point de vue commercial.

Les dispositions actuelles de la section D du chapitre I des Principes applicables en matière de prix de transfert sont supprimées dans leur intégralité, et remplacées par celles qui suivent.

D.1. Identification des relations commerciales et financières

1.33 Comme l'indique le paragraphe 1.6, l'« analyse de comparabilité » est au cœur de l'application du principe de pleine concurrence. L'application du principe de pleine concurrence repose sur une comparaison entre les conditions d'une transaction contrôlée et celles qui auraient été appliquées si les parties avaient été indépendantes et si elles avaient effectué une transaction comparable dans des circonstances comparables. Cette analyse comporte deux aspects : le premier consiste à identifier les relations commerciales ou financières entre des entreprises associées, et à déterminer les conditions et les circonstances économiquement significatives qui se rattachent à ces relations de manière à délimiter de façon précise la transaction contrôlée; le deuxième consiste à comparer les conditions et les circonstances économiquement significatives de la transaction contrôlée, délimitée de façon précise, avec celles de transactions comparables entre entreprises indépendantes. Cette section du chapitre I donne des indications sur la méthode à suivre pour identifier les relations commerciales ou financières entre les entreprises associées et pour cerner précisément la transaction contrôlée. Le premier aspect de l'analyse se distingue du second, qui consiste à examiner le prix de la transaction contrôlée sous l'angle du principe de pleine concurrence. Les chapitres II et III renseignent sur le deuxième aspect de l'analyse. Les informations sur la transaction contrôlée suivant les principes de cette section sont surtout pertinentes pour la deuxième et la troisième étape du processus typique de l'analyse de comparabilité, exposé au paragraphe 3.4.

1.34 Le processus typique d'identification des relations commerciales ou financières entres des entreprises associées et des conditions et circonstances économiquement significatives qui se rattachent à ces relations nécessite une compréhension générale du secteur industriel dans lequel le groupe multinational est présent (par exemple, industrie minière, pharmaceutique, produits de luxe) et des facteurs affectant les performances d'une entreprise présente dans ce secteur. Cette compréhension s'appuie sur la présentation du groupe d'entreprises multinationales concerné, exposant comment ce groupe réagit aux facteurs affectant les performances dans le secteur, notamment ses stratégies commerciales, ses marchés, ses produits, sa chaîne d'approvisionnement ainsi que les principales fonctions exercées, les actifs corporels utilisés et les risques majeurs supportés. Ces informations sont susceptibles de faire partie d'un fichier principal décrit au chapitre V pour aider le contribuable à calculer ses prix de transfert et elles offrent un cadre utile pour envisager les relations commerciales et financières entre les membres d'un groupe d'entreprises multinationales.

1.35 Le processus s'attache ensuite à définir comment chaque entreprise opère au sein du groupe d'entreprises multinationales, fournit une analyse du rôle de chaque membre du groupe d'entreprises multinationales (par exemple, société de production, société de distribution) et identifie ses relations commerciales ou financières avec les entreprises associées, telles qu'elles sont formulées dans les transactions entre elles. La définition précise de la transaction réelle ou des transactions réelles entre les entreprises associées nécessite l'analyse des caractéristiques économiquement pertinentes de la transaction. Ces caractéristiques économiquement pertinentes comprennent les conditions de la transaction et les circonstances économiquement pertinentes dans lesquelles la transaction a lieu. L'application du principe de pleine concurrence dépend des conditions que des parties indépendantes auraient définies lors de transactions comparables dans des circonstances comparables. Avant d'effectuer des comparaisons avec des transactions sur le marché libre, il est donc impératif de déterminer les caractéristiques économiquement pertinentes des relations commerciales et financières qui se manifestent dans la transaction contrôlée.

1.36 Les caractéristiques économiquement pertinentes ou les facteurs de comparabilité qui doivent être identifiés dans les relations commerciales et financières des entreprises associées, afin de délimiter précisément la transaction, sont globalement les suivantes :

- Les dispositions contractuelles de la transaction (D.1.1).
- Les fonctions exercées par chacune des parties à la transaction, compte tenu des actifs utilisés et des risques supportés, y compris le lien entre ces fonctions et la création de valeur au sens large par le groupe d'entreprises multinationales auquel les parties appartiennent, les circonstances qui entourent la transaction et les pratiques du secteur d'activité concerné (D.1.2).
- Les caractéristiques du bien transféré ou des services rendus (D.1.3).
- Les circonstances économiques des parties et du marché sur lequel les parties exercent leurs activités (D.1.4).
- Les stratégies économiques poursuivies par les parties (D.1.5).

Ces informations sur les caractéristiques économiquement pertinentes de la transaction réelle doivent être incluses dans le fichier local décrit au chapitre V pour faciliter l'analyse des prix de transfert par le contribuable.

1.37 Les caractéristiques économiquement pertinentes ou les facteurs de comparabilité sont utilisés de deux manières distinctes mais liées entre elles lors d'une analyse de comparabilité. La première concerne le processus de définition précise de la transaction aux fins du présent chapitre, et implique de déterminer les caractéristiques de la transaction, y compris ses modalités, les fonctions exercées, les actifs utilisés et les risques supportés par les entreprises associées, la nature des produits transférés ou des services rendus, ainsi que les circonstances propres aux entreprises associées, conformément aux catégories définies dans le paragraphe précédent. La mesure dans laquelle l'une des caractéristiques susvisées est économiquement significative pour une transaction particulière dépend de la mesure dans laquelle des entreprises indépendantes en tiendraient compte lors de l'évaluation des modalités de la même transaction, si elle était conclue entre elles.

1.38 Pour évaluer les conditions d'une transaction potentielle, des sociétés indépendantes vont comparer cette transaction aux autres possibilités réalistes qui leur sont offertes et elles ne vont conclure la transaction que si elles ne voient pas d'autres solutions plus avantageuses pour atteindre leurs objectifs commerciaux. En d'autres termes, des entreprises indépendantes ne vont conclure une transaction que si cette dernière ne les désavantage pas plus que la meilleure solution. À titre d'exemple, il y a peu de chances qu'une entreprise accepte un prix offert pour son produit par une entreprise indépendante si elle sait que d'autres clients potentiels sont prêts à payer plus cher dans des conditions similaires, ou sont disposés à payer le même prix dans des conditions plus avantageuses. Des entreprises indépendantes tiennent généralement compte de toutes les différences économiquement significatives entre les options réalistes qui s'offrent à elles (et notamment des différences de niveau de risque) lorsqu'elles évaluent ces options. Par conséquent, il est essentiel d'identifier les caractéristiques économiquement pertinentes pour définir précisément la transaction contrôlée et mettre en lumière l'ensemble des caractéristiques prises en compte par les parties à la transaction pour conclure que la transaction adoptée offre de meilleures chances d'atteindre des objectifs commerciaux que d'autres solutions réalistes. Pour effectuer cette évaluation, il peut être nécessaire ou utile d'évaluer la transaction dans le contexte d'un dispositif de transactions élargi puisque l'évaluation des options réalistes offertes ne se limite pas nécessairement à une seule transaction mais peut prendre en compte un dispositif élargi de transactions économiquement liées.

1.39 La deuxième façon d'utiliser les caractéristiques économiquement pertinentes ou les facteurs de comparabilité lors d'une analyse des prix de transfert concerne le processus décrit au chapitre III, à savoir les comparaisons entre des transactions contrôlées et des transactions sur le marché libre en vue de calculer un prix de pleine concurrence pour la transaction contrôlée. Pour procéder à ces comparaisons, les contribuables et les administrations fiscales doivent avoir identifié au préalable les caractéristiques économiquement pertinentes de la transaction contrôlée. Comme l'explique le chapitre III, les différences de ces caractéristiques entre la transaction contrôlée et les transactions sur le marché libre doivent être prises en compte pour déterminer si les situations considérées sont comparables et quelles corrections peuvent être nécessaires pour qu'il y ait comparabilité.

1.40 Toutes les méthodes fondées sur le principe de pleine concurrence se rattachent à l'idée que des entreprises indépendantes examinent les différentes options réalistes qui s'offrent à elles et, dans la comparaison de ces options, prennent en compte toutes les différences ayant une incidence sur la valeur respective de ces options. Par exemple, on peut normalement s'attendre à ce que des entreprises indépendantes, avant d'acheter un produit à un certain prix, recherchent si elles ne pourraient pas acheter le même produit moins cher à une autre entreprise, les autres conditions et modalités de la transaction étant par ailleurs comparables. C'est pourquoi, comme on le verra à la partie II du chapitre II, la méthode du prix comparable sur le marché libre compare une transaction entre entreprises associées aux transactions similaires entre entreprises indépendantes afin d'obtenir une estimation directe du prix sur lequel les parties auraient pu s'accorder si elles avaient eu directement recours au marché au lieu de conclure une transaction contrôlée. Toutefois, cette méthode perd de sa validité en tant que substitut d'une transaction de pleine concurrence si les caractéristiques des transactions sur le marché libre qui ont une incidence substantielle sur le prix pratiqué entre des entreprises indépendantes ne sont pas toutes comparables. De même, la méthode du prix de revente et la méthode du coût majoré consistent à comparer la marge brute obtenue dans le cadre de la transaction entre entreprises associées aux marges brutes obtenues dans le cadre de transactions similaires sur le marché libre. La comparaison donne une estimation de la marge bénéficiaire brute que l'une des parties aurait pu obtenir si elle avait exécuté les mêmes fonctions pour des entreprises indépendantes et, donc, une estimation du montant que cette partie aurait demandé en paiement et que l'autre partie aurait considéré comme acceptable, et ce dans des conditions de pleine concurrence pour l'exécution de ces fonctions. D'autres méthodes, présentées à la partie III du chapitre II, se fondent sur la comparaison des indicateurs de bénéfices nets (par exemple, les marges nettes) entre entreprises indépendantes et entreprises associées, afin d'estimer les bénéfices que l'une ou chacune des entreprises associées aurait pu obtenir si elle avait traité uniquement avec des entreprises indépendantes et, par conséquent, le paiement que cette entreprise aurait demandé dans des conditions de pleine concurrence en contrepartie de l'utilisation de ses ressources dans le cadre de la transaction contrôlée. Lorsque des différences entre les transactions contrôlées et les transactions sur le marché libre sont susceptibles d'avoir une incidence significative sur la comparaison, des ajustements de comparabilité doivent être effectués, lorsque c'est possible, pour améliorer la fiabilité de la comparaison. Par conséquent, le rendement moyen non ajusté d'un secteur d'activité ne peut en aucun cas, à lui seul, permettre de déterminer des conditions de pleine concurrence.

1.41 Pour une analyse de la pertinence de ces facteurs pour l'application de méthodes spécifiques de détermination des prix de transfert, voir l'examen de ces méthodes au chapitre II.

D.1.1. Les dispositions contractuelles de la transaction

1.42 Une transaction est la conséquence ou l'expression de relations commerciales ou financières entre les parties. Les transactions contrôlées peuvent avoir été formalisées par des contrats écrits qui reflètent l'intention des parties au moment de la conclusion du contrat par rapport aux aspects de la transaction couverts par le contrat, notamment, dans les cas fréquents, la répartition des responsabilités, les obligations et les droits, les risques identifiés supportés et les modalités de détermination des prix. Lorsque des entreprises associées ont formalisé une transaction au moyen d'accords contractuels écrits, ces accords constituent le point de départ pour définir la transaction entre elles et pour décider de la répartition des responsabilités, risques et résultats escomptés de leurs relations au moment de la conclusion de l'accord. On peut également déduire les conditions d'une transaction des communications entre les parties en l'absence d'un contrat écrit.

1.43 Les contrats écrits ne sont cependant pas susceptibles de fournir toutes les informations nécessaires pour effectuer une analyse des prix de transfert ou de donner des informations suffisamment détaillées relatives aux dispositions contractuelles. Des informations supplémentaires seront requises en tenant compte des éléments concrets révélateurs des relations commerciales ou financières fournies par les caractéristiques économiquement pertinentes des quatre autres catégories (voir paragraphe 1.36) : les fonctions exercées par chacune des parties à la transaction, la prise en compte des actifs utilisés et des risques assumés ainsi que les caractéristiques du bien transféré ou des services rendus, les circonstances économiques des parties et du marché sur lequel les parties exercent leur activité et les stratégies économiques poursuivies par les parties. L'analyse de l'ensemble des caractéristiques économiquement pertinentes des cinq catégories fournit la preuve du comportement réel des entreprises associées. Cette preuve permet de préciser les aspects des dispositions contractuelles écrites en fournissant des informations utiles et cohérentes. Si le contrat ne traite ni explicitement ni implicitement (en tenant compte des principes applicables à l'interprétation du contrat) des caractéristiques économiquement pertinentes de la transaction, les informations fournies par le contrat devront être complétées, aux fins de l'analyse des prix de transfert, par des éléments probants de l'identification de ces caractéristiques.

1.44 L'exemple suivant montre comment on peut clarifier et compléter les dispositions contractuelles écrites en étudiant les relations commerciales ou financières réelles entre les parties. L'entreprise P est la société mère d'un groupe multinational situé dans le pays P. L'entreprise S, implantée dans le pays S, est une filiale contrôlée à 100 % par l'entreprise P et intervient en qualité d'agent des produits de marque de cette entreprise dans le pays S. Le contrat d'agence entre l'entreprise P et l'entreprise S ne précise par les activités de publicité et de marketing que l'entreprise S est tenue d'accomplir dans le pays S. L'analyse des autres caractéristiques économiquement pertinentes, notamment les fonctions exercées, révèle que l'entreprise S a lancé une grande campagne médiatique dans le pays S afin de développer la notoriété de la marque. Cette campagne représente un investissement important pour l'entreprise S. Sur la base de la preuve fournie par le comportement des parties, on peut conclure que le contrat écrit ne reflète pas pleinement l'étendue des relations commerciales ou financières entre les parties. Par conséquent, l'analyse ne devrait pas être limitée par les dispositions du contrat écrit, mais rechercher les éléments probants du comportement des parties, notamment la base sur laquelle l'entreprise S a fondé sa campagne de marketing.

1.45 Si les caractéristiques de la transaction qui sont économiquement significatives ne sont pas conformes au contrat écrit entre des entreprises associées, la transaction effective doit être généralement définie aux fins de l'analyse des prix de transfert conformément aux caractéristiques de la transaction qui ressortent du comportement des parties.

1.46 Dans le cadre de transactions entre entreprises indépendantes, les intérêts divergents entre les parties ont pour conséquences que (i) les conditions contractuelles conclues reflètent les intérêts des deux parties, (ii) les parties s'efforceront habituellement de respecter chacune les dispositions contractuelles et (iii) les clauses contractuelles ne seront ignorées ou modifiées après coup que si les deux parties y ont intérêt. Ces intérêts divergents n'existent pas toujours lorsqu'on a affaire à des entreprises associées ou bien ils peuvent être gérés selon des méthodes facilitées par le lien de contrôle et pas exclusivement ou principalement par des accords contractuels. Dès lors, il importe avant tout d'examiner les relations commerciales ou financières entre entreprises associées pour déterminer si le comportement réel des parties se conforme pleinement aux dispositions d'un contrat écrit éventuel, ou si au contraire leur comportement démontre que le contrat n'a pas été respecté, qu'il ne donne pas une vision complète des transactions, qu'il n'a pas été correctement qualifié ou caractérisé par les entreprises ou qu'il n'est qu'une fiction. Lorsque le comportement n'est pas pleinement conforme aux dispositions économiquement significatives, une analyse plus poussée s'impose pour identifier la véritable nature de la transaction. Lorsqu'il existe des différences importantes entre les dispositions contractuelles et le comportement des entreprises associées dans leurs relations mutuelles, les fonctions qu'elles exercent réellement, les actifs qu'elles utilisent et les risques qu'elles assument réellement, dans le contexte des dispositions contractuelles, doivent déterminer en définitive la nature réelle de la transaction et définir précisément la transaction effective.

1.47 En cas de doute sur la transaction conclue entre des entreprises associées, il est nécessaire de prendre en compte l'ensemble des éléments probants des caractéristiques économiquement pertinentes de la transaction. Ce faisant, il faut garder à l'esprit que les termes de la transaction entre les parties peuvent évoluer dans le temps. En cas de modification des termes de la transaction, il convient d'examiner les circonstances de cette modification afin de déterminer si la modification révèle que la transaction initiale a été remplacée par une nouvelle transaction à compter de la date de modification ou si le changement reflète les intentions des parties lors de la transaction d'origine. Une vigilance particulière s'impose lorsqu'il semble que les modifications peuvent résulter de la connaissance des conséquences produites par la transaction. Les modifications effectuées dans la prise en charge supposée d'un risque lorsque les conséquences du risque sont connues n'impliquent pas une prise en charge du risque puisqu'il n'y en a plus, comme indiqué au paragraphe 1.78.

1.48 L'exemple suivant illustre le concept de différences entre les dispositions écrites contractuelles et le comportement des parties, avec pour conséquence que c'est le comportement réel des parties qui délimite la transaction. L'entreprise S est une filiale contrôlée à 100% par l'entreprise P. Les parties ont conclu un contrat écrit en vertu duquel l'entreprise P concède sous licence sa propriété intellectuelle à l'entreprise S qui l'utilisera dans ses activités; l'entreprise S s'engage à rémunérer l'entreprise P au titre de la licence par le paiement d'une redevance. Les éléments de preuve fournis par les autres caractéristiques économiquement pertinentes, notamment par les fonctions exercées, démontrent que l'entreprise P mène des négociations avec des clients tiers pour conclure des ventes pour l'entreprise S, assure des services d'assistance technique réguliers afin que l'entreprise S puisse fournir des ventes mandatées à ses clients et met régulièrement du personnel à sa disposition pour l'aider à honorer des contrats auprès de ses clients La majorité des clients souhaitent que l'entreprise P intervienne aux côtés de l'entreprise S en tant que partenaire contractuel, bien que les redevances prévues par le contrat soient payables à l'entreprise S. L'analyse des relations commerciales ou financières révèle que l'entreprise S n'est pas en mesure de fournir les services mandatés aux clients sans l'appui significatif de l'entreprise P, et qu'elle ne développe pas ses propres capacités pour y parvenir. En vertu du contrat, l'entreprise P a concédé une licence à l'entreprise S, mais dans les faits, elle contrôle les risques commerciaux et la production de l'entreprise S de telle sorte qu'elle n'a pas effectué de transfert du risque et des fonctions conformément à un accord de licence, et qu'elle n'agit pas en qualité de concédant, mais de mandant. L'identification de la transaction véritable entre l'entreprise P et l'entreprise S ne doit pas être définie exclusivement par la forme juridique du contrat. Au contraire, la transaction réelle doit être déterminée par le comportement des parties, permettant de conclure que les fonctions effectivement exercées, les actifs utilisés et les risques assumés par les parties ne sont pas conformes à l'accord de licence écrit.

1.49 Lorsqu'il n'existe pas de dispositions écrites, la transaction réelle doit être déduite des éléments probants révélateurs du comportement effectif, qui sont apportés en identifiant les caractéristiques économiquement pertinentes de la transaction. Dans certaines circonstances, les relations commerciales ou financières entre les parties peuvent aboutir à un résultat qui n'a peut-être pas été considéré comme une transaction par le groupe d'entreprises multinationales, mais qui n'en constitue pas moins un transfert de valeur matérielle, dont les conditions doivent être déduites du comportement des parties. Il est ainsi possible qu'une assistance technique ait été prodiguée, que des synergies aient été créées grâce à une action volontairement concertée (comme indiqué à la section D.8), ou qu'un savoir-faire ait été fourni par le biais d'un détachement de personnel ou par d'autres moyens. Il se peut que ces relations n'aient pas été reconnues par le groupe d'entreprises multinationales, n'aient pas été prises en compte dans le calcul du prix des autres transactions liées, n'aient pas été formalisées dans des contrats écrits et n'apparaissent pas dans les écritures comptables. Si la transaction n'a pas été formalisée, tous ses aspects devraient être déduits d'éléments concrets révélateurs du comportement des parties, comme les fonctions effectivement exercées, les actifs effectivement utilisés et les risques effectivement supportés par chacune des parties.

1.50 L'exemple suivant illustre la détermination de la nature véritable d'une transaction qui n'a pas été identifiée par le groupe d'entreprises multinationales. L'examen des relations commerciales ou financières entre l'entreprise P et ses filiales révèle que ces filiales reçoivent des services d'une partie indépendante engagée par l'entreprise P. Cette dernière rémunère ces services, les filiales ne remboursent pas l'entreprise P directement ou indirectement dans le cadre d'une autre prestation facturée et aucun accord de prestation de services n'a été conclu entre l'entreprise P et ses filiales. On doit en conclure qu'outre la prestation de services de la partie indépendante aux filiales, il existe des relations commerciales ou financières entre l'entreprise P et ses filiales, qui ont pour effet de transférer une valeur potentielle de l'entreprise P vers ses filiales. L'analyse doit déterminer la nature de ces relations commerciales ou financières à partir des caractéristiques économiquement pertinentes afin de définir les conditions et modalités de la transaction identifiée.

D.1.2. Analyse fonctionnelle

1.51 Dans le cadre de transactions entre deux entreprises indépendantes, la rémunération correspondra en général aux fonctions exercées par chaque entreprise (compte tenu des actifs mis en œuvre et des risques assumés). Par conséquent, pour délimiter la transaction contrôlée et déterminer si des transactions ou des entités contrôlées et non contrôlées sont comparables, il faut réaliser une analyse fonctionnelle. Cette analyse fonctionnelle a pour but d'identifier les activités et responsabilités économiquement significatives, les actifs utilisés ou fournis et les risques supportés par les parties aux transactions. L'analyse se concentre sur ce que les parties font effectivement et sur les capacités qu'elles déploient. Ces activités et capacités incluent la prise de décisions, notamment sur la stratégie d'entreprise et les risques. Pour ce faire, il peut être utile de comprendre la structure et l'organisation du groupe d'entreprises multinationales et la mesure dans laquelle elles influent sur le contexte dans lequel le groupe d'entreprises multinationales opère. Il importe notamment de comprendre le processus de création de valeur par le groupe dans son ensemble, les liens d'interdépendance entre les fonctions exercées par les entreprises associées et le reste du groupe, et la contribution des entreprises associées à cette création de valeur. Il sera aussi pertinent de déterminer les droits et obligations juridiques de chacune des parties dans l'exercice de ses fonctions. Alors qu'une des parties peut assurer un nombre important de fonctions par rapport à l'autre partie à la transaction, ce qui compte c'est l'importance économique de ces fonctions du point de vue de leur fréquence, de leur nature et de leur valeur pour les parties respectives.

1.52 Les contributions réelles, capacités et autres caractéristiques des parties peuvent influer sur les options réalistes qui s'offrent à elles. Par exemple, une entreprise associée fournit des services logistiques au groupe. L'entreprise de logistique est tenue d'exploiter des entrepôts ayant des capacités excédentaires et dispersés entre plusieurs sites pour faire face à l'éventualité d'une rupture d'approvisionnement sur un site. Il n'est pas possible d'améliorer l'efficacité en regroupant des sites ou en réduisant des capacités excédentaires. Par conséquent, les fonctions et actifs de l'entreprise de logistique peuvent être différents de ceux d'une entreprise de logistique indépendante qui ne disposerait pas des mêmes moyens pour réduire le risque de rupture d'approvisionnement.

1.53 C'est pourquoi l'identification des caractéristiques économiquement pertinentes des relations commerciales ou financières devrait inclure l'examen des capacités des parties, l'incidence de ces capacités sur les options réalistes qui s'offrent à elles et si des transactions de pleine concurrence potentiellement comparables font apparaître des capacités similaires.

1.54 L'analyse fonctionnelle devrait prendre en compte le type d'actifs utilisés, comme les usines et équipements, l'utilisation d'éléments incorporels de valeur, les actifs financiers, etc. et les caractéristiques de ces actifs, comme leur âge, leur valeur marchande, leur localisation, l'existence de droits de propriété industrielle, etc.

1.55 L'analyse fonctionnelle peut démontrer que le groupe a fragmenté des fonctions très intégrées entre plusieurs entreprises du groupe. Des liens d'interdépendance considérables peuvent exister entre les activités fragmentées. Par exemple, la séparation des fonctions de logistique, d'entreposage, de marketing et de vente en différentes entités juridiques peut nécessiter une coordination poussée pour que les activités ainsi séparées fonctionnent harmonieusement. Les activités de vente sont certainement très dépendantes du marketing, tandis que l'exécution des ventes, y compris l'impact anticipé des activités marketing, nécessite de se coordonner avec les processus de stockage et les moyens logistiques. Cette coordination peut être assumée par tout ou partie des entreprises associées qui accomplissent les activités fragmentées, par une fonction de coordination séparée ou par un mélange des deux. Les risques peuvent être atténués par des contributions de l'ensemble des parties ou des activités d'atténuation des risques peuvent être principalement assumées par la fonction de coordination. Aussi, lorsqu'on effectue une analyse fonctionnelle visant à identifier les relations commerciales ou financières dans des activités fragmentées, il sera important de déterminer si ces activités sont très interdépendantes et, dans l'affirmative, la nature de ces interdépendances et comment les activités commerciales auxquelles les entreprises associées contribuent sont coordonnées.

D.1.2.1 Analyse des risques dans les relations commerciales et financières[2]

1.56 L'analyse fonctionnelle est incomplète tant qu'on n'a pas identifié et pris en compte les principaux risques supportés par chacune des parties, puisque l'acceptation réelle des risques influerait sur les prix et les autres termes des transactions entre entreprises associées. Généralement, sur le marché libre, l'acceptation d'un risque accru serait compensée par une augmentation du rendement escompté, sachant que le rendement effectif augmentera ou n'augmentera pas suivant le degré de matérialisation effective des risques. Le niveau et l'acceptation du risque sont donc des caractéristiques économiquement pertinentes pour la détermination des conclusions d'une analyse sur les prix de transfert.

1.57 Les risques sont inhérents aux activités commerciales. Les entreprises s'engagent dans des activités commerciales dans l'espoir de réaliser des bénéfices, mais il n'est pas sûr que les moyens à mobiliser pour y parvenir ne soient pas supérieurs aux prévisions ou génèrent le rendement escompté. L'identification des risques va de pair avec l'identification des fonctions et actifs et fait partie intégrante du processus de détermination des relations commerciales ou financières entre les entreprises associées et de définition précise de la transaction ou des transactions.

1.58 L'identification des risques liés à une opportunité commerciale a une incidence sur les bénéfices qu'on peut attendre de cette opportunité sur le marché libre, et la répartition des risques assumés entre les parties à la transaction influe sur la façon dont les bénéfices ou les pertes générés par la transaction seront attribués en conditions de pleine concurrence par la fixation du prix de la transaction. Aussi, lorsqu'on compare des transactions contrôlées et non contrôlées et des parties contrôlées et non contrôlées, il convient d'analyser les risques supportés, les fonctions exercées qui ont un lien avec ou influent sur la prise en charge ou l'impact de ces risques ainsi que la ou les parties à la transaction qui assument ces risques.

1.59 Cette section fournit des indications sur la nature et les sources des risques dans le cadre d'une analyse des prix de transfert afin de contribuer à identifier les risques spécifiques pertinents. En outre, elle expose les principes relatifs à la prise en charge du risque sous l'angle du principe de pleine concurrence. Il ne faut pas déduire des principes détaillés exposés dans cette section consacrée à l'analyse des risques faisant partie de l'analyse fonctionnelle couvrant les fonctions, les actifs et les risques, que les risques sont plus importants que les fonctions ou les actifs. L'importance des fonctions, actifs et risques d'une transaction spécifique devra être déterminée par une analyse fonctionnelle détaillée. Ces indications détaillées sur les risques tiennent compte des difficultés pratiques présentées par les risques : il peut être plus difficile d'identifier les risques que les fonctions ou actifs d'une transaction et une analyse minutieuse est nécessaire pour définir quelle entreprise associée assume un risque particulier lors d'une transaction.

1.60 Les étapes du processus d'analyse des risques d'une transaction contrôlée décrit dans la partie restante de cette section, qui vise à cerner précisément le risque de la transaction effective, peuvent se résumer de la manière suivante :

1) Identifier les risques spécifiques économiquement significatifs (voir section D.1.2.1.1).
2) Déterminer comment les risques spécifiques économiquement significatifs sont assumés contractuellement par les entreprises associées selon les termes de la transaction (voir section D.1.2.1.2).

3) Déterminer, à l'aide d'une analyse fonctionnelle, comment des entreprises associées qui sont des parties à la transaction opèrent dans le cadre de la prise en charge et de la gestion des risques spécifiques économiquement significatifs, et en particulier la ou les entreprises qui exercent les fonctions de contrôle et d'atténuation des risques, qui supportent les gains ou les pertes des risques et qui ont la capacité financière d'assumer le risque (voir section D.1.2.1.3).

4) Les étapes 2 et 3 auront permis d'identifier les informations relatives à la prise en charge et la gestion des risques de la transaction contrôlée. L'étape suivante consiste à interpréter ces informations et à déterminer si la prise en charge contractuelle du risque est conforme au comportement des entreprises associées et aux autres faits concernés en analysant (i) si les entreprises associées respectent les dispositions contractuelles relevant des principes de la section D.1.1 et (ii) si la partie assumant le risque analysé au titre du point (i) exerce un contrôle du risque et dispose de la capacité financière pour prendre en charge le risque (voir section D.1.2.1.4).

5) Si la partie qui assume le risque en vertu des étapes 1 à 4 (i) ne contrôle pas le risque ou n'a pas la capacité financière d'assumer le risque, les principes sur l'affectation du risque doivent s'appliquer (voir section D.1.2.1.5).

6) Le prix de la transaction réelle, telle qu'il a été défini précisément par les éléments concrets révélateurs des caractéristiques économiquement pertinentes de la transaction, définis dans les principes de la section D.1, doit être calculé en tenant compte des conséquences financières et autres du risque assumé et en rémunérant de manière appropriée les fonctions de gestion du risque (voir section D.1.2.1.6).

1.61 Cette section fait référence à des termes qui nécessitent une explication et une définition initiales. Le terme « gestion du risque » fait référence à la fonction d'évaluation et de gestion du risque liée à l'activité commerciale. La gestion du risque comprend trois éléments : (i) la capacité de prendre la décision de saisir, d'éviter ou de rejeter une opportunité porteuse de risque, et l'exercice effectif de cette fonction de prise de décision, (ii) la capacité de prendre la décision de traiter les risques associés à cette opportunité, et selon quelles modalités, ainsi que l'exercice effectif de cette fonction de prise de décision, et (iii) la capacité d'atténuer le risque, c'est-à-dire de prendre des mesures qui influent sur ce risque, ainsi que l'exercice effectif de cette fonction d'atténuation.

1.62 Certaines fonctions de gestion du risque ne peuvent être assumées que par la partie qui exerce les fonctions et utilise les actifs pour la création et la poursuite des opportunités commerciales tandis que d'autres fonctions de gestion du risque peuvent être exercées par une partie différente. La gestion du risque ne doit pas être nécessairement envisagée comme englobant une fonction distincte, impliquant une rémunération séparée, qui se différencie de l'exercice d'activités qui optimisent les bénéfices. Par exemple, la mise au point d'actifs incorporels par le biais d'activités de développement peut impliquer l'atténuation des risques relatifs à l'activité de développement conforme aux spécifications, dans le respect des normes les plus élevées et des délais; les risques spécifiques peuvent être atténués par la fonction de développement exercée. Par exemple, si l'accord contractuel entre des entreprises associées est un contrat de R&D qui respecte les exigences de cette section, la rémunération des fonctions d'atténuation des risques exercées dans le cadre de l'activité de développement sera intégrée au paiement de pleine concurrence des services. Ni le risque immatériel, ni le revenu résiduel lié à ce risque ne seront affectés au prestataire de service. Voir également l'exemple 1 du paragraphe 1.83.

1.63 Gérer un risque est différent d'assumer un risque. Assumer un risque implique de supporter les gains ou pertes potentiels associés à ce risque, avec pour conséquence que c'est la partie assumant le risque qui supporte également les conséquences financières et autres si le risque se réalise. Une partie qui exerce partiellement des fonctions de gestion du risque peut ne pas assumer le risque concerné par son activité de gestion mais peut être engagée pour exercer des fonctions de gestion du risque sous la direction de la partie qui assume le risque. Par exemple, l'atténuation, au jour le jour, du risque de rappel des produits peut être externalisée à une partie qui assure le suivi du contrôle de la qualité par un processus de fabrication spécifique, respectueux des spécifications de la partie qui supporte le risque.

1.64 La capacité financière à assumer le risque peut être définie comme l'accès au financement nécessaire pour assumer ou éviter le risque, payer les fonctions d'atténuation des risques et supporter les conséquences du risque si ce dernier se réalise. L'accès au financement par la partie qui assume le risque tient compte des actifs disponibles et des options réalistes qui s'offrent pour accéder, si nécessaire, à des liquidités supplémentaires, afin de couvrir les coûts escomptés en cas de réalisation du risque. Cette évaluation doit s'effectuer en partant du principe que la partie assumant le risque opère, au titre de partie non liée, dans les mêmes circonstances que l'entreprise associée, et être clairement définie selon les principes de cette section. Par exemple, l'exploitation de droits sur un actif générateur de revenu peut ouvrir des possibilités de financement à la partie concernée. Lorsqu'une partie assumant un risque perçoit des fonds intra-groupe afin de répondre aux exigences de financement liées au risque, la partie qui fournit les fonds peut assumer le risque financier mais n'assume par le risque spécifique qui a donné lieu au besoin de financement supplémentaire du seul fait qu'elle a fourni le financement. A défaut de capacité financière à assumer le risque, l'affectation du risque appelle un examen plus approfondi au titre de l'étape 5.

1.65 Le contrôle du risque implique les deux premiers éléments de gestion du risque définis au paragraphe 1.61, à savoir (i) la capacité de prendre la décision de saisir, d'éviter ou de rejeter une opportunité porteuse de risque, et l'exercice effectif de cette fonction de prise de décision, (ii) la capacité de prendre la décision de traiter les risques associés à cette opportunité, et selon quelles modalités, ainsi que l'exercice effectif de cette fonction de prise de décision. Il n'est pas nécessaire qu'une partie procède à une atténuation des risques au jour le jour, comme indiqué au point (iii) pour contrôler les risques. Cette atténuation quotidienne peut être externalisée comme l'illustre l'exemple du paragraphe 1.63. Cependant, en cas d'externalisation de ces activités quotidiennes d'atténuation, le contrôle du risque nécessite la capacité à déterminer les objectifs des activités externalisées, décider de faire appel au prestataire chargé des fonctions d'atténuation du risque, évaluer si les objectifs sont correctement respectés et, si nécessaire, décider d'adapter ou de résilier le contrat avec le prestataire concerné, ainsi que la réalisation de cette évaluation et de cette prise de décision. Conformément à cette définition du contrôle, une partie doit à la fois avoir la capacité et exercer effectivement la fonction, comme indiqué ci-dessus, pour exercer un contrôle du risque.

1.66 La capacité à exercer des fonctions de prise de décision et l'exercice effectif de ces fonctions de prise de décision relatives à un risque spécifique impliquent une connaissance du risque fondé sur une analyse pertinente des informations nécessaires pour évaluer les gains et pertes prévisibles du risque d'une telle décision et les conséquences sur l'activité de l'entreprise. Les décideurs doivent avoir des compétences et de l'expérience dans le domaine du risque spécifique sur lequel porte la prise de décision et mesurer l'impact de leur décision sur l'entreprise. Ils doivent avoir accès également aux informations pertinentes, soit en collectant les informations par eux-mêmes, soit en usant de leur pouvoir pour définir et se procurer les informations utiles à l'appui de leur processus décisionnel.

Ce faisant, ils doivent avoir la capacité de déterminer les objectifs de la collecte et de l'analyse des informations, de faire appel à une partie qui collecte et analyse les informations, d'évaluer si les informations appropriées ont été collectées et si les analyses ont été effectuées correctement et, le cas échéant, de décider d'adapter ou de résilier le contrat avec le prestataire concerné, et aussi d'effectuer l'évaluation et la prise de décision. Ni la simple formalisation du résultat de la prise de décision sous la forme, par exemple, de réunions organisées pour approuver formellement les décisions prises sur d'autres sites, de procès-verbaux d'assemblée du conseil d'administration et de signature de documents relatifs à la décision, ni la définition d'un environnement politique adapté au risque (voir paragraphe 1.76) ne sont considérés comme l'exercice d'une fonction décisionnelle suffisante pour démontrer un contrôle du risque.

1.67 Les références au contrôle du risque ne doivent pas nécessairement être interprétées comme une possibilité d'influer sur le risque ou d'annuler l'incertitude. Il n'est pas possible d'influer sur certains risques, qui constituent la condition générale de l'activité commerciale, et touchent toutes les entreprises exerçant cette activité. Par exemple, les risques liés aux conditions économiques générales ou aux cycles des prix des matières premières sont, par définition, extérieurs à la sphère d'influence d'un groupe d'entreprises multinationales. Au contraire, le contrôle du risque fait référence à la capacité et au pouvoir de décider de prendre un risque et de décider si et comment gérer le risque, notamment par la planification des investissements, le type de programmes de développement, la conception des stratégies de marketing ou la détermination des niveaux de production.

1.68 L'atténuation des risques fait référence aux mesures prises qui doivent affecter les conséquences des risques. Il peut s'agir de mesures qui réduisent l'incertitude ou diminuent les conséquences d'une perte potentielle en cas de réalisation du risque. Le contrôle ne doit pas être interprété comme nécessitant l'adoption de mesures d'atténuation des risques, car une entreprise peut décider, après l'évaluation de certains risques, notamment des risques qui peuvent être fondamentaux pour ses activités de base, que l'incertitude qu'ils engendrent doit être assumée et gérée de manière à optimiser les chances de profit.

1.69 Cette notion de contrôle peut être illustrée par les exemples suivants. La société A confie à un fabricant spécialisé, la société B, la fabrication de ses produits. Les dispositions contractuelles indiquent que la société B s'engage à fournir des services de fabrication mais que les spécifications et conceptions du produit sont fournies par la société A et que cette dernière détermine la planification de la production, notamment les volumes et le calendrier de livraison des produits. Les relations contractuelles impliquent que la société A supporte les risques liés au stock et au rappel des produits. La société A fait appel à la société C pour effectuer régulièrement des contrôles de la qualité du processus de production. La société A précise les objectif des contrôles de la qualité et les informations que la société C doit collecter pour son compte. La société C rend compte directement à la société A. L'analyse des caractéristiques économiquement pertinentes indique que la société A contrôle ses risques de stock et de rappel des produits par l'exercice de sa capacité et de son pouvoir de prise d'un certain nombre de décisions significatives sur le fait d'assumer ou non le risque, et si oui de quelle manière, et sur la façon de gérer les risques. En outre, la société A a la capacité d'évaluation et de prise de décisions relatives aux fonctions d'atténuation du risque et elle exerce effectivement ces fonctions. Ces dernières comprennent la définition des objectifs des activités externalisées, la décision de faire appel à un fabricant spécifique et à la partie chargée des contrôles de la qualité, l'évaluation qui détermine si les objectifs sont correctement atteints et, si nécessaire, la décision d'adapter ou de résilier les contrats.

1.70 Supposons qu'un investisseur engage un gestionnaire de fonds chargé d'effectuer des investissements pour son compte[3]. Selon l'accord conclu entre l'investisseur et le gestionnaire de fonds, ce dernier peut avoir été mandaté pour investir le portefeuille de l'investisseur au jour le jour de manière à tenir compte des préférences de l'investisseur en matière de risque même si le risque de perte de valeur de l'investissement est supporté par l'investisseur. Dans un exemple de ce type, l'investisseur contrôle les risques par la prise de quatre décisions significatives : la décision de préférence en matière de risque et, par conséquent, de diversification nécessaire des risques liés aux différents investissements du portefeuille, la décision d'engager précisément ce gestionnaire de fonds (ou de résilier le contrat qui le lie), la décision relative au pouvoir conféré au gestionnaire de fonds et aux objectifs fixés à ce dernier et la décision relative au montant des investissements qu'il demande au gestionnaire de fonds de gérer. Par ailleurs, le gestionnaire de fonds sera généralement tenu de rendre des comptes réguliers à l'investisseur dans la mesure où l'investisseur souhaitera évaluer les résultats des activités du gestionnaire de fonds. Dans ce cas, le gestionnaire de fonds fournit un service et gère le risque de son activité de sa propre perspective (par exemple, préserver sa crédibilité). Le risque opérationnel du gestionnaire de fonds, notamment la possibilité de perdre un client, est distinct du risque de son client en termes d'investissement. Cet exemple illustre le fait qu'un investisseur qui confère à une autre personne le pouvoir d'exercer des activités d'atténuation des risques du type de celles d'un gestionnaire de fonds, ne transfère pas nécessairement le contrôle du risque d'investissement à la personne qui prend les décisions au jour le jour.

D.1.2.1.1. Étape 1 : Identifier les risques spécifiques économiquement significatifs

1.71 Il existe de nombreuses définitions du risque, mais dans le contexte des prix de transfert, il est approprié de voir dans le risque l'effet de l'incertitude sur les objectifs de l'entreprise. Dans toutes les activités d'une entreprise, dans chacune des mesures prises pour tirer parti des opportunités, chaque fois qu'une entreprise dépense de l'argent ou génère un revenu, l'incertitude existe et un risque est supporté. Une entreprise consacrera sans doute beaucoup d'attention à cerner les incertitudes qu'elle rencontre, à évaluer s'il faut tirer parti d'opportunités commerciales au vu des risques inhérents et à élaborer des stratégies appropriées de gestion des risques, aspect important pour les actionnaires attachés au rendement de leurs participations au capital. Le risque est associé aux opportunités et n'a pas que des connotations négatives; il est inhérent à l'activité commerciale, et les entreprises sélectionnent les risques qu'elles acceptent d'assumer en vue de réaliser des bénéfices. Les entreprises sans but lucratif prennent des risques commerciaux sans espérer réaliser de profit. L'impact négatif du risque survient lorsque les résultats favorables escomptés ne se concrétisent pas. Par exemple, un produit peut ne pas susciter autant de demande de la part des consommateurs que prévu. Toutefois, un tel événement est la manifestation négative de l'incertitude associée à des opportunités commerciales, à laquelle les entreprises prêtent certainement beaucoup d'attention afin d'identifier et de gérer des risques économiquement significatifs en vue de tirer parti de leur décision d'affronter le risque. Cette attention peut inclure des activités visant à définir la stratégie de produits, en quoi le produit se différencie de ses concurrents, comment cerner les nouvelles tendances sur le marché, comment anticiper les transformations sociales et politiques et comment générer de la demande. L'importance d'un risque dépend de la probabilité et de l'importance des pertes et gains potentiels résultant du risque. Par exemple, un parfum de glace différent peut ne pas être le seul produit d'une entreprise, les coûts de mise au point, de lancement et de commercialisation du produit peuvent être marginaux, le succès ou l'échec du produit peut ne pas créer de risques significatifs pour la réputation de l'entreprise dès lors que les protocoles de gestion de l'entreprise sont bien suivis, et la décision peut avoir été déléguée à une direction locale ou régionale qui connaît bien les goûts du consommateur local. À l'inverse, une technologie révolutionnaire ou un traitement médical novateur peut constituer le seul produit ou le produit phare de l'entreprise, impliquer des décisions stratégiques majeures à différents niveaux, requérir des coûts d'investissement élevés, faire la réputation de l'entreprise ou au contraire la ruiner, et nécessiter une gestion centralisée qui irait dans l'intérêt des actionnaires et d'autres parties prenantes.

1.72 Les risques peuvent être classés selon différents critères, mais dans une analyse des prix de transfert, il est judicieux de se baser sur les sources d'incertitude qui génèrent ces risques. La liste suivante, non exhaustive, ne prétend pas suggérer une hiérarchie des risques. Elle n'entend pas non plus définir des catégories rigides de risques, car ces catégories se chevauchent. Elle vise plutôt à offrir un cadre de nature à faire en sorte que l'analyse des prix de transfert couvre tout l'éventail de risques pouvant résulter des relations commerciales ou financières des entreprises associées, et du contexte dans lequel ces relations ont lieu. Il est fait référence aux risques d'origine externe et à ceux d'origine interne, afin de clarifier les sources d'incertitude. Il ne faut toutefois pas en déduire que les risques d'origine externe sont moins importants parce qu'ils ne sont pas générés directement par les activités. Au contraire, la capacité d'une entreprise à affronter des risques externes, à y répondre et à les atténuer, représente sans doute une condition nécessaire au maintien de la compétitivité d'une entreprise. Avant tout, les indications sur l'éventail possible des risques doivent contribuer à repérer les risques importants. Les risques décrits en termes vagues ou indifférenciés sont sans intérêt pour une analyse des prix de transfert qui cherche à délimiter la transaction effective et à cerner la répartition réelle des risques entre les parties.

a) Risques stratégiques ou risques de marché. Ces risques, en grande partie d'origine externe, sont induits par l'environnement économique, les événements politiques et réglementaires, la concurrence, les progrès technologiques ou les transformations sociales et environnementales. L'évaluation de ces incertitudes peut conduire à définir les produits et les marchés que l'entreprise décide de cibler, et les moyens nécessaires pour y parvenir, y compris les investissements dans les actifs incorporels et corporels, ainsi que dans les compétences humaines. Les risques négatifs sont considérables, mais les positifs le sont aussi dès lors que l'entreprise appréhende correctement l'impact des risques externes, différencie ses produits, sécurise et continue de protéger son avantage compétitif. Citons par exemple les tendances sur le marché, l'émergence de nouveaux marchés géographiques et la concentration de l'investissement en faveur du développement.

b) Risques opérationnels ou d'infrastructure. Ces risques englobent les incertitudes liées aux activités de l'entreprise, et peuvent inclure l'efficacité des processus et des opérations. Leur impact dépend étroitement de la nature des activités et des incertitudes que l'entreprise choisit d'assumer. Dans certaines circonstances, des défaillances peuvent paralyser les opérations de l'entreprise, ternir sa réputation ou menacer son existence, alors qu'une gestion efficace des risques améliorera sa réputation. Dans d'autres circonstances, l'incapacité à commercialiser un produit sur le marché dans les délais prévus, répondre à la demande, se conformer à des spécifications techniques ou fournir des produits de haute qualité peut compromettre la position concurrentielle de l'entreprise et sa réputation, et donner l'avantage aux entreprises qui parviennent à commercialiser plus rapidement des produits concurrents, à mieux exploiter les dispositifs de protection tels que les brevets, à mieux gérer les risques liés à la chaîne d'approvisionnement et le contrôle de qualité. Certains risques d'infrastructure sont d'origine externe et peuvent concerner les transports, la situation politique et sociale, la législation et la réglementation, tandis que d'autres sont d'origine interne et se rapportent à la disponibilité d'actifs et à leurs fonctionnalités, aux capacités des salariés, à la conception et au déploiement des processus, aux accords d'externalisation et aux systèmes informatiques, par exemple.

c) Risques financiers. Tous les risques peuvent se répercuter sur les résultats financiers d'une entreprise, mais il existe des risques financiers spécifiques qui sont liés à la capacité de l'entreprise à gérer ses liquidités et sa trésorerie, ses capacités financières et sa solvabilité. L'incertitude peut être d'origine externe, un choc économique ou une crise du crédit par exemple, mais aussi interne, à la suite de contrôles, de décisions d'investissement, de conditions du crédit et des conséquences de risques opérationnels ou d'infrastructure.

d) Risques transactionnels. Ils désignent les prix et conditions de paiement rattachés à une transaction commerciale portant sur la vente de biens, de produits ou de services.

e) Risques de catastrophes naturelles. Ils englobent les événements extérieurs négatifs susceptibles d'entraîner des dommages ou des pertes, y compris les accidents et catastrophes naturelles. Ces risques peuvent souvent être atténués en souscrivant une assurance, mais celle-ci ne couvre pas toujours toutes les pertes potentielles, notamment en cas d'impacts significatifs sur les opérations ou sur la réputation.

1.73 Pour déterminer l'impact économique du risque et les répercussions du risque et de l'incertitude sur le prix d'une transaction entre entreprises associées, il faut mener une analyse fonctionnelle globale portant sur le processus de création de valeur par le groupe d'entreprises multinationales, les activités qui permettent au groupe d'entreprises multinationales de générer des bénéfices durables et les caractéristiques économiquement pertinentes de la transaction. L'analyse des risques contribue à établir une éventuelle comparabilité en suivant les indications du chapitre III. Lorsque des comparables potentiels sont identifiés, il convient de vérifier si leurs niveaux de risques et de gestion des risques sont équivalents. L'impact économique du risque peut être illustré par les deux exemples ci-après.

1.74 Dans le premier exemple, un groupe d'entreprises multinationales distribue du fuel domestique aux consommateurs. L'analyse des caractéristiques économiquement pertinentes montre que le produit n'est pas différencié, que le marché est concurrentiel, que sa taille est prévisible et que les acteurs ne fixent pas les prix. En pareilles circonstances, la capacité à influer sur les marges peut être limitée. Les conditions de crédit obtenues dans le cadre de la gestion des relations avec les fournisseurs de fuel domestique financent le fonds de roulement et sont déterminantes pour la marge du distributeur. L'impact du risque sur le coût du capital est donc significatif dans le contexte de la manière dont est créée la valeur pour la fonction de distribution.

1.75 Dans le deuxième exemple, une multinationale qui vend des jouets au détail achète une large gamme de produits à un certain nombre de fabricants extérieurs au groupe. Ses ventes se concentrent dans les deux derniers mois de l'année, et elle assume un risque important lié à l'orientation stratégique de la fonction d'achat, à la bonne estimation des tendances et au choix avisé des produits qui se vendront et de leurs volumes. Les tendances et la demande de produits peuvent varier d'un marché à l'autre, et l'expertise est donc nécessaire pour évaluer les attentes du marché local. L'effet du risque d'achat peut être amplifié si le détaillant négocie une période d'exclusivité pour un produit particulier avec le fabricant.

1.76 Le contrôle du risque spécifique d'une transaction est axé sur la prise de décision des parties à la transaction dans le cadre du risque spécifique résultant de la transaction. Cela ne signifie pas pour autant que, dans un groupe d'entreprises multinationales, d'autres parties ne participent pas à la définition des politiques générales qui sont utiles à la prise en charge et au contrôle des risques spécifiques identifiés dans une transaction, cette définition politique n'étant pas à proprement parler une prise de décision. Le conseil et le comité exécutif du groupe, par exemple, peuvent définir le niveau de risque que l'ensemble du groupe est disposé à accepter en vue d'atteindre ses objectifs commerciaux, et mettre en place le cadre de contrôle permettant de gérer et de signaler les risques présents dans ses activités. Les cadres au sein des entités commerciales, opérationnelles et fonctionnelles peuvent identifier et évaluer les risques par rapport aux débouchés commerciaux, et mettre en place les contrôles et processus appropriés afin de traiter ces risques et d'agir sur ceux générés par les activités quotidiennes. Dans leur poursuite des débouchés commerciaux, les entités opérationnelles doivent gérer en permanence le risque que les moyens déployés n'aboutissent pas au résultat escompté. Par exemple, le risque d'un stock de produits finis dans une transaction d'approvisionnement entre deux entreprises associées peut être contrôlé par la partie qui a la capacité de déterminer les volumes de production et d'exercer effectivement cette prise de décision. La manière de gérer le risque de la transaction entre deux entreprises associées peut dépendre de la politique adoptée par ailleurs au sein du groupe d'entreprises multinationales à propos des niveaux de fonds de roulement affectés au stock ou de la coordination des stocks minimaux appropriés pour les différents marchés afin de répondre aux objectifs stratégiques. Cette définition politique élargie ne peut cependant pas être considérée comme une décision de saisir, d'éviter, de rejeter ou d'atténuer le risque spécifique lié au stock dans l'exemple de la transaction de fourniture de produits de ce paragraphe.

D.1.2.1.2. Étape 2 : La prise en charge contractuelle du risque

1.77 L'identité de la partie ou des parties assumant les risques peut être mentionnée dans les contrats écrits entre les parties à la transaction qui implique des risques. Un contrat écrit définit en principe les risques que les parties ont prévu d'assumer. Certains risques peuvent être explicitement assumés dans les dispositions contractuelles. Par exemple, un distributeur pourra assumer contractuellement le risque lié aux comptes clients, au stock et les risques de crédit liés aux ventes du distributeur à des clients non associés. D'autres risques sont assumés implicitement. Par exemple, les dispositions contractuelles qui prévoient la rémunération non conditionnelle de l'une des parties font supporter implicitement les conséquences de certains risques, notamment de profits et de pertes, à l'autre partie.

1.78 Une prise en charge contractuelle du risque représente un accord de prise en charge *ex ante* de tout ou partie des coûts potentiels liés à la concrétisation *ex post* des conséquences négatives du risque, en contrepartie de tout ou partie des bénéfices potentiels liés à la concrétisation *ex post* des conséquences positives. Avant tout, une prise en charge *ex ante* du risque doit fournir des éléments probants d'un engagement à assumer le risque avant la réalisation de ses conséquences. Ces éléments probants constituent une part importante de l'analyse qu'effectue l'administration fiscale sur les risques en matière de prix de transfert dans les relations commerciales et financières car, dans la pratique, un contrôle de l'administration fiscale peut avoir lieu plusieurs années après la prise de ces décisions initiales par des entreprises associées et lorsque les conséquences sont connues. La prise en charge supposée d'un risque lorsque les conséquences du risque sont connues n'implique pas, par définition, une prise en charge du risque puisqu'il n'y a plus de risque. De même, les réaffectations du risque a posteriori par l'administration fiscale lorsque les conséquences du risque sont connues peuvent être inappropriées sauf si elles sont fondées sur une indication mentionnée ailleurs dans ces Principes, en particulier à la section D.1.2.1.

1.79 Il est neutre d'un point de vue économique d'assumer (ou d'éviter) un risque en contrepartie d'un revenu nominal escompté plus élevé (ou plus faible) dans la mesure où les deux options sont à égalité en termes de valeur actuelle nette. Entre parties non associées, par exemple, la vente d'un actif risqué générateur de revenu peut traduire en partie la décision du vendeur d'accepter un revenu nominal plus faible mais plus assuré et de renoncer à la possibilité d'un revenu nominal plus élevé qu'il pourrait percevoir en conservant et en exploitant cet actif. Dans un accord de recouvrement de créances sans recours entre entreprises indépendantes, par exemple, le vendeur qui escompte la valeur nominale de ses créances clients en contrepartie d'un paiement fixe accepte un rendement inférieur pour réduire la volatilité et se défaire d'un risque. La société d'affacturage est habituellement une entreprise spécialisée qui a la capacité de décider d'assumer un risque et de décider comment le gérer, notamment en le diversifiant et en disposant des capacités fonctionnelles pour l'atténuer et générer un rendement qui en découle. Chaque partie conclut l'accord parce qu'elle estime qu'il préserve ses intérêts, essentiellement parce qu'elles ont des préférences différentes en matière de risque, qui résultent de leurs capacités par rapport au risque spécifique. La société d'affacturage est mieux à même de gérer les risques que le vendeur et des conditions acceptables pour les deux parties peuvent être négociées.

1.80 Cependant, il ne faudrait pas en conclure que le fait pour des entreprises associées de renoncer contractuellement à un rendement potentiellement élevé mais plus incertain au profit d'un rendement plus faible mais plus sûr relève automatiquement du principe de pleine concurrence. Les étapes restantes proposées dans cette section décrivent les informations nécessaires pour déterminer comment des entreprises associées opèrent dans le cadre de la prise en charge et de la gestion des risques afin de permettre une délimitation précise de la transaction effective par rapport au risque.

1.81 La prise en charge du risque peut avoir un effet significatif sur la détermination du prix de pleine concurrence entre entreprises associées, et il ne faut pas conclure que les prix fixés dans les accords contractuels déterminent seuls la partie qui assume le risque. Aussi, le fait que le prix payé entre des entreprises associées pour des biens ou des services soit fixé à un niveau spécifique, ou par référence à une marge spécifique, ne doit pas conduire à conclure que les risques sont supportés d'une certaine manière par ces entreprises associées. Par exemple, un fabricant peut affirmer être protégé du risque de fluctuation des prix d'une matière première du fait qu'il est rémunéré par une autre entreprise du groupe sur une base qui tient compte de ses coûts effectifs. Cette affirmation implique que c'est l'autre entreprise du groupe qui supporte le risque. La forme de rémunération ne peut pas dicter des affectations inappropriées du risque. La façon dont les parties gèrent et contrôlent effectivement les risques, comme indiqué dans les autres étapes du processus d'analyse des risques, détermine les risques assumés par les parties et dicte, en conséquence, le choix de la méthode des prix de transfert la mieux adaptée.

D.1.2.1.3. Étape 3 : L'analyse fonctionnelle relative au risque

1.82 Cette étape est consacrée à l'analyse des fonctions relatives au risque des entreprises associées qui sont des parties à la transaction. L'analyse fournit des informations sur la façon dont des entreprises associées opèrent dans le cadre de la prise en charge et la gestion des risques spécifiques économiquement significatifs, et en particulier sur la ou les entreprises qui exercent les fonctions de contrôle et d'atténuation des risques, qui supportent les gains ou les pertes des risques et qui ont la capacité financière d'assumer le risque. Cette étape est illustrée par les exemples suivants, dont les conclusions sont tirées dans les paragraphes suivants de la section D.1.2.

Exemple 1

1.83 La société A cherche à saisir une opportunité de développement et fait appel à une société spécialisée, la société B, pour effectuer une partie des recherches à sa place. Le risque de développement relevant de l'étape 1 a été identifié comme économiquement significatif dans cette transaction et, au regard de l'étape 2, il a été établi que la société A assume le risque de développement. L'analyse fonctionnelle relevant de l'étape 3 démontre que la société A contrôle son risque de développement en exerçant sa capacité et son pouvoir de prise d'un certain nombre de décisions significatives sur le fait d'assumer ou non le risque de développement, et si oui de quelle manière. Il s'agit des décisions d'effectuer une partie des travaux de développement elle-même, de solliciter les conseils d'un spécialiste, d'engager un chercheur particulier, de choisir le type de recherches à effectuer et les objectifs correspondants, du budget alloué à la société B. La société A a atténué ses risques en prenant des mesures pour externaliser les activités de développement et les confier à la société B qui assume la responsabilité quotidienne d'effectuer les recherches sous le contrôle de la société A. La société B rend des comptes à la société A, selon une périodicité prédéterminée et la société A évalue la progression du développement et l'atteinte des objectifs courants et décide, à la lumière de cette évaluation, si les investissements réguliers dans le projet sont garantis. La société A a la capacité financière d'assumer le risque. La société B n'a pas la capacité d'évaluer le risque de développement et ne prend pas de décisions relatives aux activités de la société A. Pour la société B, le risque consiste principalement à garantir que ses activités de recherche sont conduites avec compétence et à exercer sa capacité et son pouvoir de contrôle de ce risque par la prise de décisions sur les processus, l'expertise et les actifs dont elle a besoin. Le risque assumé par la société B est différent du risque de développement supporté par la société A aux termes du contrat, qui est contrôlé par la société A, en s'appuyant sur les éléments probants de l'analyse fonctionnelle.

Exemple 2

1.84 La société B fabrique des produits pour la société A. Selon l'étape 1, le risque d'utilisation des capacités et le risque de la chaîne d'approvisionnement ont été identifiés comme économiquement significatifs dans cette transaction et au regard l'étape 2, il a été établi qu'aux termes du contrat la société A assume ces risques. L'analyse fonctionnelle effectuée dans le cadre de l'étape 3 démontre que la société B a construit et équipé son usine selon les spécifications de la société A, que les produits sont fabriqués en respectant les exigences techniques et conceptions fournies par la société A, que les niveaux de volume sont déterminés par la société A et que c'est elle qui gère la chaîne d'approvisionnement, notamment les achats de composants et de matières premières. La société A effectue aussi régulièrement des contrôles de la qualité du processus de fabrication. La société B construit l'usine, emploie et forme du personnel compétent pour la fabrication et détermine la planification de la production en fonction des niveaux de volumes fixés par la société A. Bien que la société B ait assumé des coûts fixes, elle n'a aucun moyen de gérer le risque lié à la récupération de ces coûts en déterminant les unités de production sur lesquelles ces coûts fixes sont répartis puisque la société A fixe les volumes. La société A détermine également les coûts significatifs relatifs aux composants et matières premières et à la sécurité de l'approvisionnement. L'évaluation des éléments probants permet de conclure que la société B fournit des services de fabrication. Les risques significatifs liés à la génération d'un rendement à partir des activités de fabrication sont contrôlés par la société A. La société B contrôle le risque de ne pas faire preuve de compétence dans la fourniture de ses services. Chacune des sociétés à la capacité financière d'assumer le risque.

Exemple 3

1.85 La société A a acquis la propriété d'un actif corporel et conclut des contrats d'utilisation de l'actif avec des clients non associés. Selon l'étape 1, l'utilisation de l'actif corporel, c'est-à-dire le risque que la demande de l'actif ne suffise pas à couvrir les coûts supportés par la société A, a été identifiée comme un risque significatif. L'étape 2 a permis d'établir que la société A a conclu un contrat de fourniture de services avec une autre société du groupe, la société C. Le contrat ne prévoit pas le risque d'utilisation supporté par la société A, propriétaire de l'actif corporel. L'analyse fonctionnelle de l'étape 3 démontre qu'une autre société du groupe, la société B, a estimé judicieux d'investir dans l'actif en raison des opportunités commerciales prévisibles identifiées et évaluées par la société B et de son estimation relative à la durée de vie utile prévue pour cet actif. La société B fournit les spécifications de cet actif et les caractéristiques spécifiques requises pour réagir aux opportunités commerciales et fait en sorte que l'actif soit fabriqué conformément à ses spécifications et que la société A en fasse l'acquisition. La société C décide comment utiliser l'actif, vend les fonctionnalités de l'actif à des clients tiers, négocie les contrats avec ces clients tiers, veille à la livraison de l'actif aux tiers et à son installation adéquate. Bien qu'elle soit le propriétaire légal de l'actif, la société A n'exerce pas de contrôle sur le risque d'investissement dans l'actif corporel puisqu'elle n'a pas la capacité de décider si elle doit investir ou non dans cet actif, si elle doit protéger son investissement et de quelle manière, notamment en le vendant. Bien qu'elle soit le propriétaire légal de l'actif, la société A n'exerce pas de contrôle sur le risque d'utilisation puisqu'elle n'a pas la capacité de décider d'exploiter l'actif et de quelle manière. Elle n'a pas la capacité d'évaluer et de prendre des décisions relatives aux mesures d'atténuation du risque prises par d'autres sociétés du groupe. Au contraire, les risques liés à l'investissement dans l'actif et à son exploitation, en optimisant les avantages et en atténuant les risques potentiels, sont contrôlés par les autres sociétés du groupe. La société A ne contrôle pas les risques économiquement significatifs liés à l'investissement dans l'actif et à l'exploitation de l'actif. La contribution fonctionnelle du propriétaire de l'actif se limite au financement d'un montant égal au coût de l'actif. L'analyse fonctionnelle démontre cependant que la société A n'a pas la capacité ni le pouvoir de contrôler le risque d'investissement dans un actif financier. La société A n'a pas la capacité de prendre la décision de saisir ou de rejeter l'opportunité financière ni de traiter les risques associés à cette opportunité financière. La société A n'exerce pas de fonction d'évaluation de l'opportunité financière, ne prend pas en compte la prime de risque appropriée et les autres aspects pour calculer le prix adéquat de l'opportunité financière et n'évalue pas la protection appropriée de son investissement financier. Les sociétés A, B et C ont la capacité financière d'assumer leurs risques respectifs.

D.1.2.1.4. Étape 4 : Interprétation des étapes 1 à 3

1.86 Les étapes 1 à 3 auront permis d'identifier les informations relatives à la prise en charge et la gestion des risques de la transaction contrôlée. L'étape suivante consiste à interpréter ces informations et à déterminer si la prise en charge contractuelle du risque est conforme au comportement des parties et aux autres faits concernés en analysant (i) si les entreprises associées respectent les dispositions contractuelles relevant des principes de la section D.1.1 et (ii) si la partie assumant le risque, selon l'analyse du point (i), exerce un contrôle du risque et dispose de la capacité financière pour prendre en charge le risque.

1.87 L'importance de l'étape 4 dépend de ces conclusions. Dans le cas des exemples 1 et 2 susvisés, cette étape peut être relativement évidente. Lorsqu'une partie assumant un risque applique cette prise en charge du risque à son comportement tout en exerçant un contrôle du risque et en disposant de la capacité financière de l'assumer, aucune analyse n'est requise au-delà de l'étape 4 (i) et (ii) pour déterminer la prise en charge du risque. Les sociétés A et B de ces deux exemples respectent les obligations figurant dans les contrats et exercent un contrôle des risques qu'elles assument dans la transaction, avec l'appui de leur capacité financière. Par conséquent, l'étape 4 (ii) est respectée et il n'est pas nécessaire d'envisager l'étape 5, la suivante étant l'étape 6.

1.88 Conformément à l'examen des dispositions contractuelles (voir section D.1.1), l'étape 4 (i) doit examiner si le comportement des parties est conforme à la prise en charge du risque énoncée dans les contrats écrits ou si les dispositions contractuelles n'ont pas été respectées ou sont incomplètes. Lorsqu'il existe des différences entre les clauses contractuelles relatives au risque et le comportement des parties, qui sont économiquement significatives et dont les parties tiendraient compte pour calculer le prix de la transaction entre elles, c'est en général le comportement des parties qui doit être considéré comme l'élément le plus probant pour définir l'intention des parties relatives à la prise en charge du risque.

1.89 Supposons par exemple qu'un fabricant dont la devise fonctionnelle est le dollar américain vende des produits à un distributeur associé situé dans un autre pays, dont la devise fonctionnelle est l'euro, et que le contrat écrit stipule que le distributeur assume tous les risques de change liés à cette transaction contrôlée. Si toutefois le fabricant facture les produits au distributeur pendant une période prolongée dans la devise du distributeur, c'est-à-dire en euros, certains aspects des dispositions contractuelles écrites ne reflètent pas la réalité des relations commerciales ou financières entre les parties. La prise en charge du risque doit être déterminée en se basant sur le comportement effectif des parties dans le contexte des dispositions contractuelles, et non sur des aspects des dispositions contractuelles qui ne sont pas appliqués en pratique. Ce principe est également illustré par l'exemple 7 de l'annexe au chapitre VI, dans lequel on observe une incohérence entre la prise en charge contractuelle du risque et le comportement des parties, comme le démontre la prise en charge des coûts liés aux conséquences négatives du risque.

1.90 L'étape 4 (ii) doit déterminer si la partie qui assume le risque contractuel, en examinant si les dispositions contractuelles ont été appliquées dans le comportement des parties au regard de l'étape 4 (i), contrôle ce risque et a la capacité de l'assumer. Si toutes les circonstances présentées dans l'exemple 1 restent identiques à l'exception du fait que le contrat entre la société A et la société B affecte le risque de développement à la société B et s'il n'existe pas d'élément probant du comportement des parties au titre l'étape 4 (i) suggérant que l'affectation contractuelle du risque n'a pas été respectée, la société B supportera alors contractuellement le risque de développement mais les faits attestent que la société B n'a pas la capacité d'évaluer le risque de développement et ne prend pas de décisions sur les activités de la société A. La société B n'exerce pas de fonction de prise de décision qui lui permette de contrôler le risque de développement en prenant des décisions qui affectent les conséquences de ce risque. Selon les informations fournies dans l'exemple 1, le risque de développement est contrôlé par la société A. L'affirmation que la partie supportant le risque n'est pas la partie qui contrôle ce risque implique un examen plus poussé au titre de l'étape 5.

1.91 Si les circonstances présentées dans l'exemple 2 restent identiques à ceci près que, bien que le contrat mentionne que la société A assume les risques liés à la chaîne d'approvisionnement, la société B n'est pas remboursée par la société A en cas de défaut de fourniture de deux composants clés dans les délais, l'analyse au titre de l'étape 4 (i) démontre que la prise en charge contractuelle du risque n'a pas été respectée dans les faits au regard du risque lié à la chaîne d'approvisionnement, de telle sorte que c'est en réalité la société B qui supporte les conséquences négatives de ce risque. Selon les informations fournies dans l'exemple 2, la société B n'exerce pas de contrôle du risque lié à la chaîne d'approvisionnement, tandis que la société A exerce ce contrôle. Par conséquent, la partie qui assume le risque analysé au regard de l'étape 4 (i) n'exerce pas de contrôle de ce risque selon la définition de l'étape 4 (ii) et un examen plus poussé est requis au titre de l'étape 5.

1.92 Dans le cas de l'exemple 3, l'analyse relevant de l'étape 4 (i) démontre que la prise en charge du risque lié à l'utilisation par la société A est conforme aux dispositions contractuelles avec la société C mais, selon l'étape 4 (ii), il est établi que la société A ne contrôle pas les risques assumés en lien avec l'investissement dans l'actif et son exploitation. La société A n'exerce pas de fonction de prise de décision qui lui permette de contrôler le risque de développement en prenant des décisions qui affectent les conséquences de ces risques. Selon l'étape 4(ii), la partie qui assume le risque ne contrôle pas ce risque et un examen plus approfondi est nécessaire dans le cadre de l'étape 5.

1.93 Dans certains cas, l'analyse au titre de l'étape 3 peut révéler que plusieurs entreprises du groupe d'entreprises multinationales sont capables d'exercer un contrôle du risque. Il faut cependant à la fois la capacité et l'exercice de la fonction pour exercer un contrôle du risque. En conséquence, si plusieurs parties sont capables d'exercer ce contrôle alors que l'entité qui assume le risque contractuel (selon l'analyse de l'étape 4 (i)) est la seule à exercer effectivement un contrôle par sa capacité et l'exercice de la fonction, la partie qui assume contractuellement le risque le contrôle également.

1.94 En outre, il arrive parfois que plusieurs parties à la transaction exercent le contrôle d'un risque spécifique. Lorsqu'une entreprise associée qui assume un risque (selon l'analyse de l'étape 4(i)) contrôle ce risque conformément aux exigences énoncées aux paragraphes 1.65 et 1.66, il ne reste plus, au titre de l'étape 4 (ii) qu'à examiner si l'entreprise a la capacité financière de supporter ce risque. Si c'est le cas, le fait que les autres entreprises associées exercent également un contrôle de ce même risque n'affecte pas la prise en charge de ce risque par la première entreprise mentionnée et il n'y a pas à tenir compte de l'étape 5.

1.95 Si deux ou plusieurs parties à la transaction assument un risque spécifique (selon l'étape 4 (i)) et, en outre, assurent ensemble le contrôle de ce risque spécifique en ayant chacune la capacité financière d'assumer leur part de ce risque, il doit alors en être tenu compte dans la prise en charge du risque. Les exemples peuvent comprendre la prise en charge contractuelle du risque de développement dans le cadre d'une transaction aux termes de laquelle des sociétés acceptent de prendre en charge conjointement les coûts de création d'un nouveau produit.

1.96 S'il est établi qu'une entreprise associée assumant le risque selon l'analyse de l'étape 4 (i) ne contrôle pas le risque ou bien n'a pas la capacité financière d'assumer le risque, il convient de procéder à l'analyse décrite à l'étape 5.

1.97 Face à la complexité potentielle de certaines situations, lorsqu'il s'agit de déterminer si une entreprise associée qui assume un risque contrôle ce même risque, les critères de contrôle doivent être considérés comme satisfaisants lorsque des risques comparables sont assumés dans des transactions comparables sur le marché libre. Pour être comparables, les risques assumés impliquent que les caractéristiques économiquement pertinentes des transactions soient comparables. Si une telle comparaison est effectuée, il est particulièrement important d'établir que la société qui assume un risque comparable dans le cadre d'une transaction sur le marché libre exerce des fonctions de gestion du risque liées au contrôle du risque, qui sont comparables à celles exercées par une entreprise associée supportant le risque dans le cadre de la transaction contrôlée. Cette comparaison a pour objet d'établir qu'une partie indépendante assumant un risque comparable à celui que supporte l'entreprise associée exerce également des fonctions de gestion du risque qui sont comparables à celles exercées par l'entreprise associée.

D.1.2.1.5. Étape 5 : Attribution du risque

1.98 S'il est établi à l'étape 4 qu'une entreprise associée assumant le risque selon les étapes 1 à 4 (i) n'exerce pas de contrôle du risque ou bien n'a pas la capacité financière d'assumer le risque, le risque doit alors être attribué à l'entreprise qui exerce le contrôle et a la capacité financière d'assumer le risque. S'il apparaît que plusieurs entreprises associées exercent le contrôle du risque tout en ayant la capacité financière de l'assumer, le risque doit alors être attribué à l'entreprise associée ou au groupe d'entreprises associées exerçant majoritairement le contrôle. Les autres parties exerçant des activités de contrôle doivent être rémunérées de manière appropriée, en tenant compte de l'importance des activités de contrôle exercées.

1.99 Dans des circonstances exceptionnelles, il arrive qu'il ne soit pas possible d'identifier une entreprise associée qui exerce le contrôle du risque tout en ayant la capacité financière de l'assumer. Il est peu probable qu'une telle situation survienne dans des transactions entre tiers, une analyse rigoureuse des faits et circonstances concernés devant être effectuée, afin de cerner les raisons et mesures sous-jacentes qui ont abouti à cette situation. A partir de cette évaluation, l'administration fiscale déterminera quels sont les ajustements nécessaires à la transaction pour aboutir à un prix de pleine concurrence. Une évaluation de la rationalité commerciale de la transaction selon la section D.2 peut être nécessaire.

D.1.2.1.6. Étape 6 : Calcul du prix de la transaction en tenant compte des conséquences de l'attribution du risque

1.100 Selon les principes de cette section, le prix de la transaction délimitée précisément doit être ensuite calculé en utilisant les outils et méthodes à la disposition des contribuables et des administrations fiscales, qui sont exposés dans les chapitres suivants de ces principes, en tenant compte des conséquences financières et autres de la prise en charge du risque et de la rémunération de la gestion du risque. La prise en charge d'un risque doit être compensée par un rendement anticipé approprié et l'atténuation du risque doit être rémunérée en conséquence. En conséquence, un contribuable qui assume et atténue à la fois un risque aura droit à une rémunération escomptée supérieure à celle d'un contribuable qui assume un risque ou bien l'atténue mais ne fait pas les deux à la fois.

1.101 Dans les circonstances de l'exemple 1 du paragraphe 1.83, la société A assume et contrôle le risque de développement et doit supporter les conséquences financières de l'échec et bénéficier des conséquences financières de la réussite. La société B doit être rémunérée de manière appropriée en échange des services de développement qu'elle assure, et du risque de ne pas y parvenir.

1.102 Dans le cas de l'exemple 2 du paragraphe 1.84, les risques significatifs liés à la génération d'un rendement à partir des activités de fabrication sont contrôlés par la société A et les conséquences positives et négatives de ces risques doivent donc être attribuées à la société A. La société B contrôle le risque de ne pas faire preuve de compétence dans la fourniture de ses services et sa rémunération doit tenir compte de ce risque mais aussi des coûts de financement de l'acquisition de son site de fabrication. Les risques liés à l'utilisation des capacités de l'actif étant contrôlés par la société A, le risque de sous-utilisation doit être attribué à la société A. Cela signifie que les conséquences financières liées à la réalisation du risque, notamment le défaut de couverture des coûts fixes, de l'amortissement ou des coûts de fermeture, doivent être attribués à la société A.

1.103 Les conséquences de l'affectation du risque dans l'exemple 3 du paragraphe 1.85 dépendent de l'analyse des fonctions effectuée à l'étape 3. La société A ne contrôle pas les risques économiquement significatifs d'investissement dans l'actif et d'exploitation de l'actif et ces risques doivent être comparés avec le contrôle des risques exercé par les sociétés B et C. La contribution fonctionnelle de la société A se limite au financement d'un montant égal au coût de l'actif, qui permet la création et l'exploitation de l'actif par les sociétés B et C. L'analyse fonctionnelle démontre cependant que la société A n'a pas la capacité ni le pouvoir de contrôler le risque d'investissement dans un actif financier. La société A n'a pas la capacité de prendre la décision de saisir ou de rejeter l'opportunité financière ni de traiter les risques associés à cette opportunité financière. La société A n'exerce pas de fonction d'évaluation de l'opportunité financière, ne prend pas en compte la prime de risque appropriée ni les autres aspects pour calculer le prix approprié de l'opportunité financière et n'évalue pas la protection correcte de son investissement financier. Dans le cas de l'exemple 3, la société A ne doit pas s'attendre à mieux qu'un rendement sans risque[4] à titre de mesure appropriée des profits qu'elle est en droit de conserver puisqu'elle n'a pas la capacité de contrôler le risque lié à un investissement dans un actif financier plus risqué. Le risque sera attribué à l'entreprise qui exerce le contrôle et qui a la capacité financière d'assumer le risque relatif à l'actif financier. Dans cet exemple, c'est la société B. La société A ne contrôle pas le risque d'investissement qui entraîne une prime de risque potentielle. Il peut être nécessaire de procéder à une évaluation de la rationalité commerciale de la transaction reposant sur les indications de la section D.2 en tenant compte de l'ensemble des faits et circonstances de la transaction.

1.104 Les indications sur le rapport entre la prise en charge du risque lié à l'apport de fonds et les activités opérationnelles pour lesquelles les fonds sont utilisés figurent aux paragraphes 6.60 à 6.64. Les concepts traités dans ces paragraphes s'appliquent également aux investissements dans des actifs autres que les actifs incorporels.

1.105 Une partie doit toujours être correctement rémunérée en échange de ses fonctions de contrôle du risque. La rémunération dépend généralement des conséquences liées à l'attribution du risque et cette partie pourra, par conséquent, bénéficier des avantages et supporter les pertes. Dans les cas où une partie contribue au contrôle du risque mais ne l'assume pas, une rémunération sous la forme d'un partage des gains et pertes potentiels, proportionnel à cette participation au contrôle, peut être appropriée.

1.106 La différence entre des rendements *ex ante* et *ex post* abordée plus particulièrement à la section D du chapitre VI résulte en grande partie des risques liés à l'incertitude des résultats à venir de l'entreprise. Comme indiqué au paragraphe 1.78, une prise en charge contractuelle du risque *ex ante* doit fournir des éléments probants d'un engagement à assumer le risque avant la réalisation de ses conséquences. Selon les étapes de cette section, l'analyse des prix de transfert délimitera précisément la transaction par rapport au risque, y compris le risque lié aux rendements non escomptés. Selon ces étapes, une partie qui n'assume pas le risque et ne contribue pas au contrôle de ce risque n'aura pas droit aux bénéfices non escomptés (et ne sera pas tenue de supporter des pertes imprévues) résultant de ce risque. Dans le cas de l'exemple 3 (voir paragraphe 1.85), cela signifierait que ni les pertes ni les profits imprévus ne seraient attribués à la société A. En conséquence, si l'actif de l'exemple 3 était détruit de manière inattendue, provoquant une perte imprévue, cette perte serait attribuée, aux fins du calcul des prix de transfert, à la ou aux sociétés qui contrôlent le risque d'investissement, contribuent au contrôle de ce risque, ont la capacité financière d'assumer ce risque et qui se verraient attribuer des profits ou des pertes imprévus liés à cet actif. La ou les sociétés devraient verser à la société A le rendement auquel elle a droit au titre du paragraphe 1.103.

D.1.3. Caractéristiques des biens ou services

1.107 Les différences dans les caractéristiques spécifiques des biens ou des services expliquent souvent, au moins en partie, les différences dans leur valeur sur le marché libre. Par conséquent, une comparaison de ces caractéristiques peut être utile pour cerner la transaction et déterminer la comparabilité de transactions entre entreprises associées et de transactions sur le marché libre. Les caractéristiques qu'il peut être important de prendre en compte sont les suivantes : dans le cas de transferts de biens corporels, les caractéristiques physiques du bien, sa qualité et sa fiabilité, ainsi que la facilité d'approvisionnement et le volume de l'offre ; dans le cas de prestations de services, la nature et l'étendue des services ; enfin, dans le cas d'actifs incorporels, la forme de la transaction (par exemple, concession d'une licence ou vente), le type d'actif (par exemple, brevet, marque de fabrique ou savoir-faire), la durée et le degré de protection et l'avantage escompté de l'utilisation de l'actif en question. Pour un examen plus détaillé de certaines des caractéristiques propres aux actifs incorporels qui peuvent être pertinentes en vue d'une analyse de comparabilité portant sur des transferts d'actifs incorporels ou de droits sur de tels actifs, voir la section D.2.1 du chapitre VI.

1.108 En fonction de la méthode de prix de transfert, il convient d'accorder plus ou moins d'importance à ce facteur. Parmi les méthodes décrites au chapitre II de ces Principes, l'exigence de comparabilité des biens ou services est la plus stricte pour la méthode du prix comparable sur le marché libre. Dans le cadre de cette méthode, toute différence significative dans les caractéristiques des biens ou services peut se répercuter sur le prix et nécessiterait d'envisager un ajustement de comparabilité approprié (voir en particulier le paragraphe 2.15). Avec les méthodes du prix de revente et du coût majoré, certaines différences dans les caractéristiques des produits ou services sont moins susceptibles d'avoir un effet significatif sur la marge brute ou sur la marge sur coûts (voir en particulier les paragraphes 2.23 et 2.41). Des différences éventuelles dans les caractéristiques des produits ou des services seront également moins sensibles dans le cas des méthodes transactionnelles de bénéfices qu'elles ne le sont dans le cas des méthodes traditionnelles fondées sur les transactions (voir en particulier le paragraphe 2.69). Cependant, ceci ne signifie pas que les contribuables peuvent ignorer la question de la comparabilité des caractéristiques des biens ou services, parce qu'il se peut que des différences de produits impliquent ou reflètent des différences dans les fonctions assurées, les actifs utilisés et/ou les risques supportés par la partie testée. Voir les paragraphes 3.18-3.19 en ce qui concerne la notion de partie testée.

1.109 Dans la pratique, on constate que les analyses de comparabilité pour les méthodes basées sur les indicateurs de bénéfices nets ou bruts accordent souvent plus d'importance aux similarités de fonctions qu'à celles de produits. En fonction du cas d'espèce, il peut être acceptable d'élargir l'analyse de comparabilité afin d'inclure des transactions sur le marché libre qui portent sur des produits différents mais qui sont fonctionnellement similaires. L'acceptabilité de cette approche dépend toutefois de l'incidence des différences de produits sur la fiabilité de la comparaison, ainsi que de la possibilité éventuelle de trouver des données plus fiables. Avant d'élargir la recherche à une catégorie plus large de transactions sur le marché libre qui soient potentiellement comparables sur la base de leurs similarités fonctionnelles, il conviendrait de se demander si ces transactions sont susceptibles d'offrir des comparables fiables pour la transaction entre entreprises associées.

D.1.4. Circonstances économiques

1.110 Les prix de pleine concurrence peuvent varier selon les marchés, même pour des transactions portant sur un même bien ou service ; par conséquent, pour pouvoir faire des comparaisons, il faut que les marchés sur lesquels opèrent les entreprises associées et les entreprises indépendantes ne présentent pas de différences ayant un effet sensible sur les prix ou que des correctifs appropriés puissent être apportés. Au départ, il est essentiel d'identifier le marché ou les marchés en cause, en tenant compte des biens ou des services de substitution disponibles. Les caractéristiques de la situation économique à envisager pour déterminer la comparabilité des marchés sont notamment : la localisation géographique, la dimension des marchés, le degré de concurrence sur les marchés et la position concurrentielle relative des acheteurs et des vendeurs, l'existence de biens et de services de substitution ou le risque d'apparition de tels biens ou services, le niveau de l'offre et de la demande sur l'ensemble du marché (et, le cas échéant, dans certaines régions), le pouvoir d'achat des consommateurs, la nature et la portée des réglementations publiques applicables au marché, les coûts de production (en particulier, le coût des terrains, de la main-d'œuvre et du capital), les coûts de transport, le stade de commercialisation (détail ou gros, par exemple), la date et le moment des transactions, etc. Ce sont les circonstances propres au cas d'espèce qui déterminent si les différences de situations économiques ont un effet significatif sur les prix et s'il est possible de procéder à des ajustements de comparabilité raisonnablement fiables pour éliminer l'effet de ces différences. Pour des indications plus détaillées sur l'importance, dans une analyse de comparabilité, des caractéristiques des marchés locaux, et notamment de celles qui donnent lieu à des économies de localisation, voir la section D.6 de ce chapitre.

1.111 L'existence d'un cycle (économique, commercial ou produit) est l'une des situations économiques qui doit être identifiée. Voir le paragraphe 3.77 concernant l'utilisation de données pluriannuelles lorsqu'on est en présence d'un cycle.

1.112 Le marché géographique est une autre situation économique qui doit être identifiée. L'identification du marché pertinent est une question de fait. Pour un certain nombre de secteurs, les grands marchés régionaux englobant plusieurs pays peuvent s'avérer homogènes, alors que pour d'autres, les différences entre les marchés nationaux (ou même au sein des marchés nationaux) sont très significatives.

1.113 Lorsqu'un groupe d'entreprises multinationales réalise des transactions contrôlées similaires dans plusieurs pays et les situations économiques dans ces pays sont effectivement homogènes, il peut être approprié pour le groupe d'entreprises multinationales d'avoir recours à une analyse de comparabilité multi-pays afin de justifier sa politique en matière de prix de transfert pour ce groupe de pays. Mais il existe également de nombreuses situations dans lesquelles un groupe d'entreprises multinationales offre des gammes de produits ou de services matériellement différentes d'un pays à l'autre, et/ou assure des fonctions matériellement différentes dans chacun de ces pays (employant des actifs matériellement différents et supportant des risques matériellement différents), et/ou dans lesquelles les stratégies commerciales et/ou les situations économiques s'avèrent matériellement différentes. Dans de telles situations, le recours à une approche multi-pays peut nuire à la fiabilité.

D.1.5. Stratégies des entreprises

1.114 Il faut également prendre en compte les stratégies des entreprises pour délimiter la transaction et déterminer la comparabilité en vue de la fixation des prix de transfert. Les stratégies des entreprises présentent de nombreux aspects, et portent notamment sur l'innovation et la mise au point de nouveaux produits, le degré de diversification, l'aversion pour le risque, la prise en compte des facteurs politiques, le rôle de la législation du travail en vigueur et des nouvelles dispositions envisagées dans ce domaine, la durée des accords, ainsi que sur tous les autres facteurs qui ont une incidence sur le fonctionnement quotidien des entreprises. Il peut être nécessaire de prendre en compte ces stratégies pour déterminer la comparabilité respective des transactions et entreprises contrôlées et des transactions et entreprises sur le marché libre.

1.115 Les stratégies des entreprises peuvent aussi porter sur les modalités de pénétration du marché. Un contribuable voulant pénétrer sur un marché ou accroître sa part de marché pourra pratiquer temporairement pour son produit un prix inférieur à celui pratiqué sur ce marché pour des produits comparables. En outre, un contribuable s'efforçant d'entrer sur un nouveau marché ou d'accroître (ou de préserver) sa part de marché pourra temporairement supporter des coûts plus élevés (par exemple à cause des coûts de lancement ou d'un renforcement de son effort de commercialisation) et réaliser ainsi des bénéfices inférieurs à ceux d'autres contribuables opérant sur ce marché.

1.116 Des problèmes particuliers de cadre temporel peuvent se poser à l'administration fiscale lorsqu'elle doit déterminer si un contribuable poursuit une stratégie qui le distingue des autres entreprises auxquelles il pourrait être comparé. Certaines stratégies, comme celles de pénétration du marché ou d'accroissement de la part de marché, se traduisent par une réduction des bénéfices courants du contribuable en prévision d'une augmentation des bénéfices futurs. Si, plus tard, l'accroissement des bénéfices ne se concrétise pas parce que la stratégie prévue n'a pas été mise en œuvre dans les faits par le contribuable, des contraintes d'ordre juridique peuvent empêcher le réexamen par l'administration fiscale des exercices fiscaux antérieurs. C'est notamment pour cette raison que les administrations peuvent souhaiter étudier avec un soin particulier la question des stratégies des entreprises.

1.117 Pour évaluer si un contribuable mène une stratégie d'entreprise ayant pour effet de diminuer ses bénéfices en contrepartie de leur accroissement à long terme, il y a lieu de prendre en compte plusieurs éléments pour vérifier ses dires. L'administration fiscale doit examiner le comportement des parties pour déterminer s'il est conforme à la stratégie alléguée. Par exemple, si un fabricant facture à son distributeur associé un prix inférieur à celui du marché dans le cadre d'une stratégie de pénétration du marché, les économies réalisées par le distributeur peuvent se refléter dans le prix demandé par le distributeur à ses clients ou dans les dépenses encourues par le distributeur pour mieux s'implanter sur le marché. Une stratégie de pénétration du marché d'un groupe d'entreprises multinationales peut être mise en place par le fabricant ou par le distributeur agissant indépendamment du fabricant (et le coût peut être supporté par l'un ou l'autre). En outre, une stratégie de pénétration du marché ou d'accroissement de la part du marché s'accompagne souvent d'efforts de commercialisation et de publicité d'une ampleur inhabituelle. Il faudra également rechercher si la nature des relations entre les parties à la transaction contrôlée est compatible avec le fait que le contribuable supporte le coût de la stratégie. C'est ainsi que dans le cadre d'une transaction de pleine concurrence, une entreprise qui intervient uniquement comme agent commercial et dont la responsabilité dans le développement à long terme du marché est faible ou nulle ne supporte pas en général le coût d'une stratégie de pénétration du marché. Lorsqu'une entreprise s'engage dans des activités de développement du marché à ses propres risques et valorise un produit grâce à une marque de fabrique ou à un nom commercial, ou lorsqu'elle accroît la notoriété du produit, il faudra en tenir compte dans l'analyse des fonctions visant à déterminer le degré de comparabilité.

1.118 Un autre point qui doit être examiné est la question de savoir si on peut raisonnablement s'attendre à ce que la mise en œuvre de la stratégie en question procure un bénéfice suffisant dans un délai qui soit acceptable dans le cadre d'une transaction de pleine concurrence pour justifier son coût. Il est admis qu'une stratégie d'entreprise telle que la pénétration du marché peut échouer, et l'échec ne permet pas en lui-même de ne pas tenir compte de cette stratégie pour la détermination du prix de transfert. Toutefois, si un tel résultat n'était pas plausible au moment de la transaction ou si la stratégie de l'entreprise est infructueuse mais se poursuit néanmoins au-delà de ce qu'une entreprise indépendante accepterait, la conformité de la stratégie en question avec le principe de pleine concurrence peut être discutable. Pour déterminer la période qu'une entreprise indépendante accepterait, l'administration fiscale pourra analyser les stratégies pratiquées dans le pays où la stratégie examinée est mise en œuvre. Mais, en définitive, le facteur le plus important est de savoir si la stratégie en cause pouvait raisonnablement se révéler rentable dans un avenir prévisible (tout en admettant que la stratégie pouvait échouer) et si une partie opérant dans des conditions de pleine concurrence aurait été disposée à sacrifier ses bénéfices pendant une période similaire dans les mêmes conditions économiques et de concurrence.

D.2. Détermination de la transaction délimitée avec précision

1.119 Grâce aux orientations fournies dans la section précédente, l'analyse des prix de transfert aura permis d'identifier la nature des relations commerciales ou financières entre les parties, et aura permis de déterminer avec précision la transaction effectivement intervenue grâce à l'analyse des caractéristiques économiquement pertinentes.

1.120 Au cours de l'analyse, la transaction effective entre les parties a été déduite des contrats écrits et du comportement des parties. Les conditions formelles mises en évidence dans les contrats auront été clarifiées et complétées par l'analyse du comportement des parties et des autres caractéristiques économiquement significatives de la transaction (voir section D.1.1). Si les caractéristiques de la transaction qui sont économiquement significatives ne sont pas conformes au contrat écrit, la transaction effective doit être généralement définie conformément aux caractéristiques de la transaction qui ressortent du comportement des parties. La prise en charge du risque contractuel et le comportement réel relatif à la prise en charge du risque auront été examinés en tenant compte du contrôle du risque (tel que défini aux paragraphes 1.65-1.68) et de la capacité financière à assumer le risque (tel que défini au paragraphe 1.64) et, par conséquent, les risques assumés aux termes du contrat peuvent avoir été affectés conformément au comportement des parties et aux autres faits, sur la base des étapes 4 et 5 du processus d'analyse du risque d'une transaction contrôlée, comme indiqué aux sections D.1.2.1.4 et D.1.2.1.5. Par conséquent, l'analyse aura permis de décrire la nature réelle des relations commerciales ou financières entre les parties et de délimiter précisément la transaction effective.

1.121 Il convient de déterminer le prix de la transaction effective délimitée avec précision selon le principe de pleine concurrence. Les différents outils et méthodes dont disposent les administrations fiscales et les contribuables à cette fin sont décrits dans les chapitres suivants de ces Principes. Une administration fiscale ne devra pas faire abstraction de la transaction effective ni lui substituer d'autres transactions sauf si les circonstances exceptionnelles décrites dans les paragraphes 1.122-1.125 s'appliquent.

1.122 Cette section définit les circonstances dans lesquelles une transaction délimitée précisément entre les parties peut être écartée aux fins de l'établissement des prix de transfert. Parce que la non-reconnaissance peut être à l'origine de différends et entraîner une double imposition, tous les efforts doivent être mis en œuvre pour définir la nature réelle de la transaction, appliquer un prix de pleine concurrence à la transaction délimitée avec précision et faire en sorte qu'une transaction ne soit pas rejetée uniquement parce qu'il est difficile de fixer un prix de pleine concurrence. Lorsque la même transaction peut être observée entre des parties indépendantes dans des circonstances comparables (c'est-à-dire lorsque toutes les caractéristiques économiquement significatives sont identiques à celles dans lesquelles a lieu la transaction analysée à ceci près que les parties sont des entreprises associées), la non-reconnaissance ne se justifie pas. Il importe de rappeler que le simple fait que la transaction ne puisse pas être observée entre des parties indépendantes ne signifie pas qu'elle doive être écartée. Des entreprises associées peuvent conclure des accords de types beaucoup plus divers que des entreprises indépendantes, et peuvent s'engager, pour des raisons commerciales valables, dans des transactions d'une nature particulière qui ne sont que très rarement, voire jamais, observées entre des entreprises indépendantes. La transaction délimitée avec précision peut être écartée et, le cas échéant, remplacée par une autre transaction lorsque les dispositions prises dans le cadre de la transaction, considérées dans leur ensemble, diffèrent de celles qui auraient été adoptées par des entreprises indépendantes se comportant de manière commercialement rationnelle dans des circonstances comparables, et empêchent ainsi la détermination d'un prix qui serait acceptable par les deux parties en tenant compte de leurs perspectives respectives et des options réalistes à la disposition de chacune d'elles au moment de conclure la transaction. Une autre approche pertinente consiste à déterminer si la situation du groupe d'entreprises multinationales dans son ensemble s'est détériorée, selon une analyse conduite avant impôts, puisque cela peut révéler que la transaction considérée dans son ensemble ne présente pas la rationalité commerciale des accords conclus entre des parties non associées.

1.123 La question essentielle consiste à déterminer si la transaction effective présente la rationalité commerciale des accords qui seraient conclus entre des parties non associées dans des circonstances économiquement comparables et non pas si la même transaction peut être observée entre des parties indépendantes. La non-reconnaissance d'une transaction possédant la rationalité commerciale d'un accord entre entreprises indépendantes ne constitue pas une application appropriée du principe de pleine concurrence. La restructuration de transactions commerciales légitimes relèverait d'une démarche totalement arbitraire, rendue plus injuste encore par une double imposition au cas où l'autre administration fiscale concernée aurait une opinion différente sur la façon dont la transaction devrait être structurée. Il importe de rappeler que le simple fait que la transaction ne puisse pas être observée entre des parties indépendantes ne signifie pas qu'elle est dépourvue des caractéristiques d'une transaction de pleine concurrence.

1.124 La structure qui, aux fins des prix de transfert, remplace la structure effectivement adoptée par les contribuables devrait correspondre le plus possible aux faits de la transaction réelle conclue, en atteignant un résultat escompté commercialement rationnel qui aurait permis aux parties de s'entendre sur un prix acceptable pour les deux au moment de la conclusion de la transaction.

1.125 Ce critère de non-reconnaissance peut être illustré par les exemples suivants.

Exemple 1

1.126 La société S1 exerce une activité de fabrication qui implique la tenue d'un stock important et un investissement significatif dans les machines et les installations. Elle possède des locaux commerciaux situés dans une zone qui a été exposée à des inondations de plus en plus fréquentes au cours des dernières années. Les assurances responsabilité civile ont de grandes incertitudes concernant le risque de sinistres majeurs, se traduisant par le fait qu'il n'y a pas de marché actif de l'assurance de biens dans la région. La société S2, une entreprise associée, assure la société S1 et une prime annuelle représentant 80 % de la valeur du stock, des biens et de leur contenu est payée par la société S1. Dans cet exemple, la société S1 a conclu une transaction commercialement irrationnelle puisqu'il n'y a pas de marché de l'assurance en raison de la probabilité de sinistres importants, le déménagement ou l'absence d'assurance pouvant constituer des solutions de remplacement réalistes, plus attractives. La transaction étant commercialement irrationnelle, il n'y a pas de prix acceptable à la fois pour la société S1 et la société S2, selon leurs points de vue individuels.

1.127 Selon les indications de cette section, la transaction ne devrait pas être reconnue. Il est considéré que la société S1 ne souscrit pas d'assurance et que ses bénéfices ne sont pas diminués par le paiement à la société S2 ; et que la société S2 ne délivre pas d'assurance et n'est donc pas responsable d'un sinistre.

Exemple 2

1.128 La société S1 exerce des activités de recherche pour le développement d'actifs incorporels qu'elle utilise afin de créer de nouveaux produits qu'elle peut fabriquer et vendre. Elle accepte de transférer à une entreprise associée, la société S2, des droits illimités sur l'ensemble des futurs actifs incorporels pouvant résulter de ses travaux à venir pendant une durée de vingt ans, en échange du paiement d'une somme forfaitaire. La transaction est commercialement irrationnelle pour les deux parties car ni la société S1, ni la société S2 ne dispose de moyens fiables pour déterminer si le paiement reflète une évaluation appropriée, d'une part parce que la gamme d'activités de développement que la société S1 exercera pendant la période concernée est incertaine et d'autre part, parce que l'évaluation des résultats potentiels serait totalement spéculative. Selon les orientations de cette section, la structure de la transaction adoptée par le contribuable, notamment les modalités de paiement, doit être modifiée aux fins de l'analyse des prix de transfert. La structure de substitution devrait reposer sur les caractéristiques économiques significatives, notamment les fonctions exercées, les actifs utilisés et les risques assumés des relations commerciales ou financières des entreprises associées. Ces faits limiteraient le choix de structures de substitution potentielles à la structure la plus conforme aux faits du cas d'espèce (par exemple, selon ces faits, la transaction pourrait être remaniée sous la forme de l'octroi d'un financement par la société S2 ou de la fourniture de services de recherche par la société S1 ou, si des actifs incorporels spécifiques peuvent être identifiés, sous la forme d'une licence avec des clauses de paiements conditionnels pour le développement de ces actifs incorporels spécifiques, en tenant compte, le cas échéant, des orientations sur les actifs difficiles à évaluer).

D.3. Pertes

1.129 Lorsqu'une entreprise associée accuse constamment des pertes alors que le groupe dans son ensemble est bénéficiaire, il faut examiner avec un soin particulier les questions de prix de transfert. Bien entendu, les entreprises associées, tout comme les entreprises indépendantes, peuvent réellement accuser des pertes, dues à des coûts de démarrage élevés, à des conditions économiques défavorables, à un manque d'efficacité ou à d'autres motifs industriels ou commerciaux légitimes. Toutefois, une entreprise indépendante n'acceptera pas des pertes indéfiniment. Une entreprise indépendante subissant des pertes récurrentes finira par cesser ses activités dans de telles conditions. Au contraire, une entreprise associée accusant des pertes peut continuer à fonctionner si ses activités sont profitables au groupe d'entreprises multinationales dans son ensemble.

1.130 Le fait pour une entreprise déficitaire de conclure des transactions avec les membres bénéficiaires de son groupe d'entreprises multinationales peut donner à penser au contribuable ou à l'administration fiscale qu'un examen des prix de transfert s'impose. L'entreprise déficitaire n'est peut-être pas correctement rétribuée par le groupe d'entreprises multinationales dont elle fait partie, compte tenu des avantages que celui-ci retire de ses activités. À titre d'exemple, un groupe d'entreprises multinationales peut avoir besoin de produire toute une gamme de produits et/ou de services pour rester compétitif et être globalement bénéficiaire, alors que certaines lignes de produits seront systématiquement déficitaires. Un membre du groupe d'entreprises multinationales peut constamment accuser des pertes parce qu'il produit tous les articles générant des pertes, les autres membres produisant les articles générant des bénéfices. Une entreprise indépendante ne rendrait un tel service que si elle recevait en compensation une rémunération suffisante. Par conséquent, l'un des moyens d'aborder ce type de problème de fixation des prix de transfert serait de considérer que l'entreprise déficitaire perçoit le même type de rémunération qu'une entreprise indépendante percevrait conformément au principe de pleine concurrence.

1.131 Dans l'analyse des pertes, il faut tenir compte du fait que les stratégies industrielles ou commerciales peuvent différer d'un groupe à l'autre pour diverses raisons d'ordre historique, économique et culturel. Des pertes récurrentes intervenues durant une période raisonnable peuvent se justifier dans certains cas par une stratégie commerciale consistant à fixer les prix à un niveau particulièrement bas pour pénétrer sur le marché. Un producteur abaissera, par exemple, le prix de ses produits au point même de subir temporairement des pertes pour pouvoir accéder à de nouveaux marchés, élargir sa part de marché, lancer des produits ou des services nouveaux, ou décourager les concurrents potentiels. Toutefois, des prix particulièrement bas ne devraient normalement être pratiqués que pendant une période limitée, précisément dans le but d'accroître les bénéfices à long terme. Si une telle stratégie de fixation des prix se poursuit au-delà d'une période raisonnable, un ajustement du prix de transfert peut être justifié, en particulier lorsque des données pluriannuelles comparables montrent que les pertes ont été subies pendant une période plus longue que pour des entreprises indépendantes comparables. En outre, l'administration fiscale ne devrait pas considérer des prix particulièrement bas (par exemple, au coût marginal alors que les capacités de production sont sous-employées) comme conformes au principe de pleine concurrence, à moins qu'on puisse s'attendre à ce que des entreprises indépendantes fixent leurs prix de manière comparable.

D.4. Incidence des mesures prises par les pouvoirs publics

1.132 Dans certains cas, un contribuable considérera qu'un prix de pleine concurrence doit être ajusté pour tenir compte des interventions de l'État sous la forme d'un contrôle des prix (et même des réductions de prix) ou des taux d'intérêt, de restrictions concernant la rémunération de prestations de services ou de prestations de gestion, d'une réglementation des versements de redevances, de subventions en faveur de certains secteurs, d'un contrôle des changes, de droits antidumping ou de mesures touchant au taux de change. En général, ces interventions des pouvoirs publics doivent être prises en compte au nombre des conditions du marché du pays considéré et en temps normal elles constitueront l'un des éléments d'appréciation qui permettront de se prononcer sur le prix de transfert pratiqué par un contribuable sur ce marché. La question qui se pose alors est de savoir si, dans ces conditions, les transactions effectuées par les entreprises associées sont en conformité avec celles qui interviennent entre entreprises indépendantes.

1.133 L'un des problèmes qui se pose à cet égard est de déterminer le stade auquel un contrôle des prix affecte le prix d'un produit ou d'un service. Souvent, il aura une incidence directe sur le prix final à la consommation, mais il peut aussi avoir un effet sur les prix payés aux stades antérieurs. En pratique, les entreprises multinationales pourront ne pas ajuster leurs prix de transfert pour tenir compte d'un contrôle des prix, en laissant le vendeur final subir les effets éventuels d'une limitation de ses bénéfices, ou fixer leurs prix de manière à répartir la charge résultant du contrôle des prix entre le vendeur final et le fournisseur intermédiaire. Il faut examiner si un fournisseur indépendant prendrait sa part des coûts résultant d'un contrôle des prix et si une entreprise indépendante chercherait d'autres lignes de produits ou d'autres débouchés commerciaux. À cet égard, il est peu probable qu'une entreprise indépendante soit disposée à produire, distribuer ou fournir autrement des produits ou services dans des conditions qui ne lui rapportent aucun bénéfice. Il n'en reste pas moins qu'un pays pratiquant un contrôle des prix doit tenir compte du fait que ce contrôle altérera les bénéfices réalisables par les entreprises qui vendent les produits contrôlés.

1.134 Un problème particulier se pose lorsqu'un pays empêche ou « bloque » le paiement d'une somme due – ou qui, aux termes d'un accord de pleine concurrence, serait due – par une entreprise associée à une autre entreprise associée. Par exemple, un contrôle des changes pourra réellement empêcher une entreprise associée de transférer à l'étranger les intérêts d'un prêt consenti par une autre entreprise associée. Cette situation peut donner lieu à un traitement différent dans les deux pays concernés : le pays de l'emprunteur peut ou non considérer les intérêts non transférés comme ayant été versés par l'emprunteur et le pays du prêteur peut ou non considérer les intérêts comme ayant été reçus par le prêteur. En règle générale, si la réglementation s'applique également aux transactions entre entreprises associées et entre entreprises indépendantes (à la fois légalement et dans la pratique), le régime fiscal devrait être le même pour des entreprises associées que celui qui s'appliquerait si la transaction avait lieu entre des entreprises indépendantes. Si la réglementation ne s'applique qu'aux transactions entre entreprises associées, il n'y a pas de façon simple de régler le problème. L'une des solutions pourrait être d'appliquer le principe de pleine concurrence en considérant la réglementation comme une condition modifiant les termes de la transaction. Les conventions internationales pourraient envisager les solutions possibles en pareils cas.

1.135 Cette analyse suscite une difficulté en ce sens que, souvent, des entreprises indépendantes ne concluraient tout simplement pas une transaction pour laquelle les paiements seraient bloqués. Une entreprise indépendante peut se trouver occasionnellement dans une telle situation, la plupart du temps parce que la réglementation aura été instaurée après la conclusion de la transaction. Il semble cependant peu probable qu'une entreprise indépendante assume délibérément un risque important de non-paiement de produits ou services en concluant une transaction alors qu'une réglementation stricte est déjà en application, à moins que les prévisions de profits ou le rendement anticipé dans le cadre de la stratégie envisagée par l'entreprise en question soient suffisants pour rendre le taux de rendement acceptable malgré l'existence de la réglementation bloquant les paiements.

1.136 Étant donné que des entreprises indépendantes ne s'engageraient sans doute pas dans une transaction soumise à une réglementation, on ne voit pas très bien comment appliquer le principe de pleine concurrence. L'une des solutions possibles est de traiter le paiement comme s'il avait été effectué entre les entreprises associées, en partant de l'idée qu'une entreprise indépendante se trouvant dans une situation similaire aurait exigé de recevoir un paiement par d'autres moyens. Selon cette approche, la partie à laquelle est dû le paiement bloqué est censée rendre un service au groupe d'entreprises multinationales. Une autre solution envisageable dans certains pays serait de différer à la fois le revenu et les dépenses concernées du contribuable. Autrement dit, la partie redevable de ce paiement bloqué ne serait pas autorisée à déduire les dépenses, comme les coûts de financement supplémentaires, tant que le paiement bloqué n'est pas effectué. En pareil cas, le problème qui se pose aux administrations fiscales concerne essentiellement leur base d'imposition respective. Si une entreprise associée demande à bénéficier d'une déduction au titre d'un paiement bloqué, l'autre partie devrait déclarer le revenu correspondant. De toute façon, le contribuable ne devrait pas être autorisé à appliquer aux paiements bloqués dus par une entreprise associée un régime différent de celui des paiements bloqués dus par une entreprise indépendante.

D.5. Utilisation de la valeur en douane

1.137 Beaucoup d'administrations douanières appliquent dans les grandes lignes le principe de pleine concurrence pour comparer les valeurs à attribuer aux marchandises importées par des entreprises associées, qui peuvent être influencées par les relations particulières qui les unissent, et la valeur d'articles similaires importés par des entreprises indépendantes. Toutefois, les méthodes de valorisation utilisées à des fins douanières peuvent ne pas être alignées sur les méthodes de prix de transfert de l'OCDE. Cela étant, les valeurs en douane peuvent être utiles à l'administration fiscale pour vérifier si le prix de transfert pratiqué dans le cadre d'une transaction entre entreprises associées est bien conforme au principe de pleine concurrence et vice versa. En particulier, les autorités douanières peuvent disposer d'informations concernant la transaction, recueillies à la date de celle-ci, qui peuvent être utiles dans l'examen des prix de transfert, notamment si elles ont été préparées par le contribuable, tandis que les autorités fiscales peuvent disposer d'une documentation sur les prix de transfert qui fournit des renseignements détaillés sur les circonstances de la transaction.

1.138 Les contribuables peuvent avoir des motivations contradictoires lorsqu'ils fixent la valeur de leurs transactions à l'intention des autorités douanières et des autorités fiscales. En général, un contribuable qui importe des produits peut avoir intérêt à fixer le prix de la transaction à un faible niveau à l'intention des autorités douanières de manière que les droits de douane applicables soient faibles (des considérations similaires peuvent jouer pour la TVA, les taxes sur les ventes et les accises). En revanche, en matière fiscale, un prix plus élevé pour ces mêmes biens accroîtrait ses dépenses déductibles dans le pays d'importation (tout en augmentant aussi le chiffre d'affaires du vendeur dans le pays d'exportation). La coopération entre les administrations fiscales et douanières d'un pays dans la vérification des prix de transfert devient plus courante, ce qui devrait contribuer à réduire le nombre de cas dans lesquels les valeurs en douane sont jugées inacceptables en matière fiscale ou vice versa. Un renforcement de la coopération dans le domaine des échanges de renseignements serait particulièrement utile et ne devrait pas être difficile à réaliser dans les pays qui disposent déjà d'administrations fiscales et douanières intégrées. Les pays qui ont des administrations séparées pourraient souhaiter envisager une modification des règles relatives aux échanges de renseignements de manière que les informations puissent circuler plus facilement entre les différentes administrations.

D.6. Économies de localisation et caractéristiques du marché local

1.139 Les paragraphes 110, 112 et 120 indiquent que les caractéristiques du marché géographique sur lequel se déroulent les activités industrielles ou commerciales considérées peuvent influer sur la comparabilité et les prix de pleine concurrence. L'évaluation des différences entre marchés géographiques et la détermination des ajustements de comparabilité à effectuer en conséquence peuvent soulever des problèmes épineux. Ceux-ci peuvent se poser dans le contexte de l'examen d'économies imputables à l'exercice d'activités sur un marché donné. Ces économies sont parfois désignées sous le nom d'économies de localisation. Dans d'autres situations, des problèmes de comparabilité peuvent se poser dans le contexte de l'examen d'avantages ou de désavantages liés au marché local qui peuvent n'avoir aucun rapport direct avec les économies de localisation.

D.6.1. Économies de localisation

1.140 Les paragraphes 9.148 à 9.153 portent sur le traitement des économies de localisation dans le contexte d'une réorganisation d'entreprise. Les principes exposés dans ces paragraphes s'appliquent en général à toutes les situations où il existe des économies de localisation, et non uniquement en cas de réorganisation d'entreprise.

1.141 Suivant les principes énoncés aux paragraphes 9.148 à 9.153, pour déterminer comment répartir des économies de localisation entre deux entreprises associées ou plus, il est nécessaire de prendre en compte (i) l'existence éventuelle d'économies de localisation ; (ii) le montant de ces éventuelles économies de localisation ; (iii) la mesure dans laquelle ces économies de localisation sont soit conservées par un ou plusieurs membres du groupe multinational considéré, soit répercutées sur des fournisseurs ou des clients indépendants ; et (iv) lorsque des économies de localisation ne sont pas intégralement répercutées sur des fournisseurs ou des clients indépendants, la façon dont des entreprises indépendantes exerçant leurs activités dans des circonstances similaires répartiraient d'éventuelles économies de localisation nettes ayant été conservées.

1.142 Lorsque l'analyse fonctionnelle montre qu'il existe des économies de localisation qui ne sont pas répercutées sur les clients ni les fournisseurs, et que des transactions et des entités comparables peuvent être identifiées sur le marché local, ces comparables sur le marché local fourniront l'indication la plus fiable quant à la façon dont les économies de localisation nettes devraient être réparties entre deux entreprises associées ou plus. Par conséquent, lorsqu'on dispose de comparables fiables sur le marché local et qu'ils peuvent être utilisés pour calculer des prix de pleine concurrence, des ajustements de comparabilité spécifiques correspondant à des économies de localisation ne devraient pas être nécessaires.

1.143 Faute de comparables fiables sur le marché local, il convient de déterminer l'existence et la répartition d'éventuelles des économies de localisation entre les membres d'un groupe d'entreprises multinationales, ainsi que les ajustements de comparabilité qui pourraient être nécessaires pour tenir compte de ces économies de localisation, à partir d'une analyse de l'ensemble des faits et circonstances pertinents, notamment des fonctions exercées, des risques assumés et des actifs utilisés par les entreprises associées concernées, suivant les modalités décrites aux paragraphes 9.148 à 9.153.

D.6.2. Autres caractéristiques du marché local

1.144 Les caractéristiques du marché local où se déroulent les activités industrielles ou commerciales considérées peuvent influer sur le prix de pleine concurrence s'agissant de transactions entre entreprises associées. Si certaines caractéristiques peuvent se traduire par des économies de localisation, d'autres peuvent soulever des problèmes de comparabilité sans rapport direct avec ces économies. Ainsi, l'analyse de comparabilité, notamment fonctionnelle, réalisée en lien avec un cas particulier peut indiquer que les caractéristiques pertinentes du marché géographique sur lequel les produits sont fabriqués ou vendus, le pouvoir d'achat et les préférences des ménages en termes de produits sur ce marché, le fait que ce marché se développe ou se contracte, l'intensité de la concurrence sur ce marché et d'autres facteurs similaires influent sur les prix et les marges pouvant être réalisés sur le marché considéré. De même, l'analyse de comparabilité, notamment fonctionnelle, réalisée en lien avec un cas particulier peut indiquer que la disponibilité relative d'infrastructures locales dans le pays considéré, la disponibilité relative d'un réservoir de main-d'œuvre qualifiée, la proximité de marchés rentables et des caractéristiques similaires sur un marché géographique où se déroulent les activités industrielles ou commerciales considérées créent des avantages ou des désavantages liés au marché qui doivent être pris en considération. Des ajustements de comparabilité appropriés doivent être effectués pour tenir compte de ces facteurs dès lors qu'il est possible d'identifier des ajustements fiables permettant d'améliorer la comparabilité.

1.145 Pour déterminer si des ajustements de comparabilité sont nécessaires concernant ce type de caractéristiques d'un marché local, l'approche la plus fiable consistera à s'appuyer sur des données concernant des transactions comparables sur le marché libre ayant lieu sur ce marché géographique entre des entreprises indépendantes qui exercent des fonctions similaires, assument des risques similaires et utilisent des actifs similaires. Ces transactions sont réalisées dans les mêmes conditions de marché que la transaction contrôlée et, en conséquence, dès lors que des transactions comparables peuvent être identifiées sur le marché local, aucun ajustement spécifique ne devrait être nécessaire pour tenir compte des caractéristiques du marché local.

1.146 Dans les situations où il est impossible d'identifier sur le marché local des comparables raisonnablement fiables, les ajustements de comparabilité appropriés pour tenir compte des caractéristiques du marché local doivent être déterminés sur la base de l'ensemble des faits et circonstances pertinents. Comme pour les économies de localisation, dès lors qu'il est impossible d'identifier des comparables fiables sur le marché local, il est nécessaire de prendre en compte (i) l'existence éventuelle d'un avantage ou d'un désavantage lié au marché, (ii) le montant de toute augmentation ou diminution du chiffre d'affaires, des coûts ou des bénéfices, par rapport à des comparables identifiés sur d'autres marchés, imputable à l'avantage ou désavantage lié au marché local, (iii) la mesure dans laquelle les avantages ou les charges liés aux caractéristiques du marché local sont répercutés sur des fournisseurs ou des clients indépendants, et (iv) lorsqu'il existe des avantages ou des charges liés aux caractéristiques du marché local qui ne sont pas intégralement répercutés sur des fournisseurs ou des clients indépendants, la façon dont des entreprises indépendantes exerçant leurs activités dans des circonstances similaires répartiraient ces avantages ou charges nets entre elles.

1.147 La nécessité de procéder à des ajustements de comparabilité liés aux caractéristiques du marché local lorsqu'il est impossible d'identifier sur le marché local des comparables raisonnablement fiables peut se présenter dans différents contextes. Dans certaines circonstances, des avantages ou des désavantages liés au marché peuvent influer sur le prix de pleine concurrence de biens transférés ou de services fournis entre des entreprises associées.

1.148 Dans d'autres circonstances, une réorganisation d'entreprise ou le transfert d'actifs incorporels entre des entreprises associées peut permettre à une partie à la transaction considérée de bénéficier d'avantages liés au marché local, ou imposer à cette partie le fardeau de désavantages liés au marché local d'une façon qui n'aurait pas été possible en l'absence de cette réorganisation d'entreprise ou de ce transfert d'actifs incorporels. Dans ces circonstances, l'existence anticipée d'avantages ou de désavantages liés au marché local peut influer sur le prix de pleine concurrence acquitté en relation avec la réorganisation d'entreprise ou le transfert d'actifs incorporels considéré.

1.149 Lors de la réalisation d'une analyse de prix de transfert, il importe de faire la distinction entre les caractéristiques du marché local, qui ne sont pas des actifs incorporels, et les éventuels droits contractuels, permis ou savoir-faire nécessaires pour exploiter ce marché, qui peuvent être des actifs incorporels. Suivant les circonstances, ces types d'actifs incorporels peuvent avoir une valeur substantielle, qui doit être prise en compte dans le cadre d'une analyse des prix de transfert suivant les modalités décrites au chapitre VI, notamment les principes sur la rémunération des entités qui exercent des fonctions, utilisent des actifs et assument des risques liés à la mise au point d'actifs incorporels qui figurent dans la section B du chapitre VI. Dans certaines circonstances, des droits contractuels et des permis peuvent limiter l'accès des concurrents à un marché donné et peuvent par conséquent influer sur la façon dont les retombées économiques des caractéristiques du marché local sont réparties entre les parties à une transaction donnée. Dans d'autres circonstances, les droits contractuels ou les permis nécessaires pour entrer sur un marché peuvent être accessibles à de nombreux ou à tous les entrants potentiels sur ce marché avec des restrictions limitées.

1.150 Ainsi, un pays peut exiger la délivrance d'un permis réglementaire à titre de préalable à l'exercice d'activités de gestion de placements dans ledit pays, et peut limiter le nombre d'entreprises à capitaux étrangers auxquelles ce type de permis est octroyé. L'analyse de comparabilité, notamment fonctionnelle, peut indiquer que pour obtenir un tel permis, il faut démontrer aux autorités compétentes que le fournisseur de services dispose d'une expérience et d'un capital suffisants pour pouvoir exercer les activités en question de manière sérieuse. Le marché auquel s'applique ce type de permis peut également présenter des caractéristiques uniques. Il peut s'agir, par exemple, d'un marché où la structure des dispositifs de retraite et d'assurance se traduit par d'amples réserves de liquidités, un besoin de diversification internationale des placements et, par voie de conséquence, une forte demande de services de gestion de placements de qualité et de connaissance des marchés de capitaux étrangers de nature à rendre ces prestations de services extrêmement lucratives. L'analyse de comparabilité peut également indiquer que ces caractéristiques du marché local peuvent influer sur le prix pouvant être facturé pour certains types de services de gestion de placements, et sur les marges pouvant être réalisées sur ces prestations de services. Dans ces circonstances, l'actif incorporel considéré (à savoir le permis réglementaire nécessaire pour fournir des services de gestion de placements) peut permettre à la partie ou aux parties détenant le permis d'obtenir une plus grande part des avantages qui découlent des activités exercées sur le marché local, notamment des avantages inhérents aux caractéristiques uniques de ce marché, que celle qui serait obtenue en l'absence de l'obligation de détention du permis. Néanmoins, pour évaluer l'impact de ce permis réglementaire, il peut être important dans un cas particulier d'examiner les contributions du membre local du groupe considéré sur le marché local ainsi que des autres membres du groupe en dehors du marché local à l'apport des moyens nécessaires pour obtenir le permis, comme indiqué à la section B du chapitre VI.

1.151 Dans des circonstances différentes, l'analyse de comparabilité, notamment fonctionnelle, peut indiquer qu'un permis d'exercer une activité économique accordé par les pouvoirs publics constitue un préalable à la fourniture d'un service particulier sur un marché géographique donné. Néanmoins, il peut s'avérer que ces permis soient aisément accessibles à tout demandeur remplissant les conditions requises, et qu'ils n'aient pas pour effet de restreindre le nombre de concurrents présents sur le marché. Dans ces circonstances, l'obligation d'obtention d'un permis peut ne pas constituer un obstacle important à l'entrée, et la détention d'un tel permis peut ne pas avoir d'impact perceptible sur la façon dont les avantages découlant de l'exercice d'activités sur le marché local sont répartis entre des entreprises indépendantes.

D.7. Collectif de travail

1.152 Certaines entreprises réussissent à constituer un ensemble d'employés caractérisé par des qualifications et une expérience uniques. L'existence d'un tel groupe d'employés peut influer sur le prix de pleine concurrence des services fournis par ce groupe d'employés, ou sur l'efficacité avec laquelle l'entreprise considérée fournit des services ou produit des biens. Ces facteurs doivent normalement être pris en compte dans le cadre d'une analyse de comparabilité axée sur les prix de transfert. Lorsqu'il est possible de cerner les avantages ou les inconvénients que représente un collectif de travail unique par rapport au personnel d'entreprises se livrant à des transactions potentiellement comparables, des ajustements de comparabilité peuvent être effectués pour tenir compte de l'impact de ce collectif de travail sur les prix de pleine concurrence de biens ou services.

1.153 Lors de certaines opérations de réorganisation d'entreprise et transactions similaires, il peut arriver qu'un collectif de travail soit transféré d'une entreprise associée à une autre dans le cadre de l'opération considérée. Dans ces circonstances, il est tout à fait possible que le transfert de ce collectif de travail, ainsi que d'autres actifs de l'entreprise en question, permette au cessionnaire d'économiser le temps et les ressources financières nécessaires à l'embauche et à la formation d'une nouvelle main-d'œuvre. Suivant les méthodes d'établissement des prix de transfert utilisées pour évaluer la transaction dans son ensemble, il peut être approprié dans ce cas de figure de prendre en compte ces économies de temps et de ressources financières sous la forme d'ajustements de comparabilité apportés au prix de pleine concurrence qui serait appliqué en leur absence aux actifs transférés. Dans d'autres situations, le transfert du collectif de travail peut limiter la marge de manœuvre dont dispose le cessionnaire pour organiser les activités industrielles ou commerciales considérées et peut créer des éléments de passif éventuel en cas de licenciements. Dans ce cas, il peut être approprié que la rémunération versée au titre de la réorganisation reflète les éventuels restrictions et éléments de passif futurs.

1.154 Le paragraphe qui précède n'implique aucunement que chaque transfert ou détachement d'employé entre membres d'un groupe d'entreprises multinationales doit faire l'objet d'une rémunération distincte en règle générale. Dans de nombreux cas, le transfert d'un employé entre des entreprises associées ne donnera pas nécessairement lieu à une rémunération. Lorsque des employés sont détachés (ce qui signifie qu'ils demeurent salariés du cédant mais travaillent pour le cessionnaire), la rémunération de pleine concurrence appropriée des services fournis par ces employés détachés sera dans de nombreux cas le seul paiement requis.

1.155 Il convient cependant de noter que, dans certaines situations, le transfert ou le détachement d'un ou plusieurs employés peut, en fonction des faits et circonstances, se traduire par le transfert d'un savoir-faire précieux ou d'autres actifs incorporels de valeur d'une entreprise associée à une autre. Ainsi, un employé de la société A détaché auprès de la société B peut avoir connaissance d'une formule secrète appartenant à la société A, et peut la mettre à la disposition de la société B pour qu'elle en fasse usage dans le cadre de ses activités commerciales. De même, des employés de la société A détachés auprès de la société B pour contribuer au démarrage d'une usine peuvent mettre le savoir-faire productif de la société A à la disposition de la société B pour qu'elle en fasse usage dans le cadre de ses activités commerciales. Lorsque la fourniture d'un tel savoir-faire ou d'autres actifs incorporels résulte du transfert ou du détachement d'employés, elle devrait faire l'objet d'une analyse distincte en vertu des dispositions du chapitre VI, et un prix approprié devrait être payé pour le droit d'utiliser les actifs incorporels en question.

1.156 Par ailleurs, il convient également de noter que l'accès à un collectif de travail doté d'une expérience et de qualifications particulières peut, dans certaines circonstances, accroître la valeur des actifs incorporels ou autres transférés, même si les employés constituant ce personnel ne sont pas transférés. L'exemple 24 qui figure dans l'annexe au chapitre VI illustre un scénario dans lequel l'interaction entre les actifs incorporels et l'accès à un collectif de travail peut être importante dans le cadre d'une analyse de prix de transfert.

D.8. Synergies de groupe d'entreprises multinationales

1.157 Des problèmes de comparabilité, et la nécessité d'ajustements de comparabilité, peuvent également découler de l'existence de synergies de groupe d'entreprises multinationales. Dans certaines circonstances, un groupe d'entreprises multinationales et les entreprises associées qui le constituent peuvent tirer parti d'interactions ou de synergies entre les membres de ce groupe qui n'existeraient généralement pas entre des entreprises indépendantes se trouvant dans une situation similaire. Ces synergies de groupe peuvent notamment découler, par exemple, d'une puissance d'achat cumulée ou d'économies d'échelle, de la conjonction et de l'intégration des systèmes informatiques et de communication, d'un système de gestion intégré, de l'élimination de doubles emplois, d'une capacité d'emprunt accrue, ainsi que de nombreux autres facteurs similaires. De telles synergies de groupe sont souvent favorables à l'ensemble du groupe considéré et peuvent donc se traduire par une augmentation du montant global des bénéfices engrangés par les membres du groupe, selon que les économies attendues sont effectivement réalisées ou non et suivant les conditions de concurrence. Dans d'autres circonstances, de telles synergies peuvent être négatives, notamment lorsque l'ampleur et le champ des activités du groupe créent des obstacles bureaucratiques auxquels ne sont pas confrontées des entreprises plus petites et plus réactives, ou lorsqu'une partie du groupe est contrainte de fonctionner avec des systèmes informatiques ou de communication qui ne sont pas optimaux au regard de ses activités en raison de normes définies pour l'ensemble du groupe d'entreprises multinationales.

1.158 Selon le paragraphe 7.13 de ces Principes, il ne faut pas considérer qu'une entreprise associée bénéficie d'un service intra-groupe, ni lui imposer un paiement, lorsqu'elle obtient des avantages accessoires qui sont uniquement imputables au fait qu'elle fait partie d'un groupe d'entreprises multinationales plus vaste. Dans ce contexte, le terme « accessoire » désigne des avantages découlant uniquement de l'affiliation à un groupe, obtenus en l'absence de toute transaction ou action délibérée et concertée débouchant sur ces avantages. Le terme « accessoire » ne fait aucunement référence à l'ampleur de ces avantages et n'implique en aucun cas que ces avantages doivent être modestes ou relativement peu importants. En accord avec cette vision générale des avantages accessoires découlant de l'appartenance à un groupe, lorsque des avantages ou des inconvénients synergiques découlent uniquement de l'appartenance à un groupe d'entreprises multinationales, sans la moindre action délibérée et concertée de membres de ce groupe et en l'absence de prestation de services ou d'exercice d'autres fonctions par des membres de groupe, il n'est pas nécessaire que ces avantages synergiques résultant de l'appartenance au groupe considéré donnent lieu à une rémunération distincte, ni qu'ils fassent l'objet d'une répartition spécifique entre les membres du groupe d'entreprises multinationales en question.

1.159 Dans certaines circonstances, néanmoins, des avantages et inconvénients synergiques résultant de l'appartenance à un groupe peuvent découler d'actions délibérées et concertées de la part de ce groupe d'entreprises multinationales, et peuvent lui conférer un avantage ou un désavantage structurel important, clairement identifiable sur le marché considéré, par rapport aux participants qui n'appartiennent pas à un groupe d'entreprises multinationales et qui se livrent à des transactions comparables. Seule une analyse de comparabilité, notamment fonctionnelle, approfondie peut permettre de déterminer si un tel avantage ou désavantage structurel existe, quelle peut être la nature et la source de l'avantage ou de l'inconvénient synergique considéré, et si cet avantage ou cet inconvénient synergique résulte d'actions délibérées et concertées de la part du groupe concerné[5].

1.160 Ainsi, si un groupe prend délibérément des mesures pour centraliser les achats au sein d'une seule société du groupe afin d'obtenir des rabais liés au volume fourni, et si cette société revend les articles qu'elle achète aux autres membres du groupe, on est en présence d'une action délibérée et concertée de la part du groupe destinée à tirer parti de sa puissance d'achat. De même, si un directeur d'achat central en poste à la société mère ou dans un centre de gestion régional fournit un service en négociant avec un fournisseur un rabais pour l'ensemble du groupe subordonné à un niveau d'achats minimum à l'échelle du groupe, et si des membres du groupe effectuent ensuite des achats auprès de ce fournisseur et obtiennent ce rabais, on est en présence d'une action délibérée et concertée de la part du groupe, nonobstant l'absence d'opérations spécifiques d'achat et de vente entre les membres du groupe considéré. En revanche, lorsqu'un fournisseur offre unilatéralement à un membre du groupe un prix favorable dans l'espoir d'élargir le champ de ses relations commerciales à d'autres membres du groupe, il n'y a pas d'action délibérée et concertée de la part du groupe.

1.161 Lorsque des synergies d'entreprise découlant d'actions délibérées et concertées de la part d'un groupe sont effectivement la source pour un membre de ce groupe d'entreprises multinationales d'avantages ou d'inconvénients importants rares chez les entreprises indépendantes comparables, il est nécessaire de déterminer (i) la nature de l'avantage ou du désavantage considéré, (ii) le montant que représente cet avantage ou inconvénient et (iii) la façon dont cet avantage ou inconvénient doit être réparti entre les membres du groupe d'entreprises multinationales.

1.162 S'il existe d'importantes synergies de groupe pouvant être attribuées à des actions délibérées et concertées de la part du groupe considéré, les avantages découlant de ces synergies doivent généralement être partagés par les membres du groupe à proportion de leur contribution à la création de la synergie considérée. Ainsi, lorsque des membres du groupe engagent des actions délibérées et concertées pour regrouper des activités d'achat en vue de tirer parti des économies d'échelle résultant de gros volumes d'achats, les avantages découlant de ces synergies liées à des achats massifs, s'il en existe après rémunération appropriée de la partie coordonnant les activités d'achat, doivent généralement être partagés par les membres du groupe à proportion de leur volume d'achats.

1.163 Des ajustements de comparabilité peuvent être nécessaires pour tenir compte des synergies de groupe.

Exemple 1

1.164 P est la société mère d'un groupe d'entreprises multinationales exerçant des activités de services financiers. Grâce à la solidité du bilan consolidé du groupe, P se voit régulièrement attribuer la notation financière AAA. S est un membre d'un groupe d'entreprises multinationales qui fournit le même type de services financiers que d'autres membres du groupe et le fait à grande échelle sur un marché important. Considérée isolément, toutefois, la solidité du bilan de S justifierait une notation de Baa seulement. Néanmoins, du fait de l'appartenance de S au groupe P, des grands prêteurs indépendants sont disposés à lui prêter de l'argent à des taux d'intérêt qui seraient appliqués à des emprunteurs indépendants notés A, c'est-à-dire un taux d'intérêt inférieur à celui qui serait appliqué à S s'il s'agissait d'une entité indépendante ayant le même bilan, mais un taux d'intérêt plus élevé que celui dont bénéficierait la société mère du groupe d'entreprises multinationales.

1.165 Supposons que S emprunte 50 millions EUR à un prêteur indépendant au taux d'intérêt du marché appliqué aux emprunteurs notés A. Supposons par ailleurs que S emprunte simultanément 50 millions EUR à T, une autre filiale de P, présentant des caractéristiques similaires à celles du prêteur indépendant, aux mêmes conditions et au même taux d'intérêt que ceux appliqués par le prêteur indépendant (à savoir un taux d'intérêt fondé sur l'existence d'une notation A). Supposons en outre que le prêteur indépendant, lors de la fixation de ces conditions, avait connaissance des autres emprunts de S, notamment du prêt accordé simultanément à S par T.

1.166 Dans ces circonstances, le taux d'intérêt appliqué au prêt accordé par T à S est un taux de pleine concurrence parce que (i) c'est le même taux qui est appliqué à S par un prêteur indépendant dans le cadre d'une transaction comparable; et (ii) aucun paiement ou ajustement de comparabilité n'est requis pour l'avantage synergique de groupe qui permet à S d'emprunter auprès d'une entreprise indépendante à un taux d'intérêt plus faible qu'elle ne le pourrait si elle n'était pas membre du groupe considéré, parce que l'avantage synergique représenté par cette capacité d'emprunt trouve uniquement son origine dans l'appartenance de S à ce groupe, et n'est aucunement imputable à une action délibérée et concertée de la part de membres du groupe d'entreprises multinationales en question.

Exemple 2[6]

1.167 La situation de S en termes de notation et de capacité d'emprunt est identique à celle de l'exemple précédent. S emprunte 50 millions EUR à la banque A. L'analyse fonctionnelle indique que la banque A prêterait à S à un taux d'intérêt applicable aux emprunteurs notés A sans aucune garantie en bonne et due forme. Néanmoins, la société mère accepte de garantir le prêt de la banque A afin d'inciter celle-ci à prêter au taux d'intérêt dont bénéficieraient des emprunteurs notés AAA. Dans ces circonstances, S doit être tenue de payer une commission de garantie à la société mère au titre de cette garantie expresse. Le calcul d'une commission de garantie de pleine concurrence doit se fonder sur l'avantage conféré par un relèvement de la notation de S de A à AAA, et non sur l'avantage conféré par un relèvement de cette notation de Baa à AAA. Le rehaussement de la notation de S de Baa à A est en effet imputable à la synergie de groupe découlant exclusivement d'une association passive au groupe, qui n'a pas à être rémunérée en vertu des dispositions de la présente section. Le relèvement de la notation de S de A à AAA, en revanche, est imputable à une action délibérée et concertée, à savoir la fourniture d'une garantie par la société mère, et doit donc donner lieu à une rémunération.

Exemple 3

1.168 Supposons que la société A se voie confier le rôle de directeur des achats centraux pour l'ensemble du groupe considéré. Elle achète des produits à des fournisseurs indépendants et les revend aux entreprises associées. La société A, uniquement grâce au pouvoir de négociation conféré par la puissance d'achat de l'ensemble du groupe, est en mesure de négocier avec un fournisseur pour faire baisser le prix de certains articles de 200 USD à 110 USD. Dans ces circonstances, le prix de pleine concurrence pour la revente de ces articles par la société A aux autres membres du groupe n'est pas égal ou proche de 200 USD. Ce prix de pleine concurrence correspond au montant permettant de rémunérer la société A pour ses services de coordination des activités d'achat. Si l'analyse de comparabilité, notamment fonctionnelle, indique dans ce cas que, dans le cadre de transactions comparables sur le marché libre portant sur un volume d'achats comparable, des services de coordination comparables donnent lieu au versement d'une commission correspondant aux coûts assumés par la société A augmentés d'une marge représentant une rémunération totale de 6 USD par article, le prix de revente de ces articles par la société A aux autres entreprises du groupe sera approximativement de 116 USD. Dans ces circonstances, chaque membre du groupe obtiendra un avantage imputable à la puissance d'achat du groupe de l'ordre de 84 USD par article. En outre, la société A gagnera 6 USD par article acheté par des membres du groupe au titre de ses prestations de services.

Exemple 4

1.169 Posons l'hypothèse d'une situation similaire à celle décrite dans l'exemple 3, hormis le fait qu'au lieu d'acheter effectivement puis de revendre les articles considérés, la société A négocie un rabais au nom du groupe et les membres du groupe achètent ensuite directement ces articles au fournisseur indépendant. Dans ces circonstances, supposons que l'analyse de comparabilité indique que la société A est en droit de percevoir une commission de 5 USD par article au titre des services de coordination fournis aux autres membres du groupe. (Le niveau plus faible de la commission retenu comme hypothèse dans l'exemple 4, par rapport à l'exemple 3, peut correspondre à un moindre niveau de risque supporté par le fournisseur de service compte tenu du fait qu'il ne devient pas propriétaire des articles et ne détient aucun stock). Les membres du groupe achetant des articles conservent le bénéfice de la remise accordée au groupe pour leurs propres achats, après paiement d'une commission.

Exemple 5

1.170 Supposons qu'un groupe d'entreprises multinationales domicilié dans le pays A ait des filiales manufacturières dans le pays B et le pays C. Le pays B se caractérise par un taux d'imposition de 30 pour cent et le pays C par un taux d'imposition de 10 pour cent. Le groupe possède également un centre de services partagés dans le pays D. Supposons que les filiales manufacturières situées dans les pays B et C ont chacune besoin de 5 000 articles produits par un fournisseur indépendant, destinés à servir de consommation intermédiaire dans leur processus de production. Supposons par ailleurs que le centre de services partagés situé dans le pays D est rémunéré de manière systématique pour l'ensemble de ses activités par les autres membres du groupe, dont les filiales manufacturières situées dans les pays B et C, selon la méthode du coût majoré, et que cela se traduit, dans le contexte de cet exemple, par une rémunération de pleine concurrence correspondant au volume et à la nature des services qu'il fournit.

1.171 Le fournisseur indépendant vend ses articles 10 USD pièce et applique une politique consistant à accorder une remise de 5 pour cent si la quantité d'articles achetés est supérieure à 7 500 articles. Un employé chargé des achats au centre de services partagés dans le pays D prend contact avec ce fournisseur indépendant et obtient confirmation du fait que, si les filiales manufacturières des pays B et C achètent simultanément 5 000 articles chacun, soit un achat total de 10 000 articles à l'échelle du groupe, la remise sera appliquée à l'ensemble des achats du groupe. Le fournisseur indépendant confirme qu'il vendra au total 10 000 articles au groupe d'entreprises multinationales considéré pour un prix total de 95 000 USD, ce qui représente une remise de 5 pour cent par rapport au prix auquel l'une ou l'autre des deux filiales manufacturières pourrait acheter seule ces marchandises à ce fournisseur.

1.172 Cet employé chargé des achats au centre de services partagés passe ensuite commande des articles requis et demande que le fournisseur facture à la filiale manufacturière située dans le pays B 5 000 articles au prix total de 50 000 USD, et qu'il facture à la filiale manufacturière située dans le pays C 5 000 articles au prix total de 45 000 USD. Le fournisseur accède à cette demande, qui se traduira pour lui par le paiement du prix convenu, à savoir 95 000 USD, pour l'ensemble des 10 000 articles livrés.

1.173 Dans ces circonstances, le pays B est en droit de procéder à un ajustement de prix de transfert consistant à réduire de 2 500 USD les dépenses de la filiale manufacturière située dans le pays B. Cet ajustement de prix de transfert est approprié, car l'accord conclu en matière de prix fausse la répartition de l'avantage découlant de la synergie de groupe associée à l'acquisition d'articles en grande quantité. Cet ajustement est approprié nonobstant le fait que la filiale manufacturière située dans le pays B ne pourrait, seule, acheter les articles considérés à un prix inférieur aux 50 000 USD qui lui sont facturés. L'action délibérée et concertée de la part du groupe ayant permis l'obtention de la remise est la base sur laquelle se fonde l'affectation d'une partie de cette remise à la filiale manufacturière située dans le pays B, nonobstant l'absence de transaction explicite entre les filiales manufacturières situées dans les pays B et C.

TRANSACTIONS PORTANT SUR DES PRODUITS DE BASE

Ajouts au chapitre II des Principes applicables en matière de prix de transfert

Synthèse

Ce chapitre du rapport contient de nouveaux principes relatifs aux transactions portant sur des produits de base, à insérer immédiatement après le paragraphe 2.16 des Principes applicables en matière de prix de transfert de 2010.

L'action 10 du Plan d'action BEPS demande aux pays du G20 et de l'OCDE d'établir des règles de prix de transfert afin de se prémunir contre les types les plus fréquents de paiements ayant pour effet d'éroder la base d'imposition. Dans le cadre de ce mandat, les pays du G20 et de l'OCDE ont examiné les aspects des prix de transfert des transactions transfrontalières portant sur des produits de base entre des entreprises associées (« transactions portant sur des produits de base »). Ce travail a abouti à l'amélioration du cadre d'analyse des transactions portant sur des produits de base dans une perspective de prix de transfert, qui devrait se traduire par une plus grande cohérence dans la manière dont l'administration fiscale et les contribuables déterminent le prix de pleine concurrence pour les transactions portant sur des produits de base et devrait faire en sorte que le prix reflète la création de valeur.

Le chapitre II des Principes applicables en matière de prix de transfert a été modifié pour inclure de nouveaux principes concernant spécifiquement les transactions portant sur des produits de base. Ces dispositions s'inspirent en partie des expériences des pays qui ont mis en place des règles domestiques relatives aux transactions portant sur les produits de base. Ces nouveaux principes comprennent :

- Une clarification du principe actuel sur l'application du prix comparable sur le marché libre aux transactions portant sur les produits de base. Le nouveau principe précise que (i) la méthode du prix comparable sur le marché libre peut être généralement appropriée pour établir les prix de transfert entre entreprises associées; (ii) les prix cotés peuvent être utilisés dans le cadre de la méthode du prix comparable sur le marché libre, sous réserve de certaines considérations, comme référence pour déterminer le prix de pleine concurrence pour des transactions portant sur des produits de base et (iii) des ajustements de comparabilité suffisamment précis doivent être effectués, si nécessaire, afin de s'assurer que les caractéristiques économiquement pertinentes des transactions contrôlées et des transactions sur le marché libre sont suffisamment comparables.

- Une nouvelle disposition sur la détermination de la date de fixation du prix des transactions portant sur des produits de base. Cette disposition doit empêcher les contribuables d'utiliser, dans des contrats, des dates de fixation du prix leur permettant de retenir le prix coté le plus avantageux pour eux. Elle permet aux autorités fiscales d'imputer, sous certaines conditions, la date d'expédition (ou toute autre date pour laquelle des éléments probants sont disponibles) comme date de fixation du prix d'une transaction portant sur des produits de base.

Les principes établis au titre des autres actions BEPS s'appliquent également au traitement de la problématique des transactions portant sur des produits de base, notamment, les normes révisées de la documentation relative aux prix de transfert (Action 13 du plan d'action BEPS) et les principes du chapitre « Principes relatifs à l'application du principe de pleine concurrence » (Action 9 du plan d'action BEPS).

Les nouveaux principes seront complétés par des travaux supplémentaires commandés par le Groupe de travail du G20 sur le développement, à la suite des rapports de l'OCDE sur l'impact de l'érosion de la base d'imposition et du transfert de bénéfices dans les pays en voie de développement[7]. Les résultats de ces travaux fourniront aux pays riches en produits de base, des connaissances, pratiques exemplaires et outils pour calculer les prix de transfert des transactions portant sur des produits de base.

Les dispositions suivantes sont insérées dans le chapitre II des Principes applicables en matière de prix de transfert, immédiatement après le paragraphe 2.16.

2.16A Sous réserve des principes du paragraphe 2.2 sur le choix de la méthode de prix de transfert la mieux appropriée selon chaque cas particulier, la méthode du prix comparable sur le marché libre peut être généralement appropriée pour établir un prix de pleine concurrence applicable au transfert de produits de base entre des entreprises associées. La référence à des « produits de base » s'entend comme englobant des biens corporels dont le prix est fixé par des parties indépendantes en utilisant un prix coté, pour les transactions industrielles sur le marché libre. L'expression « prix coté » désigne le prix des produits de base durant la période concernée obtenu auprès d'un marché d'échange de produits de base international ou national. Dans ce contexte, un prix coté inclut également les prix obtenus soit auprès d'agences de collecte des prix ou d'organismes de statistique reconnus et transparents, soit auprès d'entités publiques de fixation des prix, lorsque de tels indices sont utilisés, comme référence, par des parties indépendantes pour déterminer les prix des transactions effectuées entre elles.

2.16B Selon la méthode du prix comparable sur le marché libre, le prix de pleine concurrence applicable à des transactions portant sur des produits de base peut être déterminé en se référant à des transactions sur le marché libre et à des accords entre parties indépendantes comparables, représentés par le prix coté. Les prix cotés des produits de base reflètent généralement un accord entre des acheteurs et vendeurs indépendants du marché sur le prix d'un type spécifique et d'une quantité de produits de base, échangés dans certaines conditions et à un moment précis. Pour déterminer avec pertinence l'opportunité d'appliquer le prix coté à un produit de base spécifique, il faut tenir compte de la mesure dans laquelle le prix coté est utilisé de manière systématique et habituelle dans le cours normal de l'activité du secteur concerné pour négocier les prix des transactions sur le marché libre comparables à ceux des transactions contrôlées. En conséquence, selon les faits et circonstances de chaque cas, les prix cotés peuvent servir de référence pour calculer les prix des transactions portant sur des produits de base entre des entreprises associées. Les contribuables et les administrations fiscales doivent faire preuve de cohérence dans leur application d'un prix coté sélectionné de manière appropriée.

2.16C Pour que la méthode du prix comparable sur le marché libre soit appliquée avec fiabilité à des transactions portant sur des produits de base, les caractéristiques économiquement pertinentes de la transaction contrôlée et des transactions sur le marché libre ou des accords sur le marché libre représentés par le prix coté doivent être comparables. Pour les produits de base, les caractéristiques économiquement pertinentes comprennent, entre autres, les caractéristiques physiques et la qualité du produit de base, les dispositions contractuelles de la transaction contrôlée, telles que les volumes échangés, la date des dispositions, le calendrier et les conditions de livraison, le transport, l'assurance et les clauses de devises étrangères. Pour certains produits de base, les caractéristiques économiquement pertinentes (par exemple, la rapidité de la livraison) peuvent entraîner une prime ou un escompte. Si le prix coté sert de référence pour déterminer le prix de pleine concurrence ou la fourchette de prix, les contrats standardisés qui précisent les spécifications sur la base desquelles les produits de base sont négociés et qui se traduisent pas un prix coté peuvent être pertinents. Lorsque des différences entre les conditions de la transaction contrôlée et celles des transactions sur le marché libre ou celles qui déterminent le prix coté du produit de base ont une incidence sensible le prix des transactions portant sur des produits de base soumises à l'analyse, il convient d'apporter des correctifs raisonnablement fiables afin de s'assurer que les caractéristiques économiquement pertinentes des transactions considérées sont comparables. Les contributions apportées sous la forme des fonctions exercées, des actifs employés ou des risques assumés, par d'autres entités de la chaîne d'approvisionnement doivent être rémunérées selon les indications fournies dans ces Principes.

2.16D Afin d'aider les autorités fiscales à évaluer en connaissance de cause les pratiques de prix de transfert du contribuable, les contribuables devraient fournir des éléments probants fiables et consigner par écrit, dans le cadre de la documentation de leurs prix de transfert, leur politique de fixation des prix lors de transactions portant sur des produits de base, ainsi que les informations nécessaires pour justifier les ajustements de prix reposant sur des transactions sur le marché libre ou des transactions contrôlées comparables, représentées par le prix coté ainsi que toute autre information pertinente, notamment les formules de calcul utilisées, les accords conclus avec des tiers à propos des utilisateurs finaux, les primes ou remises appliquées, la date de fixation du prix, les informations sur la chaîne d'approvisionnement et les informations établies à des fins non fiscales.

2.16E La date de fixation du prix revêt une importance particulière lorsque le prix appliqué lors d'une transaction portant sur des produits de base a été déterminé à partir d'un prix coté. La date de fixation du prix renvoie à la date précise, à la date ou à la période choisies par les parties (par exemple, une plage de dates retenues pour le calcul d'un prix moyen) pour déterminer le prix aux fins d'une transaction portant sur des produits de base. Lorsque le contribuable fournit des preuves fiables attestant de la date de fixation du prix définie par des entreprises associées dans une transaction contrôlée portant sur des produits de base (par exemple, des propositions et acceptations, contrats ou contrats enregistrés ou d'autres documents définissant les conditions de l'accord peuvent constituer une preuve fiable) et lorsque cela est conforme au comportement effectif des parties ou aux autres faits concernés, selon les indications de la section D du chapitre I sur la délimitation précise de la transaction réelle, l'administration fiscale devrait déterminer le prix de la transaction portant sur des produits de base en se référant à la date de fixation du prix convenue par les entreprises associées. Si la date de fixation du prix définie dans un accord écrit entre les entreprises associées n'est pas conforme au comportement effectif des parties ou à d'autres caractéristiques du cas d'espèce, l'administration fiscale peut définir une date de fixation du prix différente, conforme à ces autres caractéristiques et avec ce que des entreprises indépendantes seraient convenues dans des circonstances comparables (en tenant compte des pratiques suivies dans le secteur). Lorsque le contribuable ne fournit pas de preuves fiables attestant de la date de fixation du prix convenue par des entreprises associées dans une transaction contrôlée portant sur des produits de base et lorsque l'administration fiscale ne peut pas déterminer par ailleurs une date de fixation du prix différente conformément aux indications de la section D du chapitre I, l'administration fiscale peut présumer la date de fixation du prix aux fins de la transaction portant sur des produits de base en fonction des éléments probants dont elle dispose. Il peut s'agir de la date d'expédition figurant dans le connaissement ou dans tout document équivalent, selon le moyen de transport utilisé. Par conséquent, le prix des produits de base objets de la transaction serait dans ce cas déterminé en s'appuyant sur le prix coté moyen à la date d'expédition des biens, après les ajustements de comparabilité nécessaires, reposant sur les informations à la disposition de l'administration fiscale. Il serait important de faciliter, dans le cadre d'une procédure amiable aux termes de la convention applicable, le règlement des situations de double imposition résultant de la date présumée de fixation des prix.

CHAMP D'APPLICATION DES TRAVAUX CONSACRÉS À LA MÉTHODE TRANSACTIONNELLE DE PARTAGE DES BÉNÉFICES

Synthèse

L'Action 10 du Plan d'action BEPS invite à clarifier l'application des méthodes de prix de transfert, en particulier la méthode transactionnelle de partage des bénéfices, dans le contexte des chaînes de valeur mondiales.

Pour déterminer les questions relatives à l'application de la méthode transactionnelle de partage des bénéfices pour lesquelles des éclaircissements seraient utiles, l'OCDE a publié, le 16 décembre 2014, un projet de rapport qui soulevait un certain nombre de questions reposant sur les scénarios élaborés à partir de cas pratiques de partage des bénéfices rencontrés par certains délégués du Groupe de travail n° 6. Le projet de rapport ne comprenait pas de révision des principes. Les commentaires des parties intéressées sur le projet de rapport représentaient environ 500 pages et une réunion de consultation publique organisée les 19 et 20 mars 2015 a suscité un intérêt considérable.

Certains des principaux thèmes ressortant du processus de consultation et de la discussion qui a suivi au Groupe de travail n° 6 évoquaient une réflexion nécessaire sur la clarification, l'amélioration et le renforcement des principes pour déterminer quand il est approprié d'appliquer la méthode transactionnelle de partage des bénéfices et de quelle manière, les expériences démontrant que cette méthode peut être difficile à appliquer par les contribuables et à évaluer pour l'administration fiscale. Néanmoins, le processus de consultation a confirmé que le partage des bénéfices pouvait être une méthode transactionnelle utile qui permet, lorsqu'elle est appliquée correctement, de comparer les bénéfices à la création de valeur selon le principe de pleine concurrence et représente la méthode la plus appropriée dans des situations dans lesquelles les caractéristiques de la transaction rendent problématique l'application d'autres méthodologies de prix de transfert.

L'amélioration des principes nécessite une clarification des circonstances dans lesquelles la méthode transactionnelle de partage des bénéfices est la plus appropriée au cas d'espèce et une description des approches à adopter pour partager les bénéfices de manière fiable. Les principes relatifs à la méthode transactionnelle de partage des bénéfices doivent également tenir compte des modifications des principes applicables en matière de prix relevant des autres actions BEPS, notamment des changements relatifs aux principes sur l'application du principe de pleine concurrence de la section consacrée à la réalisation d'une analyse fonctionnelle approfondie et à l'identification et l'attribution des risques, de la section consacrée aux synergies et des principes sur les actifs incorporels. Les principes doivent prendre en compte les conclusions du rapport intitulé *Relever les défis fiscaux posés par l'économie numérique* (OCDE,2015), élaboré dans le cadre de l'Action 1 du Plan d'Action BEPS, selon lesquelles il convient d'être attentif aux conséquences de l'intégration accrue des modèles d'entreprises à la suite de la numérisation de l'économie et au rôle potentiel des partages de bénéfices dans cette intégration[8].En outre, les principes doivent refléter d'autres travaux en cours consacrés à l'élaboration d'approches des prix de transfert dans des situations où les comparables disponibles sont limités, notamment en raison des caractéristiques spécifiques de la transaction contrôlée et expliquer comment choisir la méthode la mieux appropriée à ces situations. Il s'agit de travaux commandés par le Groupe de travail du G20 sur le développement, à la suite des rapports de l'OCDE sur l'impact de l'érosion de la base d'imposition et du transfert de bénéfices dans les pays en voie de développement[9], qui comprennent notamment le développement d'une boîte à outils pour les pays à faibles revenus afin d'aider ces pays à relever les défis liés à l'absence de comparables.

La clarification et le renforcement des principes sur la méthode transactionnelle de partage des bénéfices, exposés dans ce rapport, ainsi que les présentations utiles des situations dans lesquelles la méthode transactionnelle de partage des bénéfices peut être appliquée avec fiabilité et la manière dont elle peut être appliquée pour obtenir des résultats de pleine concurrence nécessite d'examiner les points soulevés lors de la consultation initiale et des consultations suivantes sur le projet de rapport. Ce document définit la portée des travaux proposés.

Ce rapport constituera la base du projet d'orientations développé par le Groupe de travail n° 6 en 2016, dont la version finale est prévue fin 2017. Un projet de rapport sur les orientations sera publié aux fins de commentaires du public et une consultation publique aura lieu en mai 2016.

Partie I : Principes actuels sur la méthode transactionnelle de partage des bénéfices et consultation publique

Principes actuels

1. Les principes actuels relatifs à l'application de la méthode transactionnelle de partage des bénéfices de la section C, partie III, chapitre II des Principes applicables en matière de prix de transfert indiquent que le principal atout de cette méthode est d'offrir des solutions pour traiter des opérations très intégrées pour lesquelles une méthode unilatérale ne serait pas appropriée, notamment pour les transactions mondialisées des instruments financiers. Les principes actuels mentionnent également que la méthode transactionnelle de partage des bénéfices peut aussi s'avérer être la plus fiable lorsque les deux parties à la transaction apportent des contributions uniques et de grande valeur, par exemple sous la forme d'actifs incorporels uniques (voir paragraphe 2.109).

2. Les principes précisent qu'en présence de contributions uniques de grande valeur de la part de chacune des parties, les informations sur des comparables fiables peuvent être insuffisantes pour pouvoir appliquer une autre méthode. Les principes soulignent que la méthode transactionnelle de partage des bénéfices doit être choisie conformément aux principes généraux de sélection de la méthode figurant au paragraphe 2.2 des Principes (voir paragraphes 2.109 et 3.39).

3. Si les principes sur le partage des bénéfices fournissent un certain nombre d'exemples de clés de répartition potentielles, ils se concentrent sur les clés de répartition fondées sur les actifs ou sur les coûts (voir paragraphes 2.134 à 2.139). Ils mentionnent provisoirement une approche qui répartit les profits de telle sorte que chaque partie obtienne le même rendement du capital investi (paragraphe 2.145).

4. Le chapitre VI des Principes applicables en matière de prix de transfert, Considérations particulières applicables aux biens incorporels, fait un certain nombre de références à la méthode transactionnelle de partage des bénéfices et à des situations mettant en évidence des éclaircissements nécessaires sur son application. Ainsi, les principes suggèrent que :

- Dans certains cas, les méthodes de partage des bénéfices ou les techniques d'évaluation peuvent être utiles pour évaluer les attributions de bénéfices dans le cadre du principe de pleine concurrence, impliquant l'externalisation de fonctions importantes dans lesquelles on ne dispose pas d'informations comparables relatives à des transactions sur le marché libre [10].
- Lorsqu'il n'existe pas d'informations disponibles relatives à des transactions comparables sur le marché libre, la méthode transactionnelle de partage des bénéfices peut être utile dans les situations impliquant la fixation du prix de transfert d'actifs incorporels [11]. Il peut s'agir du transfert d'actifs incorporels partiellement développés ou du transfert, en totalité ou en partie, de droits partiels sur un actif incorporel dont la mise au point est achevée.

5. En outre, les aspects du chapitre I des Principes applicables en matière de prix de transfert peuvent inciter à examiner la méthode transactionnelle de partage des bénéfices

mais des principes spécifiques n'ont pas encore été établis. Les domaines d'intérêt particulier à cet égard comprennent des situations dans lesquelles plusieurs parties exercent un contrôle du risque de telle sorte qu'un partage des gains et pertes potentiels de ce risque peut être approprié ainsi qu'un partage des synergies d'un groupe découlant d'actions délibérées et concertées de la part de ce groupe.

Portée des principes révisés

6. Les principes révisés doivent respecter la structure du chapitre II des Principes applicables en matière de prix de transfert mais doivent clarifier et compléter les questions suivantes. L'application pratique doit être illustrée par des exemples.

Méthode la plus appropriée

7. Le projet de rapport de décembre 2014 sur l'utilisation de la méthode transactionnelle de partage des bénéfices n'impliquait pas de changement des principes de sélection de la méthode la plus appropriée indiquée au paragraphe 2.2 des Principes. Néanmoins, les commentaires sur le projet de rapport ont souligné des problèmes importants relatifs à une mauvaise utilisation éventuelle de la méthode transactionnelle de partage des bénéfices, notamment dans les cas où la nature de la transaction elle-même, fondée sur l'analyse fonctionnelle des parties, suggère qu'on ne peut pas attendre qu'un partage de bénéfices combinés soit réalisé de pleine concurrence. Des préoccupations ont été exprimées sur l'utilisation de la méthode de partage des bénéfices en l'absence de comparables fiables, sans examiner si la méthode de partage des bénéfices est elle-même appropriée.

Opérations hautement intégrées

8. Si les Principes actuels mentionnent que la méthode transactionnelle de partage des bénéfices peut être considérée comme la plus appropriée lorsque les activités d'une entreprise sont hautement intégrées, l'intégration ne suffit pas à elle seule à garantir l'utilisation d'une telle méthode. Tous les groupes d'entreprises multinationales sont intégrés à un degré plus ou moins important et la manière dont le critère d'intégration doit être appliqué n'est donc pas claire.

Contributions uniques et de valeur

9. Les principes actuels sur l'application de la méthode transactionnelle de partage des bénéfices indiquent que cette méthode peut aussi s'avérer être la plus appropriée dans les situations où les deux parties à la transaction apportent des contributions uniques et de valeur. Les Principes actuels contiennent cependant peu d'indications supplémentaires sur ce qu'on entend par « contribution unique et de valeur », à l'exception d'un exemple dans lequel les deux parties à la transaction contribuent aux actifs incorporels.

10. Certains commentateurs du projet de rapport de décembre ont suggéré que des contributions « uniques » pourraient être définies comme des contributions qui ne peuvent pas être comparées en se référant aux transactions sur le marché libre et que des contributions « de valeur » seraient définies comme celles dont on escompte de futurs avantages économiques. D'autres sont allés plus loin et ont proposé que les contributions « de valeur » puissent être celles qui contribuent à une source essentielle d'avantage concurrentiel. Un certain nombre de commentateurs du rapport de décembre ont défendu la notion selon laquelle le partage de risques significatifs pourrait constituer une « contribution unique et de

valeur » et en ont donc conclu que la méthode transactionnelle de partage des bénéfices est la plus appropriée dans ces situations.

Avantages synergiques

11. Le projet de rapport de décembre comprenait un scénario décrivant un modèle multi-faces de l'économie numérique. Un certain nombre de commentateurs et les délégués du Groupe de travail n° 6 considèrent que ce scénario se contente de démontrer les conséquences de l'avantage synergique plutôt que de faire référence à une caractéristique spécifique de l'économie numérique. Dans ce cas, les deux parties de la société peuvent apporter des contributions significatives au(x) déterminant(s) essentiel(s) de la valeur du groupe d'entreprises multinationales. Les principes relatifs aux synergies de groupe prévoient que si les avantages synergiques peuvent être attribués à des actions délibérées et concertées du groupe, ces avantages doivent généralement être partagés par les membres du groupe à proportion de leur contribution à la création de la synergie[12]. S'il est possible, dans certaines circonstances, de comparer les contributions de chacune des parties de l'entreprise, ce processus peut ne pas être en mesure de rendre compte des avantages potentiellement significatifs de l'intégration, qui sont obtenus par les deux parties agissant de façon concertée.

Facteurs de partage des bénéfices

12. L'objectif d'ensemble des actions 8 à 10 du Plan BEPS consiste à faire en sorte que les prix de transfert calculés soient conformes à la création de valeur. Un objectif de ce type est atteint en délimitant précisément la transaction réelle et en calculant son prix conformément à la méthode la plus appropriée. Le projet de rapport de décembre a souligné que la méthode transactionnelle de partage des bénéfices pouvait contribuer à atteindre cet objectif et s'est interrogé sur les expériences d'utilisation de diverses approches du partage de bénéfices qui pourraient fournir des moyens de préserver une plus grande objectivité et une conformité à la création de valeur dans les cas où l'application de la méthode transactionnelle de partage des bénéfices est appropriée.

13. Même s'il est généralement admis que le partage des bénéfices doit être fondé sur une analyse fonctionnelle des contributions des parties, le mécanisme utilisé pour quantifier ces contributions n'est pas clair. Les mécanismes possibles utilisés en pratique à des degrés divers comprennent le capital investi, les coûts, les études des contributions fonctionnelles, la pondération des facteurs ainsi que les taux de rendement équivalents prévus. Les commentateurs ont observé les avantages et les inconvénients de ces mécanismes à partir de problèmes tels que la disponibilité des informations, la mesurabilité, la subjectivité et le caractère pratique et leurs observations ont mis en évidence l'absence actuelle de principe sur ce qui constitue un aspect essentiel de l'application de la méthode de partage des bénéfices, à savoir la manière de partager les bénéfices avec fiabilité.

Utilisation du partage des bénéfices pour déterminer le champ d'application de la MTMN ou le convertir en redevance

14. Le projet de rapport de décembre a soulevé des questions relatives à l'utilisation du partage des bénéfices pour modifier la fourchette de résultats obtenus par une analyse MTMN, en référence à l'augmentation ou à la diminution des bénéfices consolidés obtenus par les parties à la transaction. Le rapport a également soulevé la question de l'utilisation du partage des bénéfices pour déterminer la part de bénéfices escomptée et convertir l'analyse en redevance de fonctionnement. Certains commentateurs ont estimé qu'il s'agissait de suggestions utiles.

Partie II : Champ d'application des révisions des principes applicables à la méthode transactionnelle de partage des bénéfices

Méthode la plus appropriée

- Les principes relatifs à la méthode transactionnelle de partage des bénéfices et au choix de la méthode la plus appropriée doivent souligner le point abordé au paragraphe 2.2 des Principes actuels, selon lequel la nature de la transaction, déterminée conformément aux indications de la section D du chapitre I, est un aspect essentiel du choix de la méthode de prix de transfert la plus appropriée, y compris en l'absence d'informations sur des transactions comparables et fiables sur le marché libre. La répartition des bénéfices ou des pertes dans le cadre d'un partage des bénéfices peut, dans certains cas, révéler des relations commerciales fondamentalement différentes entre les parties, notamment en ce qui concerne l'attribution du risque, au regard du paiement d'une commission pour des biens ou services. Dans les cas où la délimitation de la transaction effective est telle qu'un partage des bénéfices ne serait pas susceptible de respecter le principe de pleine concurrence, les principes révisés souligneront la nécessité d'utiliser et d'ajuster les meilleurs comparables disponibles plutôt que de choisir une méthode de partage des bénéfices. Dans de tels cas, une méthode appropriée utilisant des comparables inexacts est susceptible d'être plus fiable que l'utilisation inappropriée de la méthode transactionnelle de partage des bénéfices. Ainsi, les orientations relatives aux modalités d'application de la norme de méthode la plus appropriée à ces cas difficiles seront complétées. La sélection de la méthode la plus appropriée est particulièrement difficile en l'absence de données comparables fiables, ce qui est très souvent le cas dans les pays en développement et elle fait l'objet des travaux commandés par le Groupe de travail du G20 pour le développement d'une boîte à outils pour les pays à faibles revenus afin d'aider ces pays à relever les défis liés à l'absence de comparables.

Opérations hautement intégrées

- Des principes supplémentaires seront fournis afin de déterminer dans quels cas l'intégration significative des opérations d'entreprises peut aboutir à la conclusion qu'un partage des bénéfices constitue la méthode la plus appropriée. A cette fin, les principes feront référence à la pertinence d'une analyse de la chaîne de valeur pour comprendre le contexte de la (des) transaction(s) contrôlée(s). Dans le cadre de cette analyse, il peut être utile de distinguer l'intégration séquentielle d'une chaîne de valeur mondiale (qui peut impliquer des parties exerçant différentes activités reliées entre elles par des transactions dans le cadre d'une chaîne de valeur cohérente et qui peut ne pas garantir l'utilisation d'une méthode de partage des bénéfices sans tenir compte des autres caractéristiques des accords) de l'intégration parallèle qui peut impliquer des parties exerçant des activités similaires relatives à des revenus, coûts, actifs ou risques identiques, dans le cadre de la même chaîne de valeur ou à une étape de la chaîne de valeur. La référence aux transactions mondiales d'instruments financiers dans les Principes actuels, qui peut impliquer des activités parallèles sur un actif, un flux de revenus et des risques identiques, laisse penser que les Principes actuels envisageaient que le partage de bénéfices combinés résultant de ce type d'intégration parallèle puisse être approprié.

Contributions uniques et de valeur

- Des principes supplémentaires et des exemples seront fournis afin de définir ce qu'on entend par contributions « uniques et de valeur » en vue de distinguer les circonstances dans lesquelles les méthodes transactionnelles de partage des bénéfices sont susceptibles d'être la méthode la plus appropriée. Des indications supplémentaires sur les contributions uniques et de valeur, ne prenant pas la forme d'actifs incorporels, seront fournies.
- En tenant compte des révisions des principes relatifs aux actifs incorporels, des principes seront fournis afin de préciser le choix de la méthode transactionnelle de partage des bénéfices la plus appropriée dans les cas impliquant l'exercice de fonctions importantes relatives au développement, au renforcement, à la conservation, la protection ou l'exploitation d'actifs incorporels, c'est-à-dire quand ces fonctions constituent des « contributions uniques et de valeur » aux fins de la définition de la méthode de prix de transfert la plus appropriée.
- Pour mettre au point ces principes, il importera de tenir compte des cas dans lesquels des entreprises indépendantes utilisent des modèles de partage des bénéfices dans des transactions comparables.

Avantages synergiques

- Des principes supplémentaires seront fournis sur les circonstances à prendre en compte pour déterminer si la méthode transactionnelle de partage des bénéfices peut être la plus appropriée au traitement de scénarios faisant intervenir des synergies de groupe importantes et définir comment ces méthodes de partage des bénéfices peuvent être appliquées.

Facteurs de partage des bénéfices

- Des principes supplémentaires seront fournis afin d'expliquer comment répondre à la nécessité d'une étroite corrélation entre les facteurs d'attribution des bénéfices et la création de valeur, en vue de faire en sorte que le résultat soit conforme au principe de pleine concurrence. Les différents mécanismes doivent être expliqués de manière détaillée et être assortis d'exemples de leur application. En outre, il convient de comparer la sensibilité et l'application pratique des divers mécanismes, notamment la capacité de vérifier indépendamment les données sous-jacentes afin de fournir des instructions sur l'application appropriée des mécanismes.

Utilisation du partage des bénéfices pour déterminer l'importance de la MTMN, les taux de redevance et les autres formes de paiement

- Des principes supplémentaires seront fournis sur les circonstances à prendre en compte pour évaluer s'il est possible d'utiliser la méthode transactionnelle de partage des bénéfices à l'appui des résultats d'une MTMN, pour déterminer des taux de redevance ou selon d'autres modalités pratiques, qui respectent la forme des accords contractuels et contribuent à simplifier les calculs des prix de transfert.

ACTIFS INCORPORELS

Révisions du chapitre VI des Principes applicables en matière de prix de transfert

Synthèse

Ce chapitre du rapport fournit des principes spécifiques en vue de la détermination des conditions de pleine concurrence pour les transactions qui portent sur l'utilisation ou le transfert d'actifs incorporels, selon l'article 9 du modèle de convention fiscale de l'OCDE. Ce faisant, les principes figurant dans ce chapitre traitent des possibilités d'érosion de la base fiscale et de transfert de bénéfices résultant du transfert d'actifs incorporels entre les membres d'un groupe d'entreprises multinationales. Selon ces principes, les membres d'un groupe d'entreprises multinationales doivent être rémunérés en fonction de la valeur qu'ils créent par le biais des fonctions exercées, des actifs utilisés et des risques assumés liés à la mise au point, à l'amélioration, à l'entretien, à la protection ou à l'exploitation d'actifs incorporels. Les administrations fiscales disposent de nouveaux outils pour traiter le problème des asymétries de l'information afin de faciliter la détermination d'accords de prix appropriés pour les actifs incorporels et les techniques d'évaluation sont reconnues comme des outils utiles à la fixation du prix des transactions portant sur des actifs incorporels.

Ces principes ont été développés dans le cadre de l'Action 8 du projet BEPS de l'OCDE et du G20, qui demandait l'élaboration de règles visant à empêcher l'érosion de la base d'imposition et le transfert de bénéfices par le biais du transfert d'actifs incorporels entre les membres d'un groupe, en (i) adoptant une définition large et clairement délimitée des actifs incorporels; (ii) faisant en sorte que les bénéfices associés au transfert et à l'utilisation d'actifs incorporels soient correctement répartis en fonction de la création de valeur (et pas indépendamment de cette création de valeur); (iii) élaborant des règles de calcul des prix de transfert ou des mesures spéciales applicables aux transferts d'actifs incorporels difficiles à valoriser.

Ce chapitre replace les principes sur les actifs incorporels dans le contexte général des principes sur la délimitation précise de la transaction et l'analyse des risques figurant dans le premier chapitre de ce rapport consacré aux « Principes relatifs à l'application du principe de pleine concurrence », qui aborde la différence entre les revenus escomptés et les revenus réels des actifs incorporels.

Le cadre d'analyse des risques du chapitre « Principes relatifs à l'application du principe de pleine concurrence » est lié à une exigence de contrôle très spécifique et significative, qui tient compte à la fois de la capacité à exercer des fonctions de prise de décisions pertinentes et de l'exercice effectif de ces fonctions. Si une entreprise associée qui assume contractuellement le risque n'exerce pas de contrôle du risque et n'a pas la capacité financière d'assumer le risque, le cadre proposé par le chapitre « Principes relatifs à l'application du principe de pleine concurrence » établit que le risque sera attribué à un autre membre du groupe d'entreprises multinationales qui n'exerce pas ce contrôle et n'a pas la capacité financière d'assumer le risque. Cette exigence de contrôle est utilisée dans ce chapitre pour déterminer les parties qui assument les risques liés aux actifs incorporels mais aussi pour déterminer quel membre du groupe d'entreprises multinationales contrôle en réalité l'exercice de fonctions externalisées dans le cadre de la mise au point, l'amélioration, l'entretien, la protection et l'exploitation des actifs incorporels en question.

Les principes font référence au traitement du rendement des fonds abordé par le chapitre « Principes relatifs à l'application du principe de pleine concurrence » et font en sorte que le financement de la mise au point, l'amélioration, l'entretien, la protection et l'exploitation d'un actif incorporel par une entité qui n'exerce pas de fonctions importantes liées à cet actif incorporel et qui n'exerce pas de contrôle du risque financier ne génèrent pas plus qu'un rendement sans risque.

Dans le cadre de la détermination du prix de pleine concurrence, lorsque l'évaluation est très incertaine au moment de la transaction, les principes admettent que des tiers puissent adopter des approches différentes de prise en compte des incertitudes relatives à la valeur d'un actif incorporel, notamment conclure un contrat fondé sur des paiements éventuels dépendant des résultats réellement obtenus. Les orientations prennent en compte également le fait qu'en raison d'asymétries de l'information, il peut s'avérer difficile pour une administration fiscale d'évaluer la fiabilité des informations qui ont servi de base au contribuable pour déterminer le prix de la transaction, notamment dans le cas d'actifs incorporels dont la valeur est très incertaine au moment de leur transfert. Pour remédier à ces problèmes, une approche de la fixation du prix des actifs incorporels a été mise au point afin de permettre au contribuable de démontrer que son prix repose sur une analyse approfondie des prix de transfert et aboutit à un résultat de pleine concurrence tout en préservant les administrations fiscales des conséquences négatives des asymétries de l'information. Cette approche consiste à veiller à ce que les administrations fiscales examinent les résultats *ex post* comme présomption de preuve du bien-fondé des accords de fixation de prix *ex ante* et à ce que le contribuable ne puisse pas démontrer que l'incertitude a été correctement prise en compte dans la méthodologie de fixation du prix adoptée. Des orientations sur la mise en œuvre de cette approche seront fournies en 2016 et l'application pratique des exceptions, notamment la mesure de l'importance et des périodes concernées par les exceptions actuelles, seront examinées d'ici 2020, à la lumière des expériences supplémentaires.

En résumé, les principes de ce chapitre veillent au respect des principes suivants :

- La propriété légale d'actifs incorporels par une entreprise associée ne détermine pas à elle seule le droit à percevoir des revenus générés par l'exploitation d'actifs incorporels ;
- Des entreprises associées exerçant des fonctions importantes de création de valeur liées à la mise au point, l'amélioration, l'entretien, la protection et l'exploitation d'un actif incorporel peuvent attendre une rémunération appropriée ;
- Une entreprise associée assumant un risque lié à la mise au point, l'amélioration, l'entretien, la protection et l'exploitation d'un actif incorporel doit exercer un contrôle des risques et avoir la capacité financière d'assumer ces risques, conformément

aux principes sur les risques de la section D.1.2 du chapitre « Principes relatifs à l'application du principe de pleine concurrence », y compris l'exigence de contrôle très spécifique et significative ;

- Le droit d'un membre d'un groupe d'entreprises multinationales aux bénéfices ou aux pertes liés aux différences entre les bénéfices réels et les bénéfices escomptés dépendra de l'entité ou des entités qui assument les risques à l'origine de ces différences et du fait que l'entité ou les entités exercent des fonctions importantes liées à la mise au point, l'amélioration, l'entretien, la protection et l'exploitation des actifs incorporels ou contribuent au contrôle des risques économiquement significatifs et il est établi que la rémunération de pleine concurrence de ces fonctions devrait inclure un élément de partage des bénéfices ;
- Une entreprise associée qui fournit un financement et assume les risques financiers correspondants mais n'exerce pas de fonctions liées à un actif incorporel ne pourra s'attendre généralement qu'à un rendement, corrigé des risques, de son financement ;
- Si une entreprise associée qui fournit un financement n'exerce pas de contrôle des risques financiers liés à ce financement, elle n'aura pas droit à mieux qu'un rendement sans risque.
- Les principes relatifs aux circonstances dans lesquelles les techniques d'évaluation peuvent être utilisées de manière appropriée sont élargis.
- Une analyse rigoureuse des prix de transfert par les contribuable est nécessaire pour faire en sorte que le prix des transferts d'actifs incorporels difficiles à valoriser soit déterminé selon le principe de pleine concurrence.

Les dispositions actuelles du chapitre VI des Principes applicables en matière de prix de transfert sont supprimées dans leur intégralité, et remplacées par celles qui suivent.

6.1 Aux termes de l'article 9 du Modèle de Convention fiscale de l'OCDE, lorsque les conditions convenues ou imposées pour l'utilisation ou le transfert d'actifs incorporels entre deux entreprises associées ne sont pas les mêmes que celles qui auraient été convenues entre des entreprises indépendantes, les bénéfices qui, sans ces conditions, auraient été réalisés par l'une des entreprises mais n'ont pu l'être du fait de ces conditions, peuvent être inclus dans les bénéfices de cette entreprise et imposés en conséquence.

6.2 L'objet du présent chapitre VI est de fournir des principes spécifiques en vue de la détermination des conditions de pleine concurrence pour les transactions qui portent sur l'utilisation ou le transfert d'actifs incorporels. L'article 9 du Modèle de Convention fiscale de l'OCDE a trait aux conditions applicables aux transactions entre entreprises associées, et ne vise pas à classer ces opérations dans telle ou telle catégorie. Par conséquent, la considération essentielle est de déterminer si une transaction se traduit par un transfert de valeur économique d'une entreprise associée à une autre, si cet avantage découle de biens corporels, d'actifs incorporels, de services ou d'autres éléments ou activités. Un élément ou une activité peut avoir une valeur économique même s'il n'est pas expressément mentionné au chapitre VI. Dès lors qu'un élément ou une activité a une valeur économique, il doit être pris en compte pour déterminer les prix de pleine concurrence, qu'il constitue ou non un actif incorporel au sens du paragraphe 6.6.

6.3 Les prescriptions énoncées aux chapitres I à III de ces Principes s'appliquent aussi bien aux transactions portant sur des actifs incorporels qu'aux autres transactions. Selon ces prescriptions, comme pour d'autres questions relatives aux prix de transfert, l'analyse des cas d'utilisation ou de transfert d'actifs incorporels doit débuter par une identification approfondie des relations commerciales ou financières entre les entreprises associées et les conditions et les circonstances économiques pertinentes rattachés à ces relations, afin que la transaction réelle impliquant l'utilisation ou le transfert d'actifs incorporels puisse être déterminée avec précision. L'analyse fonctionnelle doit permettre de cerner les fonctions exercées, les actifs utilisés et les risques assumés[13] par chaque membre du groupe d'entreprises multinationales concerné. Dans les cas d'utilisation ou de transfert d'actifs incorporels, il est particulièrement important de fonder l'analyse fonctionnelle sur une compréhension des activités du groupe d'entreprises multinationales considéré à l'échelle mondiale, et de la façon dont les actifs incorporels sont utilisés par ce groupe d'entreprises multinationales pour ajouter ou créer de la valeur tout au long de la chaîne d'approvisionnement. Si nécessaire, il faut se demander lors de l'analyse effectuée, dans le cadre de la section D.2 du chapitre I, si des parties indépendantes auraient conclu l'accord considéré et, si oui, quelles en auraient été les modalités.

6.4 Afin de déterminer les conditions de pleine concurrence pour l'utilisation ou le transfert des actifs incorporels, il est important d'effectuer une analyse fonctionnelle et une analyse de la comparabilité, conformément à la section D.1 du chapitre I, sur la base de l'identification des actifs incorporels et des risques associés à des arrangements contractuels, puis en complétant l'analyse par un examen du comportement réel des parties, sur la base des fonctions exercées, des actifs utilisés et des risques assumés, notamment le contrôle des fonctions importantes et des risques économiquement significatifs. En conséquence la section A suivante fournit des indications sur l'identification des actifs incorporels. La section B examine la propriété légale et d'autres conditions contractuelles, et apporte des recommandations sur l'évaluation du comportement des parties selon les fonctions, les actifs et les risques. La section C décrit des scénarios typiques impliquant des actifs incorporels, et la section D fournit des principes sur la détermination des conditions de pleine concurrence, notamment l'application de méthodes d'établissement des prix de transfert et de techniques d'évaluation, et fournit une approche pour déterminer les conditions de pleine concurrence pour une catégorie spécifique d'actifs incorporels difficiles à valoriser. L'annexe à ce chapitre contient des exemples illustrant l'application de ces recommandations.

A. Identifier les actifs incorporels

A.1. Généralités

6.5 Une définition du terme « incorporel » trop étroite ou trop large peut poser problème dans le cadre d'une analyse de prix de transfert. Si l'on applique une définition trop étroite du terme « incorporel », les contribuables ou les pouvoirs publics peuvent faire valoir que certains éléments n'entrent pas dans le champ de cette définition et peuvent donc être transférés ou utilisés sans donner lieu à une rémunération distincte, même si cette utilisation ou ce transfert ferait l'objet d'une rémunération en cas de transaction entre des entreprises indépendantes. À l'inverse, si l'on retient une définition trop large, les contribuables ou les pouvoirs publics peuvent faire valoir que l'utilisation ou le transfert d'un élément dans le cadre de transactions entre entreprises associés doit donner lieu à une rémunération dans des circonstances où cette rémunération n'existerait pas dans le cadre de transactions entre des entreprises indépendantes.

6.6 Dans ces Principes, par conséquent, le terme « incorporel » désigne une chose qui n'est pas un actif corporel ni un actif financier[14], qui peut être possédée ou contrôlée aux fins d'utilisation dans le cadre d'activités commerciales, et dont l'utilisation ou le transfert serait rémunéré s'il avait lieu dans le cadre d'une transaction entre parties indépendantes dans des circonstances comparables. Dans un cas d'espèce ayant trait à des actifs incorporels, toute analyse des prix de transfert doit être axée non pas sur des définitions comptables ou juridiques, mais sur la détermination des conditions dont seraient convenues des parties indépendantes pour une transaction comparable.

6.7 Les actifs incorporels qu'il importe de prendre en compte aux fins de la détermination des prix de transfert ne sont pas toujours considérés comme des actifs incorporels dans une optique comptable. Ainsi, les coûts associés à la mise au point d'actifs incorporels en interne, prenant par exemple la forme de dépenses de recherche-développement et de publicité, sont parfois passés en charge et non comptabilisés en immobilisations, de sorte que les actifs incorporels résultant de ces dépenses n'apparaissent pas toujours au bilan. Ces actifs incorporels peuvent néanmoins être utilisés pour créer une valeur économique importante, et leur prise en considération peut être nécessaire aux fins de la détermination de prix de transfert. En outre, le surcroît de valeur pouvant découler de la nature complémentaire d'un ensemble d'actifs incorporels exploités ensemble ne transparaît pas toujours dans le bilan. En conséquence, pour déterminer si un élément doit ou non être considéré comme un actif incorporel aux fins de l'établissement de prix de transfert en vertu de l'article 9 du Modèle de convention fiscale de l'OCDE, on peut s'appuyer sur sa qualification comptable, mais celle-ci ne doit pas être le seul fondement de cette détermination. En outre, la conclusion selon laquelle un élément doit être considéré comme un actif incorporel aux fins de l'établissement de prix de transfert ne détermine pas, ni ne découle de, sa qualification générale d'un point de vue fiscal – en tant que charge ou actif amortissable, par exemple.

6.8 L'existence et la portée d'une protection légale, contractuelle ou autre peut influer sur la valeur d'un élément et sur les revenus qui doivent lui être attribués. L'existence d'une telle protection ne constitue cependant pas une condition nécessaire pour qu'un élément soit qualifié d'actif incorporel aux fins de l'établissement de prix de transfert. De même, si certains actifs incorporels peuvent être identifiés séparément et transférés individuellement, d'autres peuvent n'être transférés qu'avec d'autres actifs industriels ou commerciaux. Par conséquent, il n'est pas nécessaire qu'un élément soit transférable isolément pour qu'il puisse être considéré comme un actif incorporel aux fins de l'établissement de prix de transfert.

6.9 Il est important de distinguer les actifs incorporels des conditions de marché ou de la situation du marché local. Les caractéristiques d'un marché local, telles que le niveau de revenu disponible des ménages sur ce marché ou la taille ou la compétitivité relative de ce marché, ne peuvent être possédées ni contrôlées. Dans certaines circonstances, elles peuvent influer sur la détermination du prix de pleine concurrence pour une transaction donnée et doivent être prises en compte dans le cadre d'une analyse de comparabilité, mais il ne s'agit pas d'actifs incorporels aux fins du chapitre VI. Voir la section D.6 du chapitre I.

6.10 L'identification d'un élément en tant qu'actif incorporel est un processus distinct du processus de détermination du prix correspondant à l'utilisation ou au transfert de cet élément compte tenu des faits et circonstances du cas d'espèce. Suivant le secteur d'activité et les autres faits spécifiques au cas d'espèce, l'exploitation d'actifs incorporels peut représenter une part importante ou modeste de la création de valeur du groupe d'entreprises multinationales considéré. Il convient de souligner qu'une rémunération distincte des paiements requis pour les biens ou services n'est pas justifiée en toutes circonstances pour tous les actifs incorporels, et que ces actifs ne débouchent pas tous sur un surcroît de revenus en toutes circonstances. Supposons par exemple qu'une entreprise fournit un service en utilisant un savoir-faire qui n'est pas unique, ce qui implique que d'autres fournisseurs de services comparables disposent d'un savoir-faire comparable. Dans ce cas, même si ce savoir-faire constitue un actif incorporel, il peut être estimé que, compte tenu des faits et circonstances, ce savoir-faire ne justifie pas l'attribution d'un surcroît de revenus à l'entreprise, en sus des revenus normaux obtenus par des prestataires indépendants comparables fournissant des services similaires et utilisant un savoir-faire comparable qui n'est pas unique. Voir la section D.1.3 du chapitre I. Voir également le paragraphe 6.17 pour une définition des actifs incorporels « uniques ».

6.11 Une grande prudence s'impose pour déterminer si un actif incorporel existe, et s'il a été utilisé ou transféré. Ainsi, les dépenses de recherche-développement n'aboutissent pas toutes à la production ou à l'amélioration d'un actif incorporel, et toutes les activités de commercialisation n'entraînent pas nécessairement la création ou l'amélioration d'un actif incorporel.

6.12 Dans le cadre d'une analyse de prix de transfert ayant trait à des actifs incorporels, il importe d'identifier précisément les actifs incorporels pertinents. L'analyse fonctionnelle doit permettre d'identifier les actifs incorporels pertinents, la façon dont ils contribuent à la création de valeur dans le cadre des transactions examinées, les fonctions importantes qu'ils jouent et les risques spécifiques assumés en rapport avec la mise au point, l'amélioration, l'entretien, la protection et l'exploitation d'actifs incorporels, ainsi que la façon dont ils interagissent avec d'autres actifs incorporels, actifs corporels et activités industrielles ou commerciales pour créer de la valeur. Il peut être justifié d'agréger des actifs incorporels afin de déterminer des conditions de pleine concurrence pour l'utilisation ou le transfert d'actifs incorporels dans certains cas, mais il ne suffit pas d'indiquer que des actifs incorporels vaguement désignés ou indifférenciés ont un effet sur des prix de pleine concurrence ou d'autres conditions. Une analyse fonctionnelle approfondie, y compris une analyse de l'importance que revêtent les actifs incorporels pertinents identifiés dans les activités du groupe d'entreprises multinationales à l'échelle mondiale, doit étayer la détermination des conditions de pleine concurrence.

A.2. Application de ce chapitre à d'autres fins fiscales

6.13 Les principes figurant dans le présent chapitre sont exclusivement destinés au traitement des questions de prix de transfert. Elles ne sont pas destinées à être appliquées à d'autres fins fiscales. Ainsi, le commentaire de l'article 12 du Modèle de Convention fiscale de l'OCDE contient une analyse précise de la définition du terme « redevances » contenue dans ledit article (paragraphes 8 à 19). La définition des « redevances » qui figure à l'article 12 n'est pas destinée à fournir quelque instruction que ce soit en vue de déterminer si, et si oui à quel prix, l'utilisation ou le transfert d'actifs incorporels doit donner lieu à une rémunération entre parties indépendantes. Elle n'est donc d'aucune utilité pour l'établissement de prix de transfert. En outre, la façon dont une transaction est qualifiée aux fins de la détermination de prix de transfert est sans rapport avec la question de savoir si un paiement particulier constitue une redevance ou s'il peut faire l'objet d'une retenue à la source en vertu de l'article 12. Le concept d'actifs incorporels aux fins de l'établissement des prix de transfert et la définition des redevances aux fins de l'article 12 du Modèle de convention fiscale de l'OCDE sont deux notions différentes, qui ne doivent pas nécessairement concorder. Il se peut qu'un paiement entre des entreprises associées soit considéré comme ne constituant pas une redevance aux fins de l'article 12, tout en étant considéré aux fins de l'établissement de prix de transfert comme un paiement auquel peuvent s'appliquer les principes du présent chapitre. On pourrait citer à titre d'exemples certains paiements liés à une survaleur ou à une valeur d'exploitation. Il peut également arriver qu'un paiement légitimement considéré comme une redevance en vertu de l'article 12 d'une convention applicable ne constitue pas une rémunération correspondant à des actifs incorporels aux fins de ce chapitre. On pourrait citer à titre d'exemple des paiements effectués au titre de services techniques. De même, les principes figurant dans le présent chapitre ne sont pas destinés à être appliquées dans une optique douanière.

6.14 Les principes figurant dans ce chapitre ne s'appliquent pas non plus à la prise en compte de revenus, la comptabilisation en immobilisation des coûts de mise au point d'actifs incorporels, l'amortissement, ou d'autres questions similaires. Ainsi, un pays peut choisir de ne pas prélever d'impôt sur le transfert de catégories particulières d'actifs incorporels dans certaines circonstances. De même, un pays peut ne pas autoriser l'amortissement du coût de certains éléments acquis qui seraient considérés comme des actifs incorporels suivant les définitions qui figurent dans ce chapitre et dont le transfert peut être assujetti à l'impôt au moment où il a lieu dans le pays du cédant. Il est entendu que des incohérences entre les législations des différents pays concernant ces questions peuvent parfois entraîner une double imposition ou une double exonération.

A.3. Catégories d'actifs incorporels

6.15 Lors de l'examen des aspects des actifs incorporels touchant aux prix de transfert, il arrive parfois que différentes catégories d'actifs incorporels soient décrites et diverses qualifications appliquées. Des distinctions sont parfois établies entre les actifs incorporels manufacturiers et les actifs incorporels de commercialisation, entre les actifs incorporels « plus faciles à définir » et les actifs incorporels « plus difficiles à définir », entre les actifs incorporels courants et spécifiques, ainsi qu'entre d'autres classes et catégories d'actifs incorporels. L'approche présentée dans ce chapitre pour déterminer les prix de pleine concurrence dans les cas se rapportant à des actifs incorporels n'est pas articulée autour de ces catégories. En conséquence, il n'est aucunement tenté dans le cadre de ces Principes de délimiter avec précision différentes classes ou catégories d'actifs incorporels, ni de prescrire des résultats axés sur ces catégories.

6.16 Il est cependant couramment fait référence à certaines catégories d'actifs incorporels lors de l'examen des questions de prix de transfert. Pour faciliter ces examens, les définitions de deux termes couramment utilisés, à savoir « actifs incorporels de commercialisation » et « actifs incorporels manufacturiers », ont été incluses dans le Glossaire et sont mentionnées de temps à autre dans le cadre de ces Principes. Il convient de souligner que les références générales aux actifs incorporels de commercialisation ou manufacturiers ne dispensent pas les contribuables ni les administrations fiscales de leur obligation, dans le cadre d'une analyse des prix de transfert, d'identifier précisément les actifs incorporels pertinents, et que l'utilisation de ces termes n'indique aucunement qu'une approche différente doit être appliquée pour déterminer les conditions du principe de pleine concurrence quant aux transactions portant sur des actifs incorporels de commercialisation ou des actifs incorporels manufacturiers.

Le Glossaire inclus dans ces Principes est modifié, la définition du terme « bien incorporel de commercialisation » étant supprimée et remplacée par celle qui suit :

« Actif incorporel de commercialisation »

« Actif incorporel (au sens du paragraphe 6.6) lié à des activités de commercialisation, qui contribue à l'exploitation commerciale d'un bien ou d'un service, et/ou a une valeur promotionnelle importante pour le bien ou service concerné. Suivant le contexte, les actifs incorporels de commercialisation peuvent être, par exemple, des marques de fabrique, des noms commerciaux, des listes de clients, des relations avec la clientèle, ainsi que des données exclusives sur des marchés ou des clients qui sont utilisés pour ou contribuent à la commercialisation et la vente de biens ou services à des clients ».

6.17 Dans certains cas, ces Principes font référence à des actifs incorporels « uniques et de valeur ». Les actifs incorporels « uniques et de valeur » sont ceux (i) qui ne sont pas comparables aux actifs incorporels utilisés par ou dont disposent les parties à des transactions potentiellement comparables, et (ii) dont l'utilisation par une entreprise dans le cadre de ses activités (telles que la production d'articles manufacturiers, la fourniture de services, des activités de commercialisation, de vente ou de gestion) est censée déboucher sur des avantages économiques futurs supérieurs à ceux qui auraient été escomptés en l'absence de ces actifs incorporels.

A.4. Illustrations

6.18 Cette section offre des exemples d'éléments qui sont souvent examinés lors des analyses de prix de transfert ayant trait à des actifs incorporels. Ces exemples sont destinés à clarifier les dispositions de la section A.1, mais cette liste ne saurait se substituer à une analyse approfondie. Ces exemples n'ont pas vocation à être exhaustifs ni à fournir une liste complète des éléments pouvant constituer ou non des actifs incorporels. De nombreux éléments ne figurant pas dans cette liste d'exemples peuvent être des actifs incorporels aux fins de la détermination de prix de transfert. Les exemples figurant dans cette section doivent être adaptés à l'environnement législatif et réglementaire spécifique de chaque pays. En outre, il faut examiner et évaluer les exemples qui figurent dans cette section dans le contexte de l'analyse de comparabilité (notamment fonctionnelle) de la transaction contrôlée en vue de mieux comprendre comment des actifs incorporels spécifiques et des éléments non considérés comme des actifs incorporels contribuent à la création de valeur dans le contexte des activités du groupe d'entreprises multinationales à l'échelle mondiale. Il convient de souligner qu'une référence générale à un élément figurant dans cette liste d'exemples ne dispense pas les contribuables ni les administrations fiscales de leur obligation, dans le cadre d'une analyse des prix de transfert, d'identifier précisément les actifs incorporels pertinents sur la base des principes figurant dans la section A.1.

A.4.1. Brevets

6.19 Un brevet est un instrument juridique qui confère à son détenteur le droit exclusif d'utiliser une invention donnée pendant une durée limitée dans une zone géographique spécifique. Un brevet peut porter sur un objet physique ou un procédé. Les inventions brevetables sont souvent le résultat d'activités risquées et coûteuses de recherche-développement. Dans certaines circonstances, toutefois, des dépenses limitées de recherche-développement peuvent déboucher sur des inventions brevetables de grande valeur. L'auteur d'un brevet peut tenter de récupérer ses coûts de mise au point (et de dégager un revenu) en vendant les produits couverts par le brevet, en concluant avec des tiers des accords de licence leur permettant d'utiliser l'invention brevetée, ou en vendant purement et simplement le brevet considéré. L'exclusivité accordée par un brevet peut, dans certaines circonstances, permettre à son détenteur de tirer un surcroît de revenus de l'utilisation de son invention. Dans d'autres cas, une invention brevetée peut conférer à son détenteur des avantages en termes de coûts dont ne disposent pas ses concurrents. Dans d'autres situations encore, il arrive que les brevets ne confèrent aucun avantage commercial important. Les brevets sont des actifs incorporels au sens de la section A.1.

A.4.2. Savoir-faire et secrets industriels ou commerciaux

6.20 Le savoir-faire et les secrets industriels ou commerciaux sont des informations ou des connaissances exclusives qui facilitent ou améliorent une activité commerciale, mais qui ne sont pas enregistrées en vue de leur protection comme c'est le cas pour un brevet ou une marque de fabrique. Le savoir-faire et les secrets industriels ou commerciaux consistent généralement en des informations non divulguées de nature industrielle, commerciale ou scientifique ayant trait à une expérience acquise, qui trouvent une application pratique dans l'exploitation d'une entreprise. Le savoir-faire et les secrets industriels ou commerciaux peuvent avoir trait à des activités manufacturières, de commercialisation, de recherche-développement, ou à toute autre activité commerciale. La valeur du savoir-faire et des secrets industriels ou commerciaux dépend souvent de la capacité de l'entreprise considérée de préserver leur confidentialité. Dans certains secteurs, la divulgation des informations nécessaires à l'obtention d'une protection par brevet pourraient aider les concurrents à mettre au point d'autres solutions. En conséquence, une entreprise peut, pour des raisons commerciales, choisir de ne pas faire enregistrer un savoir-faire brevetable, qui peut néanmoins contribuer de manière importante à la réussite de l'entreprise. La nature confidentielle du savoir-faire et des secrets industriels ou commerciaux peut être protégée dans une certaine mesure par (i) les dispositions législatives sur la concurrence déloyale ou similaires, (ii) les contrats de travail et (iii) les obstacles économique et technologiques à la concurrence. Le savoir-faire et les secrets industriels ou commerciaux sont des actifs incorporels au sens de la section A.1.

A.4.3. Marques de fabrique, noms commerciaux et marques commerciales

6.21 Une marque de fabrique est un nom, un symbole, un logo ou une illustration spécifique que son propriétaire peut utiliser pour distinguer ses biens et services de ceux d'autres entités. Les droits exclusifs attachés aux marques de fabrique sont souvent confirmés par le biais d'un système d'enregistrement. Le titulaire d'une marque de fabrique peut empêcher des tiers de l'utiliser d'une façon qui sèmerait la confusion sur le marché. L'enregistrement d'une marque de fabrique peut demeurer valable indéfiniment si cette marque est constamment utilisée et si cet enregistrement est dûment renouvelé. Une marque de fabrique peut être créée pour des biens ou des services, et peut s'appliquer à un bien ou service spécifique ou à une ligne de biens ou services. C'est peut-être sur le marché de la consommation finale que les marques de fabrique sont les plus familières, mais elles peuvent exister à tous les stades de commercialisation. Les marques de fabrique sont des actifs incorporels au sens de la section A.1.

6.22 Un nom commercial (qui est souvent, mais pas toujours, le nom d'une entreprise) peut avoir la même force de pénétration du marché qu'une marque de fabrique et peut, de fait, être enregistré sous une forme spécifique comme une marque de fabrique. Les noms commerciaux de certaines entreprises multinationales peuvent être aisément reconnus, et peuvent être utilisés pour la commercialisation de différents biens et services. Les noms commerciaux sont des actifs incorporels au sens de la section A.1.

6.23 Les termes « marque commerciale », « marque de fabrique » et « nom commercial » sont parfois utilisés indifféremment l'un pour l'autre. Dans d'autres contextes, une marque commerciale désigne une marque de fabrique ou un nom commercial investi d'une importance sociale et commerciale. Une marque commerciale peut, en fait, représenter une combinaison d'actifs incorporels et/ou d'autres éléments, qui peuvent être, entre autres, des marques de fabriques, des noms commerciaux, des relations avec la clientèle, des éléments de notoriété et une survaleur. Il peut être parfois difficile, voire impossible de dissocier ou transférer séparément les différents éléments constitutifs de la valeur d'une marque commerciale. Une marque commerciale peut consister en un seul actif incorporel, ou un ensemble d'actifs incorporels, au sens de la section A.1.

A.4.4. Droits conférés par les contrats et concessions

6.24 Les permis et concessions publiques peuvent être importants pour une activité donnée et correspondre à un large éventail de relations commerciales. Ils peuvent recouvrir, entre autres, l'octroi par une administration de droits d'exploitation de ressources naturelles ou de biens publics spécifiques (tel que l'attribution d'une bande de fréquences du spectre radioélectrique), ou du droit d'exercer des activités industrielles ou commerciales spécifiques. Les permis et concessions publiques sont des actifs incorporels au sens de la section A.1. Néanmoins, les permis et concessions publiques doivent être distingués des obligations d'immatriculation des sociétés qui constituent un préalable à l'exercice d'activités dans une juridiction particulière. Ces obligations ne sont pas des actifs incorporels au sens de la section A.1.

6.25 Les droits conférés par les contrats peuvent également être importants pour une activité donnée et correspondre à un large éventail de relations commerciales. Ils peuvent recouvrir, entre autres, les contrats conclus avec des fournisseurs et des clients essentiels, ainsi que les accords conclus concernant la fourniture de services par un ou plusieurs employés. Les droits conférés par les contrats sont des actifs incorporels au sens de la section A.1.

A.4.5. Licences et droits limités similaires sur des actifs incorporels

6.26 Des droits limités sur des actifs incorporels sont couramment transférés au moyen d'une licence ou d'autres dispositions contractuelles similaires, qu'elles soient écrites, orales ou implicites. Ces droits concédés sous licence peuvent être limités en termes de domaine d'utilisation, de conditions d'utilisation, de zone géographique ou sur d'autres plans. Ces droits limités sur des actifs incorporels constituent eux-mêmes des actifs incorporels au sens de la section A.1.

A.4.6. Survaleur et valeur d'exploitation

6.27 Suivant le contexte, le terme survaleur peut être utilisé pour faire référence à différents concepts. Dans certains contextes d'évaluation des entreprises et d'évaluation comptable, la survaleur correspond à la différence entre la valeur globale d'une entreprise en exploitation et la somme des valeurs de tous ses actifs corporels et incorporels identifiables séparément. Par ailleurs, la survaleur est parfois décrite comme une représentation des avantages économiques futurs associés à des actifs industriels ou commerciaux qui ne sont pas identifiés individuellement ni comptabilisés séparément. Dans d'autres contextes encore, la survaleur fait référence aux futures transactions escomptées avec les clients existants. Le terme « valeur d'exploitation » est parfois défini comme la valeur de l'ensemble des actifs d'une entreprise en exploitation, qui excède la somme des valeurs de ces différents actifs considérés séparément. Il est généralement admis que la survaleur et la valeur d'exploitation ne peuvent être dissociés ou transférés séparément des autres actifs industriels ou commerciaux. Voir les paragraphes 9.93 à 9.95 pour un examen de la question connexe du transfert de l'ensemble des éléments d'une activité dans le contexte d'une réorganisation d'entreprise.

6.28 Aux fins de ce chapitre, il n'est pas nécessaire d'élaborer une définition précise de la survaleur ni de la valeur d'exploitation dans l'optique de la détermination des prix de transfert, ni d'établir dans quelles circonstances une survaleur ou une valeur d'exploitation peut constituer ou non un actif incorporel. Il importe cependant de reconnaître qu'une part importante et monétairement significative de la rémunération versée entre des entreprises indépendantes lorsque certains ou tous les actifs d'une entreprise en exploitation sont transférés peut représenter une rémunération correspondant à un élément évoqué dans l'une ou l'autre des différentes descriptions de la survaleur ou de la valeur d'exploitation. Lorsque des transactions similaires se déroulent entre des entreprises associées, cette valeur doit être prise en compte dans le cadre de la détermination d'un prix de pleine de concurrence pour la transaction considérée. Lorsque la valeur de notoriété parfois désignée par le terme survaleur est transférée à une entreprise associée, ou partagée avec elle, dans le contexte du transfert ou de la concession sous licence d'une marque de fabrique ou d'autres actifs incorporels, il faut prendre en compte cette valeur de notoriété pour déterminer le niveau adéquat de la rémunération correspondante. Si les caractéristiques d'une entreprise, telles que la réputation de produire des biens ou de fournir des services de haute qualité, lui permettent de facturer des prix plus élevés qu'une entité n'ayant pas une telle réputation, et si ces caractéristiques peuvent être considérées comme constitutives d'une survaleur ou d'une valeur d'exploitation suivant l'une ou l'autre des définitions de ces termes, il faut prendre en compte ces caractéristiques pour déterminer les prix de pleine concurrence correspondant à la vente de biens ou à la fourniture de services entre des entreprises associées, qu'elles soient ou non considérées comme des éléments de survaleur. En d'autres termes, il ne suffit pas qu'une contribution de valeur d'une partie à une autre soit qualifiée d'élément constitutif d'une survaleur ou d'une valeur d'exploitation pour qu'il n'y ait pas lieu de rémunérer cette contribution. Voir le paragraphe 6.2.

6.29 Le fait que la survaleur et la valeur d'acquisition doivent être prises en compte pour la détermination du prix des transactions ne signifie aucunement que les mesures résiduelles de la survaleur calculées à des fins spécifiques d'évaluation comptable ou d'évaluation d'entreprise sont nécessairement des mesures appropriées du prix qui serait payé pour les activités ou droits concédés sous licence, ainsi que la survaleur ou valeur d'exploitation qui leur est associée, par des parties indépendantes. Les mesures de la survaleur et de la valeur d'exploitation établies dans le cadre d'une évaluation comptable ou d'une évaluation d'entreprise ne correspondent pas, en règle générale, au prix de pleine concurrence d'une survaleur ou d'une valeur d'exploitation transférée dans le cadre d'une analyse de prix de transfert. Suivant les faits et les circonstances, néanmoins, les évaluations comptables et les informations sur lesquelles elles reposent peuvent fournir un point de départ utile pour réaliser une analyse de prix de transfert. Compte tenu de l'absence d'une définition unique et précise de la survaleur, il est essentiel que les contribuables et les administrations fiscales décrivent les actifs incorporels spécifiquement concernés par une analyse des prix de transfert, et déterminent si ces actifs incorporels donneraient lieu à une rémunération entre des entreprises indépendantes dans des circonstances comparables.

A.4.7. Synergies de groupe

6.30 Dans certaines circonstances, les synergies de groupe contribuent au niveau des revenus engrangés par un groupe d'entreprises multinationales. Ces synergies de groupe peuvent prendre de nombreuses formes différentes, telles qu'une gestion optimisée, une élimination des doubles emplois coûteux, des systèmes intégrés, une puissance d'achat, une capacité d'emprunt, etc. Ces caractéristiques peuvent influer sur la détermination des conditions de pleine concurrence pour des transactions contrôlées, et doivent être prises en compte en tant que facteurs de comparabilité aux fins de l'établissement de prix de transfert. Dans la mesure où ils ne sont ni possédés ni contrôlés par une entreprise, il ne s'agit pas d'actifs incorporels au sens de la section A.1. Voir la section D.8 du chapitre I pour un examen du traitement réservé aux synergies de groupe dans l'optique de la détermination de prix de transfert.

A.4.8. Caractéristiques spécifiques des marchés

6.31 Les caractéristiques spécifiques d'un marché donné peuvent influer sur les conditions du principe de pleine concurrence des transactions sur ce marché. Ainsi, le fort pouvoir d'achat des ménages sur un marché donné peut avoir une incidence sur les prix facturés pour certains biens de consommation de luxe. De même, des coûts de main-d'œuvre faibles, la proximité de certains marchés, des conditions météorologiques favorables et d'autres facteurs du même ordre peuvent influer sur les prix pratiqués pour des biens et services spécifiques sur un marché donné. Ces caractéristiques spécifiques d'un marché ne peuvent cependant être possédées ni contrôlées, et ne constituent donc pas des actifs incorporels au sens de la section A.1, et elles doivent être prises en compte dans le cadre d'une analyse de prix de transfert par le biais de l'analyse de comparabilité requise. Voir la section D.6 du chapitre I sur les principes concernant le traitement des caractéristiques spécifiques des marchés dans l'optique de la détermination de prix de transfert.

B. Propriété des actifs incorporels et transactions portant sur la mise au point, l'amélioration, l'entretien, la protection et l'exploitation d'actifs incorporels

6.32 Dans les dossiers de prix de transfert portant sur des actifs incorporels, la détermination de l'entité (ou des entités) d'un groupe d'entreprises multinationales qui est *in fine* en droit de bénéficier des revenus tirés par le groupe de l'exploitation des actifs incorporels considérés est cruciale[15]. Une question connexe est de savoir quelle entité (ou quelles entités) du groupe doit *in fine* assumer les coûts, les investissements et autres charges associés à la mise au point, à l'amélioration, à l'entretien, à la protection et à l'exploitation des actifs incorporels considérés. Bien que le propriétaire légal d'un actif incorporel puisse recevoir les revenus provenant de l'exploitation de cet actif, d'autres membres du groupe d'entreprises multinationales dont fait partie ce propriétaire légal peuvent avoir exercé des fonctions, utilisé des actifs[16] ou assumé des risques qui devraient contribuer à la valeur de l'actif incorporel en question. Les membres du groupe d'entreprises multinationales qui exercent ces fonctions, utilisent ces actifs et assument ces risques doivent voir leur contribution rémunérée en vertu du principe de pleine concurrence. La présente section B confirme qu'*in fine*, la répartition des revenus tirés par le groupe d'entreprises multinationales considéré de l'exploitation d'actifs incorporels, de même que la répartition des coûts et autres charges liés à ces actifs incorporels entre les membres de ce groupe d'entreprises multinationales, repose sur la rémunération des membres dudit groupe qui exercent des fonctions, utilisent des actifs ou assument des risques dans le cadre de la mise au point, de l'amélioration, de l'entretien, de la protection et de l'exploitation de ces actifs incorporels suivant les principes décrits aux chapitres I à III.

6.33 Il peut être extrêmement difficile d'appliquer les dispositions des chapitre I à III pour traiter ces questions, pour différentes raisons. Suivant les faits du cas d'espèce portant sur des actifs incorporels, les facteurs suivants, entre autres, peuvent soulever des problèmes :

i) un manque de comparabilité entre les transactions portant sur des actifs incorporels effectuées entre des entreprises associées et les transactions de ce type pouvant être identifiées entre des entreprises indépendantes ;

ii) un manque de comparabilité entre les actifs incorporels en question ;

iii) la possession et/ou l'utilisation de différents actifs incorporels par différentes entreprises associées appartenant au groupe d'entreprises multinationales considéré ;

iv) la difficulté d'isoler l'effet induit par tel ou tel actif incorporel sur les revenus du groupe d'entreprises multinationales considéré ;

v) le fait que différents membres d'un groupe d'entreprises multinationales puissent exercer des activités liées à la mise au point, l'amélioration, l'entretien, la protection et l'exploitation d'un actif incorporel, souvent d'une façon et avec un niveau d'intégration que l'on n'observe pas entre des entreprises indépendantes ;

vi) le fait que les contributions de différents membres du groupe d'entreprises multinationales considéré à la création de valeur incorporelle puissent avoir lieu au cours d'années différentes de celles pendant lesquelles sont réalisés les éventuels gains associés ; et

vii) le fait que les structures du contribuable puissent être fondées sur des dispositions contractuelles conclues entre des entreprises associées qui dissocient la propriété, la prise en charge du risque et/ou le financement des investissements en actifs incorporels de l'exercice de fonctions importantes, du contrôle des risques et des décisions liées aux investissements d'une façon que l'on n'observe pas dans le cadre de transactions entre des entreprises indépendantes, et qui peut contribuer à des phénomènes d'érosion de la base d'imposition et de transfert de bénéfices.

Nonobstant ces problèmes potentiels, l'application du principe de pleine concurrence et des dispositions des chapitres I à III dans un cadre établi peut, dans la plupart des cas, permettre une attribution appropriée des revenus tirés par le groupe d'entreprises multinationales considéré de l'exploitation d'actifs incorporels.

6.34 Le cadre d'analyse des transactions portant sur des actifs incorporels entre des sociétés associées repose sur les étapes suivantes, conformément aux principes pour l'identification des relations commerciales ou financières fournis dans la section D.1 du chapitre I.

i) identifier spécifiquement les actifs incorporels utilisés ou transférés dans la transaction et les risques spécifiques, économiquement significatifs liés à la mise au point, l'amélioration, l'entretien, la protection et l'exploitation d'actifs incorporels ;

ii) identifier l'ensemble des accords contractuels en mettant particulièrement l'accent sur la détermination du propriétaire légal des actifs incorporels considérés sur la base des conditions des accords juridiques pertinents, notamment des immatriculations, des accords de licence et autres contrats pertinents, ainsi que d'autres indices de propriété légale, et les droits et obligations contractuels, notamment les risques contractuellement assumés dans les relations entre les entreprises associées ;

iii) identifier les parties qui exercent des fonctions (en particulier les fonctions importantes décrites au paragraphe 6.56), utilisent des actifs et gèrent des risques liés à la mise au point, à l'amélioration, à l'entretien, à la protection et à l'exploitation des actifs incorporels considérés, au moyen d'une analyse fonctionnelle, et identifier en particulier quelles parties contrôlent d'éventuelles fonctions externalisées et contrôlent les risques spécifiques et économiquement significatifs ;

iv) confirmer l'existence d'une cohérence entre les conditions des accords contractuels pertinents et le comportement des parties, et déterminer si la partie assumant les risques économiquement significatifs de l'étape 4 (i) du paragraphe 1.60, contrôle les risques et possède la capacité financière d'assumer les risques liés à la mise au point, à l'amélioration, à l'entretien, à la protection et à l'exploitation des actifs incorporels ;

v) identifier les transactions contrôlées liées à la mise au point, à l'amélioration, à l'entretien, à la protection et à l'exploitation des actifs incorporels considérés compte tenu de la propriété légale de ces actifs, les autres relations contractuelles pertinentes établies par les immatriculations et contrats pertinents, ainsi que du comportement des parties, notamment de leurs contributions respectives en termes de fonctions exercées, d'actifs utilisés et de risques assumés, tout en tenant compte du cadre d'analyse et d'allocation des risques exposé dans la section D.1.2.1 du chapitre I ;

vi) si possible, déterminer les prix de pleine concurrence de ces transactions sur la base des contributions de chaque partie en termes de fonctions exercées, d'actifs utilisés et de risques assumés, à moins que les principes de la section D.2 du chapitre I s'appliquent.

B.1. Propriété des actifs incorporels et dispositions contractuelles relatives aux actifs incorporels

6.35 Les droits reconnus par la loi et les dispositions contractuelles constituent le point de départ de toute analyse de prix de transfert relative à des transactions portant sur des actifs incorporels. Les conditions d'une transaction peuvent être déduites de contrats écrits, de documents publics tels que les enregistrements de brevets ou de marques de fabrique, ou de la correspondance et/ou d'autres communications entre les parties considérées. Les contrats peuvent décrire les rôles, responsabilités et droits des entreprises associés en matière d'actifs incorporels. Ils peuvent indiquer quelle entité (ou quelles entités) apporte des fonds, réalise des activités de recherche-développement, entretient et protège les actifs incorporels, et exerce les fonctions nécessaires à l'exploitation des actifs incorporels, telles que la fabrication, la commercialisation et la distribution. Ils peuvent indiquer comment les recettes et les dépenses du groupe d'entreprises multinationales associées aux actifs incorporels doivent être réparties, et peuvent spécifier la forme et le montant des paiements devant être reçus par tous les membres du groupe pour leurs contributions. Les prix et autres conditions précisés dans ces contrats peuvent être conformes ou non au principe de pleine concurrence.

6.36 Lorsqu'il n'existe pas de dispositions écrites, ou lorsque les faits, notamment le comportement des parties diffèrent des dispositions contractuelles écrites ou de tout accord, ou complément à ces dispositions, entre les parties, il convient de déduire la transaction des faits tels qu'ils sont établis, et notamment du comportement des parties (voir la section D.1.1 du chapitre I). Il est donc souhaitable que les entreprises associées documentent leurs décisions et intentions concernant l'attribution des droits importants sur des actifs incorporels. Les documents relatifs à ces décisions et intentions, notamment les accords écrits, doivent généralement être en place lorsque ou avant que des entreprises associées procèdent à des transactions débouchant sur la mise au point, l'amélioration, l'entretien, la protection ou l'exploitation d'actifs incorporels.

6.37 Le droit d'utiliser certains types d'actifs incorporels peut être protégé par des systèmes d'enregistrement et des lois spécifiques concernant la propriété intellectuelle. Les brevets, les marques de fabrique et les droits d'auteur sont des exemples d'actifs incorporels de ce type. En règle générale, le titulaire légal de ces actifs incorporels dispose du droit exclusif sur le plan juridique et commercial d'utiliser ces actifs, ainsi que du droit d'empêcher des tiers de les utiliser ou de porter quelque atteinte que ce soit aux droits sur ces actifs. Ces droits du titulaire légal peuvent être conférés pour une zone géographique spécifique et/ou pour une période spécifique.

6.38 Il existe également des actifs incorporels qui ne peuvent être protégés dans le cadre de systèmes particulier d'enregistrement de la propriété intellectuelle, mais qui sont protégés contre toute imitation ou appropriation non autorisée par les règles de droit sur la concurrence déloyale ou d'autres dispositions juridiques applicables, ou par contrat. La présentation commerciale, les secrets industriels ou commerciaux et le savoir-faire peuvent entrer dans cette catégorie d'actifs incorporels.

6.39 La portée et la nature de la protection offerte par le droit applicable peut varier d'un pays à l'autre, de même que les conditions suivant lesquelles cette protection est assurée. Ces divergences peuvent être dues soit à des différences de fond entre pays concernant le droit relatif à la propriété intellectuelle, soit à des différences pratiques concernant la mise en application locale de ces lois. Ainsi, le bénéfice d'une protection juridique peut être subordonné pour certains actifs incorporels à certaines conditions, telles qu'une utilisation commerciale persistante de l'actif incorporel considéré ou le renouvellement en temps voulu de son enregistrement. Cela signifie que dans certaines circonstances ou juridictions, la protection dont fait l'objet un actif incorporel peut être extrêmement limitée en droit ou en pratique.

6.40 Le propriétaire légal, sera considéré comme le propriétaire de l'actif incorporel considéré aux fins de l'établissement des prix de transfert. Si aucun propriétaire légal n'est identifié en vertu du droit ou des contrats applicables, le membre du groupe d'entreprises multinationales qui, compte tenu des faits et circonstances, contrôle les décisions concernant l'exploitation de l'actif incorporel considéré et peut en pratique restreindre son utilisation par des tiers sera considéré comme le propriétaire légal de cet actif aux fins de la détermination des prix de transfert.

6.41 Dans l'optique de l'identification du propriétaire légal d'actifs incorporels, un actif incorporel et toute licence relative à celui-ci sont considérés comme différents aux fins de la détermination des prix de transfert, chacun ayant un propriétaire différent. Voir le paragraphe 6.26. Ainsi, la société A, qui le propriétaire légal d'une marque de fabrique, peut octroyer une licence exclusive à la société B pour la fabrication, la commercialisation et la vente de biens faisant appel à cette marque de fabrique. Un actif incorporel, la marque de fabrique, est la propriété légale de la société A. Un autre actif incorporel, la licence d'utilisation de la marque de fabrique en relation avec la fabrication, la commercialisation et la distribution de produits de marque, est la propriété légale de la société B. Suivant les faits et circonstances, les activités de commercialisation entreprises par la société B en vertu de sa licence peuvent avoir une incidence sur la valeur de l'actif incorporel sous-jacent dont la société A est légalement propriétaire, la valeur de la licence de la société B, ou les deux.

6.42 La détermination de la propriété légale et des arrangements contractuels des actifs considérés, constitue une première étape importante de l'analyse, mais ces déterminations sont un processus distinct de la question de la rémunération suivant le principe de pleine concurrence. Aux fins de la détermination des prix de transfert, la propriété légale d'un actif incorporel ne confère, en soi, aucun droit de conserver *in fine* les revenus tirés par le groupe d'entreprises multinationales considéré de l'exploitation de cet actif, même si ces revenus peuvent initialement être perçus par son propriétaire légal en raison de son droit légal ou contractuel d'exploiter l'actif incorporel en question. Les revenus qui sont *in fine* conservés par le propriétaire légal ou qui lui sont attribués dépendent des fonctions qu'il exerce, des actifs qu'il utilise et des risques qu'il assume, ainsi que des contributions apportées par les autres membres du groupe d'entreprises multinationales considéré compte tenu des fonctions qu'ils exercent, des actifs qu'ils utilisent et des risques qu'ils assument. Ainsi, dans le cas d'un actif incorporel mis au point en interne, si le propriétaire légal n'exerce aucune fonction, n'utilise aucun actif et n'assume aucun risque pertinents, et s'il intervient uniquement en tant qu'entité détentrice de titre, le propriétaire légal n'aura droit *in fine* à aucune part des revenus tirés par le groupe d'entreprises multinationales de l'exploitation de l'actif incorporel considéré, en dehors de l'éventuelle rémunération de pleine concurrence correspondant à la détention du titre.

6.43 La propriété légale et les relations contractuelles servent simplement de points de référence pour identifier et analyser les transactions contrôlées portant sur l'actif incorporel considéré, et pour déterminer la rémunération appropriée des membres du groupe contrôlé concernant ces transactions. La détermination de la propriété légale, conjuguée à l'identification et à la rémunération des fonctions exercées, des actifs utilisés et des risques assumés par l'ensemble des membres contributeurs qui sont pertinents, offre le cadre d'analyse qui permet de déterminer les prix de pleine concurrence et les autres conditions des transactions portant sur des actifs incorporels. Comme pour tout autre type de transaction, l'analyse doit prendre en compte l'ensemble des faits et circonstances pertinents dans le cas d'espèce, et la détermination des prix doit refléter les autres solutions réalistes envisageables par les membres concernés du groupe. Les principes énoncés dans ce paragraphe sont illustrés par les exemples 1 à 6 qui figurent dans l'annexe au chapitre VI.

6.44 Dans la mesure où les membres d'un groupe d'entreprises multinationales n'ont aucune certitude au moment où ils prennent des décisions concernant des actifs incorporels, sur leurs résultats effectifs ni sur les conséquences éventuelles qu'auront au fil du temps les risques associés à la mise au point ou à l'acquisition de ces actifs incorporels, il importe de distinguer (a) la rémunération anticipée (ou *ex ante*), qui désigne les revenus futurs sur lesquels table un membre du groupe d'entreprises multinationales au moment d'une transaction; et (b) la rémunération effective (ou *ex post*), qui désigne les revenus effectivement perçus par un membre du groupe d'entreprises multinationales grâce à l'exploitation de l'actif incorporel considéré.

6.45 Les termes de la rémunération devant être versée aux membres du groupe d'entreprises multinationales considéré qui contribuent à la mise au point, à l'amélioration, à l'entretien, à la protection et à l'exploitation des actifs incorporels est généralement déterminée sur une base *ex ante*. Autrement dit, elle est établie au moment où la transaction est conclue et avant que les conséquences éventuelles des risques associés à l'actif incorporel considéré ne se matérialisent. Cette rémunération peut être fixe ou conditionnelle. L'attribution des bénéfices (ou pertes) effectifs *ex post* de la société, après rémunération des autres membres du groupe d'entreprises multinationales, peut différer de la rémunération anticipée en fonction de la façon dont les risques associés à l'actif incorporel ou les autres risques pertinents liés à la transaction ou à l'accord interviennent effectivement. La transaction délimitée avec précision, comme le souligne la section D.1 du chapitre I, déterminera quelle entité associée assumera ces risques et en supportera donc les conséquences (coûts ou rendements supplémentaires) lorsque ceux-ci se matérialisent de manière différente à celle qui était prévue (voir la section B.2.4).

6.46 Une question importante est de savoir comment déterminer la rémunération de pleine concurrence qui revient aux membres d'un groupe en contrepartie des fonctions qu'ils exercent, des actifs qu'ils utilisent et des risques qu'ils assument dans le cadre constitué par les arrangements contractuels du contribuable, la propriété légale des actifs incorporels et le comportement des parties. La section B.2 porte sur l'application du principe de pleine concurrence aux situations relatives à des actifs incorporels. Sauf indication contraire, lorsqu'il est fait mention de revenus de pleine concurrence ou d'une rémunération de pleine concurrence dans la section B.2, il s'agit de revenus anticipés (*ex ante*) dans le premier cas et d'une rémunération anticipée (*ex ante*) dans le second cas.

B.2. Fonctions, actifs et risques liés à des actifs incorporels

6.47 Comme indiqué plus haut, déterminer qu'un membre particulier d'un groupe d'entreprises multinationales est le propriétaire légal d'actifs incorporels n'implique pas, en soi, que ce propriétaire légal peut nécessairement prétendre à un revenu après avoir rémunéré les autres membres du groupe d'entreprises multinationales considéré pour les contributions qu'ils ont apportées en exerçant des fonctions, en utilisant des actifs et en assumant des risques.

6.48 Lors de la détermination des prix de pleine concurrence concernant des transactions entre entreprises associées, les contributions des membres du groupe d'entreprises multinationales liées à la création de valeur incorporelle doivent être prises en considération et faire l'objet d'une rémunération appropriée. En vertu du principe de pleine concurrence et des prescriptions énoncées aux chapitres I à III, tous les membres du groupe d'entreprises multinationales considéré doivent recevoir une rémunération appropriée s'ils exercent des fonctions, utilisent des actifs ou assument des risques en relation avec la mise au point, l'amélioration, l'entretien, la protection ou l'exploitation d'actifs incorporels. Il est donc nécessaire de déterminer, au moyen d'une analyse fonctionnelle, quel membre (ou membres) exerce des fonctions de mise au point, d'amélioration, d'entretien, de protection et d'exploitation des actifs incorporels ou exerce un contrôle sur ces fonctions, quel membre (ou membres) apporte les financements et autres actifs, et quel membre (ou membres) assume les différents risques associés à l'actif incorporel considéré. Naturellement, dans chacun de ces domaines, il peut s'agir ou non du propriétaire légal de l'actif incorporel considéré. Comme indiqué au paragraphe 6.133, il importe également lors de la détermination de la rémunération de pleine concurrence des fonctions exercées, des actifs utilisés et des risques assumés de prendre en considération les facteurs de comparabilité pouvant contribuer à la création de valeur ou à la production de revenus tirés par le groupe d'entreprises multinationales de l'exploitation des actifs incorporels considérés, pour déterminer les prix des transactions concernées.

6.49 L'importance relative de ces contributions à la création de valeur incorporelle par les membres du groupe sous la forme de fonctions exercées, d'actifs utilisés ou de risques assumés variera en fonction des circonstances. Supposons, par exemple, qu'un actif incorporel dont la mise au point est achevée et qui est actuellement exploitable soit acheté à une tierce partie par un membre du groupe d'entreprises multinationales, et exploité dans le cadre de fonctions de fabrication et de distribution exercées par d'autres membres de ce groupe, tout en étant activement géré et contrôlé par l'entité acquéreuse de cet actif incorporel. On suppose que cet actif incorporel ne nécessite aucune activité de mise au point, exige peu ou pas d'activités d'entretien ou de protection, et a une utilité sans doute limitée en dehors du domaine d'exploitation ciblé au moment de l'acquisition. Il n'y pas de risque de mise au point associé à cet actif incorporel, même si son acquisition et son exploitation comportent d'autres risques. Les fonctions essentielles exercées par l'acquéreur sont celles nécessaires pour sélectionner l'actif incorporel le plus approprié sur le marché, pour analyser ses avantages potentiels en cas d'utilisation par le groupe d'entreprises multinationales considéré, et pour prendre le risque de l'acheter ou non. L'actif essentiel utilisé réside dans les fonds nécessaires à l'achat de cet actif incorporel. Si l'acquéreur est capable d'exercer et exerce effectivement toutes les fonctions essentielles décrites, y compris celle de contrôler les risques associés à l'acquisition et à l'exploitation de l'actif incorporel, on peut raisonnablement en conclure que, après avoir procédé à une rémunération de pleine concurrence des fonctions de fabrication et de distribution exercées par d'autres entreprises associées, le propriétaire serait en droit de conserver ou de se voir attribuer le bénéfice ou la perte éventuelle résultant de l'exploitation de l'actif incorporel à la suite de son acquisition. L'application des chapitres I à III peut être relativement évidente dans un scénario aussi simple, mais l'analyse peut être plus difficile dans des situations où :

i) des actifs incorporels sont mis au point en interne par un groupe d'entreprises multinationales, en particulier lorsque ces actifs incorporels sont transférés entre des entreprises associées alors qu'ils sont encore en cours de développement ;

ii) des actifs incorporels achetés ou mis au point en interne servent de plateforme pour d'autres activités de développement ; ou

iii) d'autres aspects, tels que la commercialisation ou la fabrication, sont particulièrement importants pour la création de valeur.

Les principes d'application générale qui figurent ci-après sont particulièrement utiles pour, et essentiellement axés sur, ces cas d'espèce plus délicats.

B.2.1. Exercice et contrôle des fonctions

6.50 Suivant les principes énoncés aux chapitres I à III, chaque membre d'un groupe d'entreprises multinationales doit recevoir une rémunération de pleine concurrence pour les fonctions qu'il exerce. Dans les cas d'espèce portant sur des actifs incorporels, cela recouvre les fonctions liées à la mise au point, à l'amélioration, à l'entretien, à la protection et à l'exploitation d'actifs incorporels. L'identité du membre (ou des membres) du groupe d'entreprises multinationales considéré exerçant des fonctions liées à la mise au point, à l'amélioration, à l'entretien, à la protection et à l'exploitation d'actifs incorporels est donc un élément essentiel à prendre en compte pour déterminer les conditions de pleine concurrence pour des transactions contrôlées.

6.51 La nécessité de veiller à ce que tous les membres du groupe d'entreprises multinationales considéré soient rémunérés de manière appropriée pour les fonctions qu'ils exercent, les actifs qu'ils apportent et les risques qu'ils assument, implique que pour être en droit de conserver *in fine* tous les revenus tirés de l'exploitation d'actifs incorporels, le propriétaire légal de ces actifs doit exercer toutes les fonctions, apporter tous les actifs utilisés et assumer tous les risques liés à la mise au point, à l'amélioration, à l'entretien, à la protection et à l'exploitation des actifs incorporels en question. Cela ne signifie pas cependant que les entreprises associées constituant un groupe d'entreprises multinationales doivent structurer leurs activités concernant la mise au point, l'amélioration, l'entretien, la protection ou l'exploitation d'actifs incorporels d'une façon particulière. Il n'est pas essentiel que le propriétaire légal exerce physiquement toutes les fonctions liées à la mise au point, à l'amélioration, à l'entretien, à la protection et à l'exploitation d'un actif incorporel par le biais de son propre personnel pour être en droit *in fine* de conserver ou de se voir attribuer une part des revenus tirés par le groupe d'entreprises multinationales considéré de l'exploitation de cet actif incorporel. Dans le cadre de transactions entre des entreprises indépendantes, certaines fonctions sont parfois externalisées à d'autres entités. Un membre d'un groupe d'entreprises multinationales qui est le propriétaire légal d'actifs incorporels peut externaliser de manière similaire des fonctions liées à la mise au point, à l'amélioration, à l'entretien, à la protection et à l'exploitation d'actifs incorporels à des entreprises indépendantes ou associées.

6.52 Lorsque des entreprises associées autres que le propriétaire légal d'un actif incorporel exercent des fonctions pertinentes dont on anticipe qu'elles contribueront à la valeur de cet actif, elles doivent obtenir une rémunération de pleine concurrence pour les fonctions qu'elles exercent suivant les principes énoncés dans les chapitres I à III. Pour établir la rémunération de pleine concurrence correspondant à ces contributions fonctionnelles, il faut déterminer s'il existe des transactions comparables sur le marché libre, quelle est l'importance des fonctions exercées pour la création de valeur incorporelle, et quelles sont les options réalistes à la disposition des parties. Les considérations spécifiques décrites aux paragraphes 6.53 à 6.58 doivent également être prises en compte.

6.53 En cas de transaction d'externalisation entre des entreprises indépendantes, on constate généralement qu'une entité exerçant des fonctions au nom du propriétaire légal d'un actif incorporel qui ont trait au développement, à l'amélioration, à l'entretien, à la protection ou à l'exploitation de cet actif opère sous le contrôle de ce propriétaire légal (comme l'explique le paragraphe 1.65). Compte tenu de la nature des relations existant entre des entreprises associées qui sont membres d'un groupe d'entreprises multinationales, il peut néanmoins arriver que des fonctions externalisées exercées par des entreprises associées soient contrôlées par une entité autre que le propriétaire légal de l'actif incorporel considéré. Dans ce cas, le propriétaire légal de cet actif incorporel doit également verser une rémunération de pleine concurrence à l'entité qui exerce les fonctions de contrôle liées à la mise au point, à l'amélioration, à l'entretien, à la protection et à l'exploitation de l'actif en question. Pour déterminer quel est le membre du groupe d'entreprises multinationales qui contrôle effectivement l'exercice des fonctions considérées, il convient d'appliquer des principes analogues à ceux énoncés dans la section D.1.2.1 du chapitre I concernant la détermination du contrôle des risques. L'évaluation de la capacité d'une entité donnée d'exercer un contrôle et la performance d'un tel contrôle constituera un élément important de l'analyse.

6.54 Si le propriétaire légal ne contrôle pas et n'exerce pas les fonctions liées à la mise au point, à l'amélioration, à l'entretien, à la protection et à l'exploitation de l'actif incorporel considéré, il n'aura droit à aucun avantage courant attribuable aux fonctions externalisées. En fonction du cas d'espèce, la rémunération de pleine concurrence devant être versée par le propriétaire légal aux autres entreprises associées qui exécutent ou contrôlent des fonctions liées à la mise au point, à l'amélioration, à l'entretien, à la protection ou à l'exploitation des actifs incorporels considérés peut correspondre à n'importe quelle proportion des revenus totaux tirés de l'exploitation de ces actifs incorporels. Un propriétaire légal n'exerçant aucune fonction pertinente liée à la mise au point, à l'amélioration, à l'entretien, à la protection et à l'exploitation de l'actif incorporel considéré n'aura droit à aucune à aucune part des revenus liés à l'exercice ou au contrôle desdites fonctions. Il aura droit à une rémunération de pleine concurrence pour toute fonction qu'il exerce, tout actif qu'il utilise et tout risque qu'il assume. Voir les sections B.2.2 à B.2.3. La section D.1.2 du chapitre I est particulièrement pertinente pour déterminer les fonctions qu'il exerce, les actifs qu'il utilise et les risques qu'il assume.

6.55 La valeur relative des contributions à la mise au point, à l'amélioration, à l'entretien, à la protection et à l'exploitation d'actifs incorporels varie en fonction des faits du cas d'espèce. Le membre (ou les membres) du groupe d'entreprises multinationales considéré dont la contribution est la plus importante dans un cas donné doit recevoir une rémunération d'un niveau plus élevé. Ainsi, si une entreprise se contente de financer des activités de recherche-développement, ses revenus anticipés doivent être plus faibles que si elle finançait ces activités tout en les contrôlant. Toutes choses égales par ailleurs, ces revenus anticipés doivent être encore plus élevés si l'entité concernée finance, contrôle et exerce physiquement les activités de recherche-développement en question. Voir également la section B.2.2 sur les financements.

6.56 Lors de la détermination de la rémunération de pleine concurrence des contributions fonctionnelles des divers membres du groupe d'entreprises multinationales considéré, certaines fonctions importantes auront un statut particulier. La nature de ces fonctions importantes dépendra des faits et circonstances de chaque cas d'espèce. Pour les actifs incorporels mis au point en interne, ou pour les actifs incorporels mis au point en interne ou achetés qui servent de plateforme pour d'autres activités de mise au point, ces fonctions particulièrement importantes peuvent être, entre autres, la conception et le contrôle des programmes de recherche et de commercialisation, la fixation des orientations et des priorités en matière de projets créatifs, notamment de l'axe des activités de recherche fondamentale, le contrôle des décisions stratégiques concernant les programmes de mise au point d'actifs incorporels, ainsi que la gestion et le contrôle des budgets. Pour tout actif incorporel (qu'il soit mis au point en interne ou acheté), les autres fonctions importantes peuvent également correspondre à la prise de décisions clés concernant la défense et la protection des actifs incorporels, ainsi que le contrôle de qualité courant relatif aux fonctions exercées par des entreprises indépendantes ou associées pouvant avoir un effet sensible sur la valeur de l'actif incorporel considéré. Ces fonctions importantes contribuent généralement de manière significative à la création de valeur incorporelle et, si ces fonctions importantes sont externalisées par le propriétaire légal dans le cadre de transactions entre entreprises associées, l'exercice de ces fonctions doit être rémunéré au moyen d'une part appropriée des revenus tirés par le groupe d'entreprises multinationales considéré de l'exploitation des actifs incorporels.

6.57 Dans la mesure où il peut être difficile de trouver des transactions comparables portant sur l'externalisation de ces fonctions importantes, il peut être nécessaire d'utiliser des méthodes de détermination des prix de transfert qui ne sont pas directement fondées sur des comparables, notamment des méthodes transactionnelles de partage des bénéfices et des techniques d'évaluation *ex ante*, afin de rémunérer de manière appropriée l'exercice de ces fonctions importantes. Lorsque le propriétaire légal externalise l'essentiel ou la totalité de ces fonctions importantes à d'autres membres du groupe d'entreprises multinationales considéré, l'attribution d'une quelconque part des revenus tirés de l'exploitation des actifs incorporels concernés, après avoir rémunéré les autres membres du groupe pour leurs fonctions doit être soigneusement réfléchie en tenant compte des fonctions effectives qu'elles exercent, des actifs qu'elles utilisent et des risques qu'elles assument selon les principes de la section D.1.2 du chapitre I. Les exemples 16 et 17 de l'annexe au chapitre VI illustrent les principes énoncés dans ce paragraphe.

6.58 Dans la mesure où les fonctions importantes décrites au paragraphe 6.56 contribuent souvent à la gestion des fonctions exercées, actifs utilisés et risques assumés qui sont essentiels pour la réussite de la mise au point, de l'amélioration, de l'entretien, de la protection ou de l'exploitation d'actifs incorporels, et sont par conséquent cruciales pour la création de valeur incorporelle, il est nécessaire d'évaluer avec soin les transactions entre les parties qui exercent ces fonctions importantes et les autres entreprises associées. Une méthode unilatérale de détermination des prix de transfert sera nettement moins fiable si la partie (ou les parties) exerçant une part significative de ces fonctions importantes est la partie testée. Voir l'exemple 6.

B.2.2. Utilisation d'actifs

6.59 Les membres du groupe d'entreprises multinationales qui utilisent des actifs dans le cadre du développement, de l'amélioration, de l'entretien, de la protection ou de l'exploitation d'un actif incorporel doivent recevoir en conséquence une rémunération appropriée. Il peut s'agir, sans que cette liste soit limitative, d'actifs incorporels utilisés dans le cadre d'activités de recherche, de mise au point ou de commercialisation (tels que du savoir-faire, des relations avec la clientèle, etc.), d'actifs corporels ou de financements. Un membre d'un groupe d'entreprises multinationales peut financer tout ou partie des fonctions de mise au point, d'amélioration, d'entretien et de protection d'un actif incorporel, tandis qu'un ou plusieurs autres membres exercent toutes les fonctions considérées. Lors de l'évaluation du rendement anticipé approprié de ce financement dans de telles circonstances, il convient de prendre en compte le fait que, dans le cadre de transactions de pleine concurrence, une partie qui apporte des fonds mais ne contrôle pas les risques, ni n'exerce aucune autre fonction liée à l'activité financée ou à l'actif en question, ne bénéficie généralement pas d'un rendement anticipé équivalent à celui d'un investisseur dont la situation est similaire mais qui exerce et contrôle également des fonctions importantes et contrôle des risques importants associés à l'activité financée. La nature et le montant de la rémunération attribuable à une entité qui assume uniquement des coûts liés à des actifs incorporels doit être déterminée sur la base de tous les faits pertinents, et doit correspondre à la rémunération qui serait versée dans le cadre de montages financiers similaires entre des entités indépendantes sous réserve que de tels montages puissent être identifiés.

Voir les principes de la section D.1.2.1.6 du chapitre I, et particulièrement l'exemple 3 des paragraphes 1.85 et 1.103, qui illustre une situation où des parties fournissant le financement ne contrôlent pas le risque financier associé au financement.

6.60 Le financement et la prise de risques sont intrinsèquement liés au sens où le financement coïncide souvent avec la prise de certains risques (par exemple, une partie qui apporte des fonds et qui assume contractuellement le risque de les perdre). La nature et la part du risque assumé variera cependant selon les caractéristiques économiquement pertinentes de la transaction. Le risque sera, par exemple, inférieur lorsque la partie à laquelle le financement est accordé a une solvabilité élevée, lorsque des actifs sont engagés, ou lorsque l'investissement financé est à faible risque, par rapport à un risque plus élevé lorsque la solvabilité est inférieure, que le financement n'est pas garanti, ou que l'investissement financé est à haut risque. En outre, plus le montant des fonds fournis est important, plus l'impact potentiel du risque sur le fournisseur du financement est important.

6.61 Selon les principes de la section D.1.2 du chapitre I, la première étape d'une analyse des prix de transfert relative aux risques consiste à identifier les risques économiquement significatifs et leur spécificité. Lors de l'identification des risques spécifiques liés à un investissement, il est important de distinguer les risques financiers liés au financement fournis pour les investissements des risques opérationnels liés aux activités opérationnelles pour lesquelles le financement est utilisé, notamment le risque de développement lorsque le financement sert au développement d'un actif incorporel. Lorsqu'une partie qui fournit un financement exerce un contrôle du risque financier associé à l'octroi de ce financement, sans prise en charge ni contrôle d'un autre risque spécifique, elle ne pourra s'attendre généralement qu'à un rendement corrigé des risques de son financement.

6.62 Les accords contractuels déterminent généralement les conditions de la transaction de financement, clarifiées ou précisées par les caractéristiques économiques de la transaction dont témoigne le comportement des parties [17]. Le rendement qui serait généralement attendu par le bailleur de fonds devrait être égal à un rendement approprié, corrigé des risques. Ce rendement peut être déterminé, par exemple, en fonction du coût du capital ou du rendement de solutions de remplacement réalistes présentant des caractéristiques économiques comparables. Lors de la détermination du rendement approprié des activités de financement, il est important de tenir compte des options de financement réalistes qui s'offrent à la partie qui reçoit les fonds. Il peut y avoir une différence entre le rendement escompté par le bailleur de fonds sur une base *ex ante* et le rendement effectif reçu sur une base *ex post*. Par exemple, lorsque le bailleur de fonds accorde un prêt à un taux d'intérêt fixe, la différence entre le rendement effectif et le rendement escompté tiendra compte du risque relatif au fait que l'emprunteur ne puisse pas s'acquitter d'une partie ou de la totalité des paiements dus.

6.63 L'étendue et le type d'activités qui seront nécessaires pour exercer un contrôle du risque financier lié à l'octroi du financement dépendront du niveau de risque lié à l'investissement pour le bailleur de fonds, en tenant compte de la somme d'argent en jeu et de l'investissement pour lequel ce financement est utilisé. Conformément à la définition du contrôle mentionnée aux paragraphes 1.65 et 1.66 de ces Principes, l'exercice du contrôle d'un risque financier spécifique implique la capacité à prendre les décisions pertinentes relatives à l'opportunité porteuse de risque, en l'occurrence l'octroi du financement, ainsi que l'exercice effectif de ces fonctions de prise de décisions. En outre, la partie qui assure le contrôle du risque financier doit exercer les activités indiquées aux paragraphes 1.65 et 1.66 en rapport avec les activités quotidiennes d'atténuation des risques liés à ces risques lorsque ces dernières sont externalisées et en rapport avec tout travail préparatoire nécessaire pour faciliter la prise de décisions si elle n'exerce pas ces activités elle-même.

6.64 Lorsque le financement fourni à une partie est consacré au développement d'un actif incorporel, les décisions pertinentes de saisir, d'éviter ou de rejeter une opportunité porteuse de risque et les décisions de répondre aux risques associés à cette opportunité, et selon quelles modalités, sont des décisions liées à l'octroi du financement et aux conditions de la transaction. Selon les faits et circonstances, de telles décisions peuvent dépendre de l'évaluation de la solvabilité de la partie qui reçoit les fonds et de l'évaluation de l'impact possible des risques liés au projet de développement sur les attentes en matière de rendement du financement octroyé ou du financement supplémentaire exigé. Les conditions sous-jacentes à l'octroi du financement peuvent comprendre la possibilité d'associer les décisions de financement aux principales décisions de développement qui ont un impact sur le rendement du financement. Par exemple, il peut être nécessaire de prendre des décisions sur la nécessité de passer à l'étape suivante du projet ou d'autoriser des investissements dans des actifs coûteux. Plus le risque de développement est élevé et plus le risque financier est étroitement lié au risque de développement, plus le bailleur de fonds devra avoir la capacité d'évaluer la progression du développement de l'actif incorporel et les conséquences de cette progression sur l'obtention du rendement escompté du financement et plus le bailleur de fonds pourra lier étroitement la poursuite de l'octroi du financement aux principaux développements opérationnels pouvant avoir un impact sur son risque financier. Le bailleur de fonds devra avoir la capacité d'effectuer des évaluations relatives à la poursuite de l'octroi du financement et devra procéder effectivement à ces évaluations, dont il devra tenir compte par la suite pour prendre effectivement des décisions pertinentes sur l'octroi du financement.

B.2.3. Prise en charge de risques

6.65 Les types de risques particuliers pouvant avoir une importance dans le cadre d'une analyse fonctionnelle relative à des transactions portant sur des actifs incorporels sont (i) les risques liés à la mise au point d'actifs incorporels, notamment le risque que des activités coûteuses de recherche-développement ou de commercialisation ne débouchent sur un échec ou selon le moment où cet investissement a lieu (que celui-ci intervienne à un stade précoce, à mi-parcours du processus d'élaboration, ou à un stade tardif aura un impact sur le niveau du risque d'investissement sous-jacent) ; (ii) le risque d'obsolescence des produits, notamment la possibilité que les progrès technologiques réalisés par des concurrents aient un effet préjudiciable sur la valeur des actifs incorporels considérés ; (iii) le risque d'atteinte aux droits sur des actifs incorporels, notamment le risque que la défense des droits sur les actifs incorporels considérés ou la défense contre des allégations d'atteintes émanant de tierces parties ne s'avère chronophage, coûteuse et/ou infructueuse ; (iv) les risques découlant de la responsabilité du fait des produits et risques similaires liés aux biens et services fondés sur les actifs incorporels considérés ; et (v) les risques d'exploitation et incertitudes liés aux revenus générés par les actifs incorporels considérés. L'existence et le niveau de ces risques dépend des faits et circonstances de chaque cas d'espèce, ainsi que de la nature de l'actif incorporel concerné.

6.66 L'identité du membre (ou des membres) du groupe d'entreprises multinationales considéré qui assume les risques liés à la mise au point, à l'amélioration, à l'entretien, à la protection et à l'exploitation d'actifs incorporels constitue un élément important à prendre en compte pour déterminer les prix de transactions contrôlées. La prise en charge des risques détermine quelle entité (ou entités) supportera les conséquences si le risque se matérialise. La délimitation précise de la transaction contrôlée, sur la base des principes de la section D.1 du chapitre I, peut permettre de déterminer si les risques sont assumés par le propriétaire légal ou par d'autres membres du groupe. Ces derniers doivent alors recevoir une compensation au titre de leurs contributions à cet égard.

6.67 Les principes de la section D.1.2 du chapitre I s'appliquent au moment de déterminer quel membre (ou membres) du groupe assume les risques liés aux actifs incorporels. Les étapes 1 à 5 du processus d'analyse des risques dans une transaction contrôlée exposé au paragraphe 1.60 devraient particulièrement être suivis pour déterminer quelle partie doit assumer les risques liés à la mise au point, à l'amélioration, à l'entretien, à la protection et à l'exploitation d'actifs incorporels.

6.68 Il est particulièrement important de s'assurer que le membre (ou les membres) du groupe d'entreprises multinationales considéré qui prétend à des revenus au titre de la prise en charge de risques assume effectivement la responsabilité des actions à entreprendre et des coûts à supporter en cas de matérialisation des risques considérés. Si, tel que le détermine le cadre d'analyse du risque au paragraphe 1.60 de ces lignes directrices, les coûts sont à la charge d'une entreprise associée autre que celle assumant le risque, ou que des actions sont menées par celle-ci, le prix de transfert doit alors être ajusté afin que les coûts soient affectés à la partie assumant le risque et que l'autre entreprise associée soit convenablement rémunérée pour toutes les activités entreprises dans le cadre de la matérialisation du risque. L'exemple 7 qui figure à l'annexe du chapitre VI illustre ce principe.

B.2.4. Revenus ex post effectifs

6.69 Il est assez courant que la rentabilité effective (*ex post*) diffère de la rentabilité anticipée (*ex ante*). Cela peut être la conséquence d'une matérialisation du risque différente de celle anticipée, et ce par l'émergence de faits imprévisibles. Ainsi, il peut arriver qu'un produit compétitif soit retiré du marché, qu'une catastrophe naturelle ait lieu sur un marché essentiel, qu'un actif essentiel dysfonctionne pour des raisons imprévues, ou qu'une percée technologique de la part d'un concurrent ait pour effet de rendre obsolètes ou moins désirables les produits fondés sur l'actif incorporel considéré. Il peut également arriver que les prévisions financières, sur lesquelles reposent les calculs des revenus *ex ante* et les dispositions de rémunération, aient correctement pris en compte les risques et la probabilité que des événements prévisibles surviennent, et que les différences entre les chiffres réels et anticipés de la rentabilité reflètent le jeu de ces risques. Enfin, il peut arriver que ces projections financières ne prennent pas suffisamment en compte les risques des différents résultats qui se produisent et qu'elles donnent alors lieu à une surestimation ou une sous-estimation des bénéfices attendus. Dans ces circonstances, la question se pose de savoir si, et si oui comment, les bénéfices ou pertes doivent être répartis entre les membres d'un groupe d'entreprises multinationales ayant contribué à la mise au point, à l'amélioration, à l'entretien, à la protection et à l'exploitation de l'actif incorporel considéré.

6.70 Pour répondre à cette question, il faut procéder à une analyse minutieuse visant à déterminer quelle entité (ou entités) du groupe d'entreprises multinationales assume en fait les risques économiquement significatifs tels qu'ils ont été identifiés au moment de déterminer la transaction (voir la section D.1 du chapitre I). Comme l'indique ce cadre d'analyse, la partie assumant effectivement les risques économiquement significatifs peut être ou non l'entreprise associée qui assume contractuellement ces risques, tel que le propriétaire légal de l'actif incorporel considéré, ou peut être ou non le bailleur de fonds de l'investissement. Une partie qui ne se voit pas affectée les risques qui donnent lieu à l'écart entre les résultats prévus et les résultats réels, dans le cadre des principes des sections D.1.2.1.4 à D.1.2.1.6 du chapitre I, n'aura pas droit à la différence entre les bénéfices réels et prévus, ou à supporter les pertes causées par ces différences, si ce risque se matérialise, à moins que ces parties n'accomplissent les fonctions importantes indiquées au paragraphe 6.56 ou qu'elles contribuent au contrôle des risques économiquement significatifs fixés au paragraphe 1.105. Il est par ailleurs déterminé que la rémunération de pleine concurrence au titre de ces fonctions inclue un élément de partage des profits. En outre, il faut se demander si la rémunération *ex ante* versée aux membres du groupe d'entreprises multinationales pour les fonctions qu'ils exercent, les actifs qu'ils utilisent et les risques qu'ils assument est effectivement conforme au principe de pleine concurrence. Il convient également de vérifier, par exemple, si le groupe a en fait sous-estimé ou surestimé les bénéfices anticipés, entraînant le versement de paiements insuffisants ou de trop-perçus (déterminés sur une base *ex ante*) à certains membres du groupe au titre de leur contribution. Les transactions dont la valorisation est hautement incertaine au moment de la transaction sont particulièrement sensibles à une telle sous-estimation ou surestimation. Ce point est exposé plus en détail dans la section D.4.

B.2.5. Quelques conséquences de l'application des sections B.1 et B.2

6.71 En substance, si le propriétaire légal d'un actif incorporel :

- exerce et contrôle toutes les fonctions (y compris les fonctions importantes décrites au paragraphe 6.56) liées à la mise au point, à l'amélioration, à l'entretien, à la protection et à l'exploitation de cet actif incorporel ;
- fournit tous les actifs, y compris les fonds, nécessaires à la mise au point, à l'amélioration, à l'entretien, à la protection et à l'exploitation de l'actif incorporel considéré ; et
- assume tous les risques liés à la mise au point, à l'amélioration, à l'entretien, à la protection et à l'exploitation de l'actif incorporel en question,

il est alors en droit de recevoir la totalité des revenus anticipés, *ex ante*, qui devraient être tirés par le groupe d'entreprises multinationales concerné de l'exploitation de cet actif incorporel. Pour autant qu'un ou plusieurs membres de ce groupe d'entreprises multinationales autres que le propriétaire légal exercent des fonctions, utilisent des actifs ou assument des risques liés à la mise au point, à l'amélioration, à l'entretien, à la protection ou à l'exploitation de l'actif incorporel considéré, ces entreprises associées doivent obtenir une compensation sur la base d'une rémunération de pleine concurrence au titre de leurs contributions. Cette rémunération peut, suivant les faits et circonstances, constituer la totalité ou une part importante des revenus escomptés de l'exploitation de l'actif incorporel considéré.

6.72 Le droit d'un membre du groupe d'entreprises multinationales concerné aux bénéfices ou pertes liés à des différences entre la rentabilité effective (*ex post*) et une bonne estimation de la rentabilité anticipée (*ex ante*), dépendra de l'entité ou des entités du groupe d'entreprises multinationales assumant les risques tels qu'ils ont été identifiés au moment de l'identification de la transaction (voir la section D.1 du chapitre I). Cela dépendra également de l'entité ou des entités qui exercent les fonctions les plus importantes, tel que le souligne le paragraphe 6.56, ou qui contribuent au contrôle des risques économiques les plus significatifs, tel que le souligne le paragraphe 1.105, et pour lesquelles il est établi qu'une rémunération de pleine concurrence pour ces fonctions peut inclure un élément de partage des bénéfices.

B.3 Identifier et déterminer les prix et autres conditions des transactions contrôlées

6.73 La réalisation de l'analyse décrite dans la section D.1 du chapitre I, complétée par le présent chapitre, devrait faciliter une évaluation claire de la propriété légale des actifs incorporels ainsi que des fonctions, actifs et risques associés à ces actifs, et une identification précise des transactions dont les prix et autres conditions doivent être déterminés. En règle générale, les transactions identifiées par le groupe d'entreprises multinationales considéré dans les documents d'immatriculation et contrats pertinents sont celles dont les prix et autres conditions doivent être déterminés suivant le principe de pleine concurrence. Néanmoins, l'analyse peut révéler que des transactions s'ajoutant aux transactions décrites dans les documents d'immatriculation et contrats, ou différentes de ces transactions, ont en fait eu lieu. Conformément à la section D.I du chapitre I, les transactions (et leurs véritables conditions) devant être analysées sont celles dont il est établi qu'elles ont eu lieu sur la base du comportement effectif des parties et des autres faits pertinents.

6.74 Il convient de déterminer les prix de pleine concurrence et les autres conditions des transactions suivant les principes qui figurent aux chapitres I à III, en tenant compte des contributions à la valeur incorporelle anticipée des fonctions exercées, des actifs utilisés et des risques assumés au moment où ces fonctions sont exercées, ces actifs utilisés et ces risques assumés, comme indiqué dans la section B de ce chapitre. La section D fournit des principes supplémentaires sur les méthodes d'établissement des prix de transfert et autres dispositions applicables pour déterminer les prix de pleine concurrence et autres conditions des transactions portant sur des actifs incorporels.

B.4. Application des principes précédents à des scénarios spécifiques

6.75 Les principes énoncés dans cette section B doivent être appliqués dans diverses situations liées au développement, à l'amélioration, à l'entretien, à la protection et à l'exploitation d'actifs incorporels. Une considération essentielle dans chaque cas est que les entreprises associées contribuant à la mise au point, à l'amélioration, à l'entretien, à la protection ou à l'exploitation d'actifs incorporels dont un autre membre du groupe d'entreprises multinationales considéré est le propriétaire légal doivent recevoir une rémunération de pleine concurrence au titre des fonctions qu'ils exercent, des risques qu'ils assument et des actifs qu'ils utilisent. Pour déterminer si les entreprises associées qui exercent des fonctions ou assument des risques liés à la mise au point, à l'amélioration, à l'entretien, à la protection et à l'exploitation d'actifs incorporels ont reçu en conséquence une rémunération de pleine concurrence, il est nécessaire d'examiner (i) l'ampleur et la nature des activités entreprises et (ii) le montant et la forme de la rémunération payée. Pour déterminer si la rémunération fournie dans le cadre de la transaction contrôlée est conforme au principe de pleine concurrence, il faut se référer à l'ampleur et à la nature des activités d'entités indépendantes comparables exerçant des fonctions similaires, à la rémunération reçue par des entités indépendantes comparables exerçant des fonctions similaires, et à la création anticipée de valeur incorporelle par des entités indépendantes comparables exerçant des fonctions similaires. Cette section décrit l'application de ces principes dans des scénarios courants.

B.4.1. Développement et amélioration d'actifs incorporels de commercialisation

6.76 Une situation courante dans laquelle ces principes doivent être appliqués se présente lorsqu'une entreprise associée avec le propriétaire légal d'une marque de fabrique exerce des fonctions de commercialisation ou de vente dont bénéficie le propriétaire légal de la marque en question, par exemple dans le cadre d'un accord de commercialisation ou d'un accord de distribution/commercialisation. Dans ce cas de figure, il est nécessaire de déterminer comment l'entité chargée de la commercialisation ou de la distribution doit être rémunérée pour ses activités. Une question importante est de savoir si l'entité chargée de la commercialisation/distribution doit être rémunérée uniquement pour avoir fourni des services de promotion et de distribution, ou si elle doit également être rémunérée pour avoir accru la valeur de la marque de fabrique considérée et d'autres actifs incorporels de commercialisation grâce aux fonctions qu'elle a exercées, aux actifs qu'elle a utilisés et aux risques qu'elle a assumés.

6.77 L'analyse de ce point passe par une évaluation (i) des obligations et droits découlant des enregistrements légaux et des accords conclus entre les parties ; (ii) des fonctions exercées, des actifs utilisés et des risques assumés par les parties ; (iii) de la création de valeur incorporelle anticipée qui devrait résulter des activités de l'entité chargée de la commercialisation/distribution ; et (iv) de la rémunération fournie pour les fonctions exercées par l'entité chargée de la commercialisation/distribution (compte tenu des actifs utilisés et des risques assumés). La situation est relativement claire lorsqu'un distributeur intervient uniquement en tant qu'agent, le propriétaire de la marque de fabrique et des autres actifs incorporels de commercialisation considérés lui remboursant ses dépenses promotionnelles tout en dirigeant et contrôlant ses activités. Dans ce cas, le distributeur a généralement droit uniquement à une rémunération correspondant à ses activités d'agent. Il n'assume pas les risques associés à la poursuite de la valorisation de la marque de fabrique et des autres actifs incorporels de commercialisation considérés, et il n'aura donc droit à aucune rémunération complémentaire à cet égard.

6.78 Lorsque le distributeur supporte effectivement le coût de ses activités de commercialisation (par exemple en l'absence de toute disposition prévoyant le remboursement des dépenses en cause par le propriétaire légal), l'analyse doit viser à déterminer dans quelle mesure le distributeur peut bénéficier d'une fraction des avantages potentiels découlant des fonctions exercées, des actifs utilisés et des risques assumés actuellement ou dans l'avenir par ce distributeur. En règle générale, dans le cadre de transactions de pleine concurrence, la capacité d'une partie qui n'est pas le propriétaire légal d'une marque de fabrique et d'autres actifs incorporels de commercialisation de bénéficier des avantages découlant d'activités de commercialisation qui accroissent la valeur de ces actifs incorporels sera principalement fonction de la nature des droits de cette partie. Par exemple, un distributeur pourra bénéficier des avantages découlant des fonctions exercées, des actifs utilisés et des risques assumés par lui pour renforcer la valeur d'une marque de fabrique et d'autres actifs incorporels de commercialisation, en termes de chiffre d'affaires et de part de marché, s'il a conclu un contrat à long terme de distribution exclusive du produit de marque considéré. Dans une telle situation, il est possible que les efforts déployés par le distributeur aient accru la valeur de ses propres actifs incorporels, à savoir ses droits de distribution. Il convient alors de déterminer la part des avantages considérés revenant au distributeur sur la base de ce qu'un distributeur indépendant obtiendrait dans des circonstances comparables. Dans certains cas, un distributeur peut exercer des fonctions, utiliser des actifs ou assumer des risques allant au-delà de ce qu'un distributeur indépendant ayant des droits similaires pourrait supporter ou réaliser pour ses propres activités de distribution, et qui créent une valeur supérieure à celle créée par d'autres entités de commercialisation/distribution en situation similaire. En pareil cas, un distributeur indépendant demandera généralement une rémunération supplémentaire au propriétaire de la marque de fabrique ou des autres actifs incorporels considérés. Une telle rémunération peut prendre la forme d'une hausse des bénéfices tirés des activités de distribution (résultant d'une diminution du prix d'achat du produit considéré), d'une réduction du taux de la redevance, ou d'une part des bénéfices liés à l'augmentation de la valeur de la marque de fabrique et des autres actifs incorporels considérés, l'objectif étant de rémunérer le distributeur au titre de ses fonctions, actifs et risques, et de la création de valeur anticipée. Les exemples 8 à 13 figurant à l'annexe au chapitre VI illustrent de façon plus détaillée l'application de la présente section B dans le contexte des accords de commercialisation et de distribution.

B.4.2. Dispositions relatives à la recherche-développement et à l'amélioration des procédés

6.79 Les principes énoncés dans les paragraphes précédents s'appliquent également aux situations dans lesquelles des fonctions de recherche-développement sont exercées par un membre d'un groupe d'entreprises multinationales en vertu de dispositions contractuelles conclues avec une entreprise associée qui est le propriétaire légal des actifs incorporels pouvant résulter de ces activités. La rémunération appropriée des services de recherche dépendra de tous les faits et circonstances du cas d'espèce, notamment du fait de savoir si l'équipe de recherche possède une expérience et des qualifications sans équivalent au regard des activités de recherche considérées, si elle assume des risques (compte tenu, par exemple, du lieu où est réalisée la recherche fondamentale), si elle utilise ses propres actifs incorporels, ou si elle est contrôlée et gérée par une autre partie. Une rémunération égale au remboursement des dépenses augmenté d'une marge modeste ne correspondra pas à la valeur anticipée ni au prix de pleine concurrence des contributions de cette équipe de recherche dans tous les cas de figure.

6.80 Les principes énoncés dans la présente section s'appliquent également aux situations dans lesquelles un membre d'un groupe d'entreprises multinationales fournit des services de fabrication susceptibles de déboucher sur des améliorations de procédé ou de produit au nom d'une entreprise associée qui assumera la propriété légale de ces améliorations de procédé ou de produit. Les exemples 14 à 17 qui figurent à l'annexe au chapitre VI illustrent de manière plus détaillée l'application de la présente section B dans le contexte des dispositions relatives à la recherche-développement.

B.4.3. Paiements pour l'utilisation du nom d'une société

6.81 Des questions se posent souvent concernant la rémunération de pleine concurrence à verser au titre de l'utilisation des noms de groupe, noms commerciaux et autres actifs incorporels similaires. Il convient de trancher ces questions sur la base des principes énoncés dans la présente section B et des facteurs commerciaux et juridiques en jeu. De manière générale, aucun paiement ne sera reconnu aux fins de la détermination de prix de transfert au titre de la simple prise en compte de l'appartenance à un groupe d'entreprises multinationales, ou d'une utilisation du nom du groupe considéré uniquement destinée à refléter l'appartenance à ce groupe. Voir le paragraphe 7.12.

6.82 Dès lors qu'un membre du groupe d'entreprises multinationales considéré est le propriétaire d'une marque de fabrique ou d'un autre actif incorporel au nom du groupe, et que l'utilisation de ce nom confère un avantage financier à des membres du groupe autres que celui qui est légalement propriétaire de l'actif incorporel considéré, il est raisonnable d'en conclure que cette utilisation aurait donné lieu à un paiement dans le cadre d'une transaction de pleine concurrence. De même, un tel paiement peut être approprié dès lors qu'un membre du groupe possède des éléments de survaleur concernant une activité représentée par une marque de fabrique non déposée, que l'utilisation de cette marque de fabrique par une autre partie constituerait une représentation trompeuse, et que l'utilisation de cette marque de fabrique procure un avantage financier évident à un membre du groupe autre que celui qui possède les éléments de survaleur et la marque de fabrique non déposés en question.

6.83 Pour déterminer le montant du paiement relatif à un nom de groupe, il importe de prendre en considération le montant de l'avantage financier que représente l'utilisation de ce nom pour son utilisateur, les coûts et avantages associés à d'autres options, et les contributions relatives à la valeur de ce nom du propriétaire légal, d'une part, et de l'entité utilisant ce nom, d'autre part, sous la forme de fonctions exercées, d'actifs utilisés et de risques assumés. Il convient d'examiner avec soin les fonctions exercées, les actifs utilisés et les risques assumés par l'utilisateur du nom considéré qui concourent à créer ou accroître la valeur de ce nom dans sa juridiction. Les facteurs qui joueraient un rôle important dans le cadre d'une concession sous licence de ce nom à une entreprise indépendante dans des circonstances comparables, en application des principes énoncées dans les chapitres I à III, doivent être pris en compte.

6.84 Dès lors qu'une entreprise existante et florissante est acquise par une autre entreprise, et que la première commence à utiliser un nom, une marque de fabrique ou un autre élément de marque faisant référence à la seconde, il ne faut pas partir du principe que cette utilisation doit donner lieu à un paiement. Si l'on peut raisonnablement s'attendre à ce que l'entreprise achetée tire un avantage financier de l'utilisation de la marque de l'entreprise acquéreuse, le montant d'un éventuel paiement doit être déterminé en fonction du niveau de cet avantage anticipé.

6.85 Il peut également arriver que l'entreprise acquéreuse mette à profit la position occupée par l'entreprise achetée pour développer ses propres activités sur le territoire où opère cette dernière, en l'amenant à utiliser sa marque. Dans ce cas, il convient de se demander si l'acquéreur doit effectuer un paiement à l'entreprise achetée, ou la rémunérer de quelque autre manière que ce soit, pour les fonctions exercées, les risques assumés et les actifs utilisés (y compris sa position sur le marché) en rapport avec l'utilisation accrue du nom de l'acquéreur.

C. Transactions portant sur l'utilisation ou le transfert d'actifs incorporels

6.86 Aux fins de la détermination des prix de transfert, il est non seulement nécessaire d'identifier avec précision les actifs incorporels concernés dans chaque cas d'espèce, et d'identifier le propriétaire de ces actifs, mais il faut aussi identifier et qualifier correctement, au début de toute analyse de prix de transfert portant sur des actifs incorporels, les transactions contrôlées qui ont spécifiquement trait à ces actifs. Il convient d'appliquer les principes du chapitre I pour identifier et qualifier les transactions se rapportant à l'utilisation ou au transfert d'actifs incorporels. Outre les principes relatifs à l'identification de la transaction (section D.1 du chapitre I) et aux réorganisations d'entreprises (chapitre IX, en particulier la partie II), la section C du présent chapitre décrit des scénarios typiques qui peuvent être utiles pour déterminer si une transaction fait intervenir des actifs incorporels ou des droits sur des actifs incorporels. Voir l'exemple 19. La qualification d'une transaction aux fins de la détermination de prix de transfert est sans conséquence pour les éléments devant être déterminés en vertu de l'article 12 du Modèle de Convention fiscale de l'OCDE. Voir par exemple les paragraphes 8 à 19 du Commentaire de l'article 12 du Modèle de Convention fiscale de l'OCDE.

6.87 Il existe deux grandes catégories de transactions pour lesquelles l'identification et l'examen des actifs incorporels seront utiles aux fins de la détermination de prix de transfert. Il s'agit (i) des transactions portant sur le transfert d'actifs incorporels ou de droits sur des actifs incorporels et (ii) des transactions portant sur l'utilisation d'actifs incorporels en relation avec la vente de biens ou la fourniture de services.

C.1. Transactions portant sur le transfert d'actifs incorporels ou de droits sur des actifs incorporels

C.1.1. Transfert d'actifs incorporels ou de droits sur des actifs incorporels

6.88 Les droits sur des actifs incorporels eux-mêmes peuvent être transférés dans le cadre de transactions contrôlées. Ces transactions peuvent porter sur le transfert de tous les droits sur l'actif incorporel considéré (par exemple, une vente de cet actif incorporel ou la concession d'une licence exclusive d'utilisation perpétuelle de l'actif en question) ou de certains droits uniquement (par exemple, une concession de licence ou un transfert similaire de droits limités d'utilisation d'un actif incorporel, pouvant faire l'objet de restrictions géographiques, d'une limitation de durée ou de restrictions relatives au droit d'utiliser cet actif, de l'exploiter, de le reproduire, de le transférer à nouveau ou de poursuivre sa mise au point). Il convient d'appliquer les principes énoncés aux chapitres I à III aux transactions portant sur le transfert d'actifs incorporels ou de droits sur des actifs incorporels. Des principes complémentaires concernant la détermination des conditions de pleine concurrence pour ce type de transactions figurent également dans les sections D.1, D.2 et D.3 du présent chapitre.

6.89 Dans le cadre des transactions portant sur le transfert d'actifs incorporels ou de droits sur des actifs incorporels, il est essentiel d'identifier avec précision la nature des actifs incorporels ou des droits sur des actifs incorporels qui sont transférés entre des entreprises associées. Lorsque les droits transférés font l'objet de limitations, il est également essentiel de déterminer la nature de ces limitations et toute l'étendue des droits transférés. Il convient de noter à cet égard que les qualifications retenues pour les transactions ne sont aucunement déterminantes pour l'analyse des prix de transfert. Ainsi, dans le cas d'un transfert du droit exclusif d'exploitation d'un brevet dans le pays X, la décision du contribuable de qualifier cette transaction soit de vente de la totalité des droits de brevet dans le pays X, soit de concession de licence exclusive d'utilisation perpétuelle d'une partie des droits de licence mondiaux, n'a pas d'incidence sur la détermination du prix de pleine concurrence si, dans l'un ou l'autre cas, la transaction dont le prix est établi est un transfert de droits exclusifs d'exploitation du brevet dans le pays X au cours de sa durée d'utilité résiduelle. Par conséquent, l'analyse fonctionnelle doit permettre de déterminer avec précision la nature des droits transférés sur des actifs incorporels.

6.90 Les restrictions imposées dans le cadre d'accords de licence ou d'accords similaires concernant l'utilisation d'un actif incorporel pour la mise au point de nouveaux actifs incorporels ou de nouveaux produits faisant appel à cet actif incorporel revêtent souvent une importance considérable dans une analyse de prix de transfert. Il importe donc, pour déterminer la nature d'un transfert de droits sur des actifs incorporels, de se demander si le cessionnaire reçoit le droit d'utiliser l'actif incorporel transféré aux fins de nouvelles activités de recherche-développement. Dans le cadre de transactions entre des entreprises indépendantes, il arrive qu'en vertu des dispositions adoptées, le cédant/donneur de licence conserve l'intégralité des droits sur les éventuelles améliorations de l'actif incorporel concédé sous licence qui pourraient avoir lieu au cours de la durée de la licence. On observe également des transactions entre entreprises indépendantes dans le cadre desquelles le cessionnaire/preneur de licence conserve les droits sur les éventuelles améliorations qu'il est susceptible de réaliser, soit pour la durée de la licence, soit de manière perpétuelle. La nature des éventuelles limitations concernant la poursuite de la mise au point des actifs incorporels transférés, ou la capacité du cessionnaire et du cédant de tirer un avantage économique de telles améliorations, peut avoir une incidence sur la valeur des droits transférés et la comparabilité de deux transactions portant par ailleurs sur des actifs incorporels identiques ou étroitement comparables. Ces limitations doivent être évaluées à la fois à la lumière des dispositions écrites des accords conclus et du comportement effectif des parties concernées.

6.91 Il convient d'appliquer les dispositions de la section D.1.1 du chapitre I pour déterminer la nature exacte d'une transaction portant sur un transfert d'actifs incorporels ou de droits sur des actifs incorporels, pour déterminer la nature des actifs incorporels éventuellement transférés, et pour identifier les éventuelles limitations imposées par les conditions du transfert concernant l'utilisation des actifs incorporels en question. Ainsi, même s'il est spécifié par écrit qu'une licence est non exclusive ou d'une durée limitée, l'administration fiscale ne devra pas nécessairement respecter cette spécification si celle-ci ne concorde pas avec le comportement des parties. L'exemple 18 qui figure à l'annexe du chapitre VI illustre les dispositions de ce paragraphe.

C.1.2. Transferts de combinaisons d'actifs incorporels

6.92 Des actifs incorporels (y compris des droits limités portant sur des actifs incorporels) peuvent être transférés séparément ou en combinaison avec d'autres actifs incorporels. L'examen des transactions portant sur le transfert d'une combinaison d'actifs incorporels soulève souvent deux questions liées.

6.93 La première porte sur la nature et les conséquences économiques des interactions entre différents actifs incorporels. Il peut arriver que certains actifs incorporels aient davantage de valeur en combinaison avec d'autres actifs incorporels que séparément. Il importe donc de déterminer la nature des interactions juridiques et économiques entre les actifs incorporels qui sont transférés conjointement.

6.94 Ainsi, un produit pharmaceutique est souvent associé à trois types d'actifs incorporels, voire davantage. Le principe actif peut être protégé par un ou plusieurs brevets. Ce produit a également fait l'objet de procédures d'essai, et un organisme public de réglementation a pu délivrer une autorisation de mise sur le marché du produit en question sur un marché géographique donné et pour des indications approuvées spécifiques, sur la base des essais réalisés. Le produit peut être commercialisé sous une marque de fabrique particulière. Combinés, ces actifs incorporels peuvent avoir une valeur extrêmement élevée. Isolément, un de ces actifs ou plusieurs peuvent avoir une valeur nettement plus faible. Ainsi, la marque de fabrique sans le brevet et l'autorisation réglementaire de mise sur le marché peut avoir une valeur limitée, étant donné que le produit considéré ne pourrait être vendu sans l'autorisation de mise sur le marché, et que des produits génériques concurrents ne pourraient être exclus du marché en l'absence du brevet. De même, la valeur du brevet peut être nettement plus élevée après l'obtention d'une autorisation réglementaire de mise sur le marché qu'en l'absence de cette autorisation. Les interactions entre ces actifs de catégories différentes, ainsi que la répartition des rôles entre les parties s'agissant de l'exécution des fonctions, de la prise en charge des risques et du financement des coûts associés à la protection des actifs incorporels considérés, constituent donc des éléments très importants à prendre en compte dans une analyse de prix de transfert concernant un transfert de ces actifs incorporels. Lorsque différentes entreprises associées détiennent des droits sur les actifs incorporels utilisés, il importe d'examiner leurs contributions relatives en termes de création de valeur.

6.95 La seconde question, liée à la première, tient à l'importance de veiller à ce que tous les actifs incorporels transférés dans le cadre d'une transaction particulière aient été identifiés. Il peut arriver, par exemple, que des actifs incorporels soient tellement interdépendants qu'il est fondamentalement impossible de transférer l'un sans transférer l'autre. De fait, il est fréquent que le transfert d'un actif incorporel passe nécessairement par celui d'autres actifs incorporels. Dans ce cas, il importe d'identifier tous les actifs incorporels mis à la disposition du cessionnaire en conséquence d'un transfert d'actifs incorporels, en appliquant les principes énoncés dans la section D.1 du chapitre I. Ainsi, le transfert de droits d'utilisation d'une marque de fabrique dans le cadre d'un accord de licence s'accompagne généralement de la concession sous licence de la valeur de notoriété, parfois qualifiée de survaleur, associée à cette marque de fabrique, sachant que cette survaleur a été créée par le cédant. Tout droit de licence exigé devra être déterminé à la fois sur la base de la marque de fabrique et de la valeur de notoriété qui lui est associée. L'exemple 20 qui figure à l'annexe au chapitre VI illustre les principes énoncés dans ce paragraphe.

6.96 Il importe d'identifier les situations dans lesquelles des contribuables ou des administrations fiscales peuvent tenter de dissocier artificiellement des actifs incorporels qui, pour des raisons de fond, ne seraient pas dissociés par des parties indépendantes dans des circonstances comparables. Ainsi, il convient d'identifier les tentatives de dissocier artificiellement une marque de fabrique ou un nom commercial de la survaleur ou de la valeur de notoriété qui est de fait associée à cette marque de fabrique ou à ce nom commercial, et de procéder à une analyse critique de ces tentatives. L'exemple 21 qui figure à l'annexe au chapitre VI illustre les principes énoncés dans ce paragraphe.

6.97 Il convient de reconnaître que le processus d'identification de tous les actifs incorporels transférés dans le cadre d'une transaction particulière consiste à identifier, en se fondant sur les accords écrits pertinents et le comportement effectif des parties, les transactions effectives ayant eu lieu, en appliquant les principes énoncés dans la section D.1 du chapitre I.

C.1.3. Transferts d'actifs incorporels ou de droits sur des actifs incorporels combinés à d'autres transactions commerciales

6.98 Dans certaines situations, des actifs incorporels ou des droits sur des actifs incorporels peuvent être transférés avec des actifs industriels ou commerciaux, ou avec des services. Il importe alors de déterminer si des actifs incorporels ont effectivement été transférés en relation avec la transaction considérée. Il importe également que tous les actifs incorporels transférés en relation avec une transaction particulière soient identifiés et pris en compte lors de l'analyse des prix de transfert. Les exemples 23 à 25 qui figurent à l'annexe au chapitre VI illustrent les principes énoncés dans ce paragraphe.

6.99 Dans certaines situations, il peut s'avérer à la fois possible et approprié de dissocier les transactions relatives à des biens corporels ou des services des transferts d'actifs incorporels ou de droits sur des actifs incorporels aux fins de la réalisation d'une analyse des prix de transfert. Dans ces situations, il convient de décomposer le prix d'un contrat global pour confirmer que chaque élément de la transaction est conforme au principe de pleine concurrence. Dans d'autres situations, des transactions peuvent être si étroitement liées qu'il sera difficile de dissocier les transactions relatives à des biens corporels ou des services des transferts d'actifs incorporels ou de droits sur des actifs incorporels. La fiabilité des comparables disponibles constituera un facteur important à prendre en compte pour déterminer si des transactions doivent être combinées ou dissociées. Il importe en particulier de déterminer si les comparables disponibles permettent une évaluation précise des interactions entre les transactions considérées.

6.100 L'existence d'un accord de franchise constitue une situation dans laquelle des transactions portant sur le transfert d'actifs incorporels ou de droits sur des actifs incorporels peuvent être combinées avec d'autres transactions. En vertu d'un accord de franchise, un membre d'un groupe d'entreprises multinationales peut accepter de fournir une combinaison de services et d'actifs incorporels à une entreprise associée en contrepartie d'une redevance unique. Si les services et les actifs incorporels fournis dans le cadre d'un tel accord sont suffisamment spécifiques pour qu'il soit impossible d'identifier des comparables fiables pour l'ensemble constitué par les services et les actifs incorporels en question, il peut s'avérer nécessaire de dissocier les différents éléments de cet ensemble de services et d'actifs incorporels, pour les examiner séparément aux fins de la détermination des prix de transfert. Il convient cependant de garder à l'esprit que les interactions entre divers actifs incorporels et services peuvent accroître leurs valeurs respectives.

6.101 Dans d'autres situations, la fourniture d'un service et le transfert d'un ou plusieurs actifs incorporels peuvent être si étroitement interdépendants qu'il est difficile de dissocier les transactions aux fins d'analyse des prix de transfert. Ainsi, certains transferts de droits sur des logiciels peuvent être combinés avec l'engagement du cédant de fournir des services de maintenance permanente des logiciels, qui peuvent inclure des mises à jour périodiques. Dans les situations où des services et des transferts d'actifs incorporels sont interdépendants, il peut être nécessaire de déterminer les prix de pleine concurrence sur une base globale.

6.102 Il convient de souligner que l'identification retenue pour la transaction considérée, à savoir la fourniture de biens ou services, le transfert d'actifs incorporels ou la combinaison des deux, n'impose pas nécessairement l'utilisation d'une méthode particulière de détermination des prix de transfert. Ainsi, l'application de la méthode du coût majoré ne conviendra pas à toutes les transactions relatives à des services, et les transactions relatives à des actifs incorporels ne nécessitent pas toutes des évaluations complexes ou l'application de la méthode du partage des bénéfices. Les faits de chaque cas d'espèce, et les résultats de l'analyse fonctionnelle requise, détermineront la façon dont les transactions sont combinées, identifiées et analysées aux fins de la détermination des prix de transfert, ainsi que la sélection de la méthode d'établissement des prix de transfert la plus appropriée au cas d'espèce. L'objectif visé *in fine* est de déterminer les prix et autres conditions pertinentes qui seraient fixés entre des entreprises indépendantes dans le cadre de transactions comparables.

6.103 En outre, il convient également de souligner que pour déterminer si des transactions doivent être combinées ou dissociées aux fins d'analyse, il faut généralement identifier la transaction effectivement intervenue, sur la base des accords écrits ayant été conclus et du comportement effectif des parties concernées. L'identification de la transaction effectivement intervenue constitue une condition nécessaire pour déterminer la méthode d'établissement des prix de transfert la plus appropriée au cas d'espèce.

C.2. Transactions portant sur l'utilisation d'actifs incorporels en relation avec la vente de biens ou la fourniture de services

6.104 Des actifs incorporels peuvent être utilisés en relation avec des transactions contrôlées dans des situations où il n'y a pas de transfert de l'actif incorporel considéré ni des droits sur cet actif incorporel. Ainsi, des actifs incorporels peuvent être utilisés par une des parties à une transaction contrôlée, ou les deux, en relation avec la fabrication de biens vendus à une entreprise associée, en relation avec la commercialisation de biens achetés à une entreprise associée, ou en relation avec la prestation de services au nom d'une entreprise associée. La nature d'une telle transaction doit être clairement spécifiée, et tout actif incorporel pertinent utilisé par l'une ou l'autre des parties en relation avec cette transaction contrôlée doit être identifié et pris en compte dans le cadre de l'analyse de comparabilité, de la sélection et de l'application de la méthode de détermination des prix de transfert la plus appropriée à la transaction considérée, et du choix de la partie testée. Des principes supplémentaires concernant la détermination des conditions de pleine concurrence pour les transactions portant sur l'utilisation d'actifs incorporels en relation avec la vente de biens ou la prestation de services figurent dans les sections D.1 et D.4 du présent chapitre.

6.105 L'exemple suivant illustre la nécessité d'examiner l'utilisation d'actifs incorporels par une partie à une transaction contrôlée portant sur une vente de biens. Supposons qu'un constructeur automobile utilise des brevets exclusifs de valeur pour fabriquer des voitures, qu'il vend ensuite à des distributeurs associés. Supposons que ces brevets contribuent de manière importante à la valeur des véhicules automobiles en question. Ces brevets et leur contribution en termes de valeur doivent être identifiés et pris en compte dans le cadre de l'analyse de comparabilité de la transaction consistant en la vente des voitures par le constructeur automobile à ses distributeurs associés, de la sélection de la méthode de détermination des prix de transfert la plus appropriée à cette transaction, et de la sélection de la partie testée. Les distributeurs associés qui achètent les voitures n'acquièrent cependant aucun droit sur les brevets du constructeur. Dans ce cas, les brevets sont utilisés dans le cadre de l'activité de fabrication et peuvent influer sur la valeur des véhicules automobiles, mais les brevets eux-mêmes ne sont pas transférés.

6.106 Un autre exemple permet d'illustrer l'utilisation d'actifs incorporels en relation avec une transaction contrôlée. Supposons qu'une société d'exploration ait acquis ou élaboré des données et analyses géologiques de valeur, ainsi qu'un savoir-faire et un logiciel d'exploration complexe. Supposons en outre qu'elle utilise ces actifs incorporels pour fournir des services d'exploration à une entreprise associée. Ces actifs incorporels doivent être identifiés et pris en compte dans le cadre de l'analyse de comparabilité des transactions relatives à ces services entre la société d'exploration et l'entreprise associée, de la sélection de la méthode de détermination des prix de transfert la plus appropriée à la transaction considérée, et de la sélection de la partie testée. Si l'on suppose que l'entreprise associée à la société d'exploration n'acquiert aucun droit sur les actifs incorporels de ladite société, ces actifs incorporels sont utilisés pour la fourniture de services et peuvent influer sur la valeur de ces services, mais ils ne sont pas transférés.

D. Principes supplémentaires pour déterminer les conditions de pleine concurrence dans le cas de transactions portant sur des actifs incorporels

6.107 Après avoir identifié les transactions portant sur des actifs incorporels, en identifiant expressément les actifs concernés, et avoir déterminé la ou les entités légalement propriétaires de ces actifs, ainsi que les entités apportant une contribution à la valeur de ceux-ci, il devrait être possible de déterminer les conditions de pleine concurrence pour les transactions considérées. Les prescriptions énoncées aux chapitres I à III des présents Principes devraient être appliquées pour déterminer les conditions de pleine concurrence dans le cas de transactions portant sur des actifs incorporels. En particulier, le processus en neuf étapes décrit au paragraphe 3.4 peut s'avérer utile pour déterminer les conditions de pleine concurrence dans le cas de telles transactions. Afin de conduire une analyse de comparabilité conformément aux principes du chapitre III et au processus décrit au paragraphe 3.4, il est essentiel de prendre en compte les principes exposés dans les sections A, B et C du présent chapitre VI.

6.108 Les principes exposés dans les chapitres I à III peuvent toutefois se révéler difficiles à appliquer lorsque les transactions contrôlées portent sur des actifs incorporels. Ces actifs peuvent présenter un caractère spécifique compliquant la recherche de comparables et, parfois, la détermination de la valeur au moment de la transaction. En outre, dans certains cas, des entreprises associées, pour des raisons commerciales tout à fait légitimes tenant aux liens existant entre elles, peuvent réaliser des transactions portant sur des actifs incorporels selon des modalités que des entreprises indépendantes n'envisageraient pas (voir paragraphe 1.11). L'utilisation ou le transfert d'actifs incorporels peut soulever des problèmes complexes concernant la comparabilité, le choix des méthodes de prix de transfert et la détermination des conditions de pleine concurrence pour les transactions. La présente section D fournit des principes supplémentaires concernant l'application des principes exposés dans les chapitres I – III pour déterminer les conditions de pleine concurrence dans le cas de transactions portant sur des actifs incorporels.

6.109 La section D.1 présente des principes supplémentaires généraux concernant toutes les transactions portant sur des actifs incorporels. La section D.2 expose des principes supplémentaires particuliers destinés aux transactions portant sur le transfert d'actifs incorporels ou de droits sur des actifs incorporels. La section D.3 rassemble des principes supplémentaires concernant le transfert d'actifs incorporels ou de droits sur des actifs incorporels dont la valeur est très incertaine au moment de la transaction. Enfin, la section D.4 fournit une approche pour la fixation du prix des actifs incorporels difficiles à valoriser et la section D.5 présente des principes supplémentaires relatifs aux transactions portant sur l'utilisation d'actifs incorporels en lien avec la vente de biens ou services sans transfert de droits sur ces actifs.

D.1. Principes généraux applicables aux transactions portant sur des actifs incorporels

6.110 La section D du chapitre I et le chapitre III présentent des principes à prendre en compte ainsi que le processus recommandé pour réaliser une analyse de comparabilité. Les prescriptions énoncées dans ces sections des Principes s'appliquent à toutes les transactions contrôlées portant sur des actifs incorporels.

6.111 La mise en application des prescriptions énoncées dans les Principes concernant le contenu d'une analyse de comparabilité et le processus correspondant dans le cas d'une transaction portant sur des actifs incorporels suppose la prise en compte, lors de l'analyse des prix de transfert, des options réalistes qui s'offrent à chacune des parties à la transaction.

6.112 La prise en compte des options réalistes qui s'offrent aux parties à la transaction conduit à examiner le point de vue de chaque partie à la transaction. Une analyse de comparabilité centrée uniquement sur l'une des parties à la transaction ne fournit pas, en règle générale, les éléments requis aux fins de l'évaluation d'une transaction portant sur des actifs incorporels (y compris lorsqu'une méthode unilatérale de fixation de prix de transfert est finalement retenue).

6.113 S'il importe de tenir compte, lors de l'analyse de comparabilité, du point de vue des deux parties à la transaction, les circonstances économiques propres à l'une des parties ne devraient pas être utilisées pour imposer une conclusion contraire aux options réalistes offertes à l'autre partie. Par exemple, on ne devrait pas attendre d'un cédant qu'il accepte de vendre tout ou partie de ses droits sur un actif incorporel à un prix moins avantageux pour lui que ses autres options réalistes (y compris la non-cession de ces droits), simplement parce que l'entreprise associée cessionnaire manque des ressources requises pour l'exploitation efficace des droits ainsi cédés. De même, on ne devrait pas attendre d'un cessionnaire qu'il accepte d'acquérir des droits sur un ou plusieurs actifs incorporels à un prix auquel il serait impossible pour lui d'envisager une exploitation rentable par son entreprise des droits ainsi acquis. Cette situation serait en effet moins favorable pour le cessionnaire que l'option réaliste qui s'offre à lui de renoncer à acquérir les droits.

6.114 Il sera souvent possible d'identifier, pour une transaction portant sur des actifs incorporels, un prix conforme aux options réalistes offertes à chacune des parties. L'existence d'un tel prix répond au principe selon lequel les groupes d'entreprises multinationales cherchent à optimiser l'allocation de leurs ressources. Lorsque le prix minimum acceptable par le cédant, compte tenu des options réalistes qui lui sont offertes, est supérieur au prix maximum acceptable par le cessionnaire, compte tenu des options réalistes dont ce dernier dispose, il peut être nécessaire d'examiner s'il convient soit de renoncer à la transaction au titre du principe de non-reconnaissance de la section D.2 du chapitre I, soit de modifier autrement les modalités de la transaction. De même, lorsqu'il est avancé que l'utilisation actuelle d'un actif incorporel ou qu'une option réaliste envisagée (telle qu'une autre utilisation de l'actif concerné) ne permet pas d'optimiser l'allocation des ressources, il pourrait être nécessaire d'examiner si ces affirmations sont compatibles avec les circonstances réelles du cas d'espèce. Ces discussions soulignent l'importance de prendre en compte l'ensemble des faits et circonstances entourant l'identification d'une transaction portant sur des actifs incorporels.

D.2. Principes supplémentaires relatifs aux transferts d'actifs incorporels ou de droits sur des actifs incorporels

6.115 Cette section fournit des principes supplémentaires en réponse aux difficultés propres aux transferts d'actifs incorporels ou de droits sur des actifs incorporels entre entreprises associées. Ces transactions recouvrent notamment les ventes d'actifs incorporels ainsi que les transactions économiquement équivalentes à une vente. Ces transactions peuvent aussi porter sur la concession de droits sur un ou plusieurs actifs incorporels ou sur une opération similaire. La finalité de cette section n'est pas de fournir des instructions exhaustives en matière de fixation des prix de transfert pour les actifs incorporels. Cette section complète les dispositions applicables par ailleurs énoncées aux chapitres I à III et les principes figurant dans les sections A, B, C et D.1 du présent chapitre, dans le cas de transferts d'actifs incorporels ou de droits sur des actifs incorporels, en fournissant des principes adaptés aux difficultés particulières fréquemment soulevées par ces transferts.

D.2.1. Comparabilité des actifs incorporels ou des droits sur les actifs incorporels

6.116 Lors de la mise en application des dispositions des chapitres I à III dans le cas d'une transaction portant sur le transfert d'actifs incorporels ou de droits sur des actifs incorporels, il convient de reconnaître que de nombreux actifs incorporels présentent des caractéristiques spécifiques en vertu desquelles les revenus et bénéfices futurs pourront différer grandement. Il est donc essentiel de tenir compte des caractéristiques spécifiques des actifs incorporels lors de la réalisation d'une analyse de comparabilité portant sur un transfert de tels actifs. Cela est particulièrement important si la méthode de prix de transfert retenue comme étant la plus appropriée est la méthode du prix comparable ou une autre méthode utilisant des comparables. Dans le cas du transfert d'un actif incorporel ou de droits sur un actif incorporel fournissant à l'entreprise un avantage compétitif unique sur le marché, les transactions ou actifs incorporels réputés comparables doivent être analysés attentivement. Il est essentiel de s'assurer que les comparables identifiés offrent dans les faits un potentiel de bénéfices similaire.

6.117 Les paragraphes suivants exposent certaines des caractéristiques propres aux actifs incorporels qui peuvent être pertinentes en vue d'une analyse de comparabilité portant sur des transferts d'actifs incorporels ou de droits sur de tels actifs. La liste proposée ci-après n'est pas exhaustive et, selon le cas d'espèce, la prise en compte de facteurs supplémentaires ou différents pourra s'avérer essentielle pour réaliser une analyse de comparabilité.

D.2.1.1. Exclusivité

6.118 La nature exclusive ou non exclusive des droits sur les actifs incorporels qui font l'objet d'une transaction portant sur le transfert d'actifs incorporels ou de droits sur des actifs incorporels peut être un élément de comparabilité important. Dans certains cas, le propriétaire légal d'un actif incorporel est en droit d'exclure des tiers de l'utilisation de cet actif. Par exemple, un brevet est assorti d'un droit exclusif, valable plusieurs années, d'utiliser l'invention brevetée. Si une partie qui contrôle des droits sur des actifs incorporels peut exclure d'autres entreprises du marché, ou leur interdire l'utilisation d'actifs incorporels qui procurent un avantage commercial, elle peut disposer d'un niveau élevé de pouvoir ou d'influence sur le marché. Une partie qui détient des droits non exclusifs sur des actifs incorporels n'est pas en mesure d'exclure tous les concurrents et ne dispose pas, en règle générale, d'un tel niveau de pouvoir ou d'influence sur le marché. Il importe donc de tenir compte, aux fins d'une analyse de comparabilité, de la nature exclusive ou non exclusive des droits sur les actifs incorporels.

D.2.1.2. Portée et durée de la protection juridique

6.119 La portée et durée de la protection juridique des actifs incorporels concernés par un transfert peuvent être des éléments de comparabilité importants. Les protections juridiques associées à certains actifs incorporels peuvent empêcher les concurrents d'une entreprise d'entrer sur un marché donné. Dans le cas d'autres catégories d'actifs incorporels, comme le savoir-faire ou les secrets industriels ou commerciaux, les protections juridiques peuvent être d'une nature différente et se révéler moins efficaces ou moins durables. Si les actifs incorporels ont une durée d'utilité réduite, la durée des protections juridiques peut être un élément pertinent, la durée des droits sur les actifs incorporels ayant une incidence sur les attentes des parties à la transaction en matière de bénéfices générés par l'exploitation des actifs concernés. Par exemple, deux brevets par ailleurs comparables n'ont pas la même valeur si l'un expire après douze mois tandis que l'autre demeure valable dix ans.

D.2.1.3. Couverture géographique

6.120 La couverture géographique des actifs incorporels ou des droits sur des actifs incorporels est un élément de comparabilité important. Selon la nature des produits, des actifs incorporels et des marchés concernés, la concession de droits mondiaux sur des actifs incorporels peut avoir une valeur supérieure à une concession de droits limités à un ou plusieurs pays.

D.2.1.4. Durée d'utilité

6.121 De nombreux actifs incorporels ont une durée d'utilité réduite. Comme indiqué plus haut, la durée d'utilité d'un actif incorporel peut dépendre de la nature et de la durée des protections juridiques qui lui sont associées. Parmi les autres facteurs qui influencent la durée d'utilité de certains actifs incorporels figurent le rythme des évolutions technologiques dans le secteur concerné et l'apparition de produits nouveaux et potentiellement améliorés. Dans certains cas, la durée d'utilité d'un actif incorporel peut être prolongée.

6.122 Lors de la réalisation d'une analyse de comparabilité, il conviendra donc de tenir compte de la durée d'utilité prévisionnelle des actifs incorporels concernés. En règle générale, et toutes choses étant égales par ailleurs, les actifs incorporels devant procurer des avantages commerciaux sur une période plus longue se verront attribuer une valeur plus élevée que d'autres actifs incorporels similaires mais procurant ces avantages sur une période plus courte. En outre, l'évaluation de la durée d'utilité d'un actif incorporel doit également tenir compte de l'utilisation qui est faite de cet actif. La durée d'utilité d'un actif incorporel qui sous-tend des activités continues de recherche-développement peut ainsi s'étendre au-delà de la vie commerciale de la première génération de produits liés à cet actif incorporel.

D.2.1.5. Avancement du développement

6.123 L'avancement du développement de certains actifs incorporels peut être un critère pertinent aux fins d'une analyse de comparabilité. Il est fréquent qu'un actif incorporel soit transféré dans le cadre d'une transaction contrôlée avant même que la viabilité commerciale des produits qui lui sont liés ait été démontrée. L'industrie pharmaceutique est un exemple souvent cité, puisqu'un composé chimique peut être breveté et les brevets correspondants (ou les droits d'utilisation de ces brevets) peuvent être transférés dans le cadre d'une transaction contrôlée bien avant que les activités de recherche-développement et les essais aient démontré que ce composé chimique permet un traitement sûr et efficace d'une pathologie donnée.

6.124 En règle générale, les actifs incorporels liés à des produits dont la viabilité commerciale est établie se verront attribuer une valeur plus élevée que d'autres actifs incorporels par ailleurs comparables mais liés à des produits dont la viabilité commerciale reste à démontrer. Lors d'une analyse de comparabilité portant sur des actifs incorporels en cours de mise au point, il convient d'évaluer la probabilité que les phases ultérieures de leur mise au point permettent de générer des retombées commerciales importantes dans le futur. Dans certains cas, il est utile de consulter les données sectorielles concernant les risques associés aux phases ultérieures de mise au point des actifs. En tout état de cause, les circonstances propres au cas d'espèce doivent être prises en compte.

D.2.1.6. Droits relatifs aux améliorations, révisions et mises à jour

6.125 Les droits des parties sur les améliorations, révisions et mises à jour relatives aux actifs incorporels constituent souvent un élément important aux fins d'une analyse de comparabilité portant sur ces actifs. Les produits protégés par des actifs incorporels peuvent, dans certains secteurs, devenir relativement vite obsolètes ou non compétitifs en l'absence d'efforts continus de mise au point et d'amélioration des actifs incorporels concernés. Par conséquent, un accès aux mises à jour et aux améliorations peut permettre de transformer des avantages de court terme tirés des actifs incorporels en avantages sur un plus long terme. En vue d'une analyse de comparabilité, il importe donc de préciser si une concession de droits sur des actifs incorporels inclut ou non un accès aux améliorations, révisions et mises à jour relatives aux actifs concernés.

6.126 Une question très similaire, souvent importante en vue d'une analyse de comparabilité, consiste à savoir si le cessionnaire d'actifs incorporels obtient le droit d'utiliser ces actifs dans le cadre d'activités de recherche destinées à mettre au point des actifs nouveaux et améliorés.

Par exemple, le droit d'utiliser une plate-forme logicielle existante comme point de départ pour développer de nouveaux produits logiciels peut raccourcir les délais de mise au point et permettre à une entreprise d'être la première à commercialiser un nouveau produit ou une nouvelle application, plutôt que de rejoindre un marché déjà occupé par des produits concurrents. Il importe donc, en vue d'une analyse de comparabilité portant sur des actifs incorporels, de tenir compte des droits des parties à utiliser ces actifs pour mettre au point des versions nouvelles et améliorées de leurs produits.

D.2.1.7. Avantages escomptés

6.127 Les différentes questions de comparabilité examinées ci-après influent sur les anticipations des parties à la transaction quant aux avantages que procurera l'utilisation des actifs incorporels considérés. Lorsque les avantages escomptés de l'utilisation de deux actifs incorporels diffèrent largement, il est difficile de considérer ces deux actifs comme suffisamment comparables aux fins d'une analyse de prix de transfert à défaut d'ajustements de comparabilité fiables. En particulier, la rentabilité réelle et potentielle des produits, existants ou à venir, qui sont liés à un actif incorporel doit entrer en ligne de compte. Il est peu probable que des actifs incorporels liés à des produits ou services offrant une rentabilité élevée puissent être comparés à d'autres actifs incorporels liés à des produits ou services dont la rentabilité est simplement égale à la moyenne du secteur. Tous les facteurs ayant une influence sensible sur les avantages que les parties à une transaction contrôlée pensent retirer d'un actif incorporel doivent être pris en compte lors de la réalisation d'une analyse de comparabilité.

D.2.2. Comparaison des risques dans les cas de transferts d'actifs incorporels ou de droits sur des actifs incorporels

6.128 En vue d'une analyse de comparabilité portant sur le transfert d'actifs incorporels ou de droits sur des actifs incorporels, il convient de tenir compte des risques liés à la probabilité d'obtenir des avantages économiques issus des actifs incorporels, et d'analyser la répartition des risques entre les parties selon le cadre défini à la section D.1.2 du chapitre I. Les catégories de risques décrites ci-après devraient, notamment, entrer en ligne de compte pour décider si des transferts d'actifs incorporels ou de combinaisons d'actifs incorporels sont des transactions comparables, et si des actifs incorporels eux-mêmes sont comparables.

- Risques liés à l'évolution future des actifs incorporels. Les questions soulevées ici sont les suivantes : les actifs incorporels sont-ils à ce jour liés à des produits commercialement viables et pourraient-ils l'être à l'avenir? quel est le coût prévisionnel des futures activités de mise au point et de tests ? quelle est la probabilité que ces activités soient couronnées de succès ? et d'autres questions similaires. Il importe particulièrement de tenir compte des risques propres à la phase de mise au point lorsque les transactions portent sur le transfert d'actifs incorporels en cours de mise au point.
- Risques liés à l'obsolescence des produits et à la perte de valeur des actifs incorporels. Cette catégorie de risques renvoie à la probabilité que des concurrents lancent à l'avenir des produits et des services pouvant réduire de manière significative le marché des produits liés aux actifs incorporels soumis à l'analyse.
- Risques liés aux violations de droits sur des actifs incorporels. Cette catégorie de risques suppose d'évaluer plusieurs éléments : la probabilité que des tiers obtiennent

gain de cause après avoir fait valoir que des produits liés à des actifs incorporels portent atteinte à leurs propres droits sur des actifs incorporels ; le montant des frais probablement supportés pour se défendre en cas de poursuites de cette nature ; la probabilité que le titulaire de droits sur des actifs incorporels parvienne effectivement à empêcher des tiers de porter atteinte à ses droits ; le risque que des produits de contrefaçon n'abaissent la rentabilité des marchés visés ; et la probabilité que des dommages-intérêts importants soient accordés en cas de violation des droits.

- Responsabilité au titre des produits et risques similaires liés à l'utilisation future des actifs incorporels.

D.2.3. Ajustements de comparabilité concernant des transferts d'actifs incorporels ou de droits sur des actifs incorporels

6.129 Les prescriptions énoncées aux paragraphes 3.47 à 3.54 relatives aux ajustements de comparabilité s'appliquent aux transactions portant sur le transfert d'actifs incorporels ou de droits sur des actifs incorporels. Il importe de noter que les différences entre actifs incorporels peuvent avoir des conséquences économiques significatives et qu'il peut être difficile de réaliser de manière fiable l'ajustement requis. En particulier, lorsque les montants associés aux ajustements de comparabilité représentent un pourcentage élevé du prix de l'actif incorporel transféré, il peut être fondé de penser, selon les circonstances particulières du cas d'espèce, que le calcul de l'ajustement n'est pas fiable et que les actifs incorporels retenus ne sont en fait pas suffisamment comparables pour être pris en compte aux fins d'une analyse de prix de transfert valable. Si aucun ajustement de comparabilité fiable n'est possible, il peut être nécessaire de choisir une méthode de prix de transfert moins dépendante de l'identification d'actifs incorporels comparables ou de transactions comparables.

D.2.4. Utilisation de comparables issus de bases de données

6.130 La comparabilité et la possibilité de réaliser des ajustements de comparabilité revêtent une importance particulière dans l'examen des actifs incorporels potentiellement comparables et des taux de redevance tirés de bases de données commerciales ou de recueils spécifiques de contrats de licence ou d'accords similaires accessibles au public. Les principes énoncés à la section A.4.3.1 du chapitre III s'appliquent pleinement pour évaluer l'intérêt des transactions répertoriées dans ces sources. Il importe notamment d'évaluer si les informations publiques issues de bases de données du commerce et de recueils spécifiques sont suffisamment détaillées pour permettre d'évaluer les caractéristiques particulières des actifs incorporels qui peuvent s'avérer importantes dans la réalisation d'une analyse de comparabilité. Lors de l'examen de contrats de licence comparables issus de bases de données, les circonstances propres au cas d'espèce, y compris la méthodologie appliquée, doivent entrer en ligne de compte à la lumière des dispositions du paragraphe 3.38.

D.2.5. Sélection de la méthode de prix de transfert la plus appropriée aux transactions portant sur un transfert d'actifs incorporels ou de droits sur des actifs incorporels

6.131 Les prescriptions prévues par les présents Principes concernant le choix de la méthode de prix de transfert la plus appropriée aux circonstances du cas d'espèce sont énoncées aux paragraphes 2.1 à 2.11. Ces principes s'appliquent pleinement aux cas portant sur le transfert d'actifs incorporels ou de droits sur des actifs incorporels. Lors de la sélection de la méthode de prix de transfert la plus appropriée aux transactions portant sur un transfert d'actifs incorporels ou de droits sur des actifs incorporels, il convient d'accorder une attention particulière aux éléments suivants : (i) la nature des actifs incorporels concernés ; (ii) les difficultés rencontrées fréquemment, voire le plus souvent, pour identifier des transactions sur le marché libre et des actifs incorporels potentiellement comparables ; et (iii) la difficulté à appliquer certaines méthodes de prix de transfert décrites au chapitre II à des transactions portant sur un transfert d'actifs incorporels. Les questions examinées ci-après revêtent une importance particulière dans la sélection des méthodes de prix de transfert conformément aux Principes.

6.132 Lors de l'application des principes énoncés aux paragraphes 2.1 à 2.11 à des transactions portant sur le transfert d'actifs incorporels ou de droits sur des actifs incorporels, il importe de souligner que des transactions structurées de manière différente peuvent avoir des conséquences économiques similaires. Par exemple, la fourniture d'un service utilisant des actifs incorporels peut avoir des conséquences économiques très similaires à celles d'une transaction portant sur un transfert d'actif incorporel (ou de droits sur un actif incorporel) puisque, dans les deux cas, la valeur de l'actif incorporel peut être transmise au cessionnaire. En conséquence, lors de la sélection de la méthode de prix de transfert la plus appropriée à une transaction portant sur un transfert d'actifs incorporels ou de droits sur des actifs incorporels, il importe de prendre en compte les conséquences économiques de la transaction, plutôt que de suivre une classification arbitraire.

6.133 Ce chapitre établit clairement que, dans le cas de transactions portant sur le transfert d'actifs incorporels ou de droits sur des actifs incorporels, il est important de ne pas considérer simplement que la totalité du bénéfice résiduel, obtenu après déduction de revenus limités correspondant à la rémunération des fonctions exercées, devrait nécessairement être attribuée au propriétaire des actifs incorporels. La sélection de la méthode de prix de transfert la plus appropriée devrait s'appuyer sur une analyse fonctionnelle permettant une compréhension claire des processus opérationnels à l'échelle mondiale de l'entreprise multinationale concernée et de la manière dont les actifs incorporels transférés interagissent avec d'autres fonctions, actifs et risques constitutifs du fonctionnement à l'échelle mondiale de l'entreprise. L'analyse fonctionnelle devrait identifier les facteurs de création de valeur, qui peuvent notamment inclure les risques encourus, les caractéristiques du marché, le lieu considéré, les stratégies d'entreprise ou les synergies obtenues au sein d'un groupe d'entreprises multinationales. Tous les facteurs pertinents ayant une contribution significative à la création de valeur devraient entrer en ligne de compte lors de la sélection de la méthode de prix de transfert et lors de tout ajustement apporté à cette méthode sur le fondement de l'analyse de comparabilité.

6.134 Les principes énoncés aux paragraphes 2.11, 3.58 et 3.59 concernant l'utilisation de plusieurs méthodes de prix de transfert sont applicables aux transactions portant sur le transfert d'actifs incorporels ou de droits sur des actifs incorporels.

6.135 Les paragraphes 3.9 à 3.12 et le paragraphe 3.37 fournissent des principes relatifs à l'agrégation de transactions aux fins d'une analyse de prix de transfert. Ces principes s'appliquent pleinement aux transactions portant sur le transfert d'actifs incorporels ou de droits sur des actifs incorporels et sont complétés par les principes énoncés à la section C du présent chapitre. De fait, les transferts d'actifs incorporels concernent souvent un ensemble d'actifs incorporels, ou sont souvent associés à des transactions portant sur une vente de biens ou sur une prestation de services. Dans ce cas, l'analyse de prix de transfert la plus pertinente est probablement celle qui tient compte des relations étroites entre les différentes transactions agrégées de manière à améliorer la fiabilité de l'analyse.

D.2.6. Principes supplémentaires sur les méthodes de prix de transfert dans le cas de transactions portant sur le transfert d'actifs incorporels ou de droits sur des actifs incorporels

6.136 Selon les circonstances spécifiques du cas d'espèce, chacune des cinq méthodes de prix de transfert de l'OCDE décrites au chapitre II peut s'avérer être la plus appropriée lorsque la transaction porte sur le transfert contrôlé d'un ou de plusieurs actifs incorporels. Le recours à des méthodes alternatives peut également être approprié.

6.137 Lorsque l'analyse de comparabilité identifie des informations fiables concernant des transactions comparables sur le marché libre, la fixation de prix de pleine concurrence pour le transfert d'actifs incorporels ou de droits sur des actifs incorporels peut s'appuyer sur ces comparables, après avoir apporté les ajustements appropriés et fiables.

6.138 Toutefois, l'analyse de comparabilité (notamment l'analyse fonctionnelle) relative à des transferts d'actifs incorporels ou de droits sur des actifs incorporels révèlera souvent l'absence de transactions comparables sur le marché libre permettant d'établir le prix de pleine concurrence et les autres conditions d'une transaction. C'est le cas en particulier lorsque les actifs incorporels concernés présentent des caractéristiques uniques, ou s'ils revêtent une importance telle qu'ils ne sont transférés qu'entre entreprises associées. D'autres facteurs peuvent conduire à la même conclusion, en particulier l'absence de données disponibles concernant des transactions potentiellement comparables. Malgré les difficultés liées au manque de comparables fiables, il est généralement possible de fixer le prix de pleine concurrence et les autres conditions d'une transaction contrôlée.

6.139 Lorsqu'il est impossible d'identifier des informations fiables concernant des transactions comparables sur le marché libre, le principe de pleine concurrence conduit à appliquer une autre méthode de calcul du prix dont des tiers indépendants auraient convenu dans des circonstances comparables. En vue de ce calcul, les éléments suivants doivent entrer en ligne de compte :

- les fonctions exercées, les actifs détenus et les risques assumés par les parties à la transaction ;
- les motivations opérationnelles qui ont motivé la réalisation de la transaction ;
- les perspectives de chaque partie à la transaction et les options réalistes qui s'offrent à elle ;
- les avantages concurrentiels conférés par les actifs incorporels, notamment la rentabilité relative des produits et services, existants ou potentiels, liés aux actifs incorporels ;
- les avantages économiques escomptés de la réalisation de la transaction ;
- d'autres facteurs de comparabilité, tels que les caractéristiques des marchés locaux, les économies de localisation, le collectif de travail et les synergies obtenues au sein d'un groupe d'entreprises multinationales.

6.140 Lors de l'identification des prix et des autres conditions dont auraient convenu des tiers indépendants dans des circonstances comparables, il importe souvent d'identifier avec soin les aspects caractéristiques d'une transaction contrôlée qui découlent de la relation entre les parties. Les entreprises associées ne sont pas tenues de structurer leurs transactions précisément selon les modalités que des tiers indépendants auraient retenues. Toutefois, lorsque les modalités adoptées par des entreprises associées pour structurer leurs transactions diffèrent de celles habituellement retenues par des tiers indépendants, il convient de tenir compte des effets de ces structures sur les prix et les autres conditions des transactions dont des tiers indépendants auraient convenu dans des circonstances comparables, afin d'évaluer les avantages potentiellement retirés par chacune des parties dans des conditions de pleine concurrence.

6.141 Une attention particulière est de mise dans l'application de certaines méthodes de prix de transfert de l'OCDE à des transactions portant sur le transfert d'actifs incorporels ou de droits sur des actifs incorporels. Les méthodes unilatérales, y compris la méthode du prix de revente et la méthode transactionnelle de la marge nette, ne sont pas, en règle générale, des méthodes fiables aux fins de la valorisation directe d'actifs incorporels. Ces approches peuvent quelquefois être utilisées pour valoriser indirectement des actifs incorporels, en les utilisant pour attribuer à certaines fonctions des valeurs à partir desquelles est déduite la valeur résiduelle des actifs incorporels. Cependant, il est alors important de garder à l'esprit les principes exposés au paragraphe 6.133 et de veiller à ce que la totalité des fonctions, risques, actifs et autres facteurs contribuant à la génération de revenus soit correctement identifiée et évaluée.

6.142 L'utilisation de méthodes de prix de transfert cherchant à estimer la valeur d'un actif incorporel à partir du coût de mise au point de cet actif est généralement déconseillée. En effet, le coût de mise au point d'un actif incorporel est rarement corrélé avec sa valeur et son prix de transfert ultérieurs. En conséquence, il convient habituellement de renoncer aux méthodes de fixation des prix de transfert qui reposent sur le coût de mise au point d'un actif incorporel.

6.143 Toutefois, dans certains cas limités, les méthodes de prix de transfert fondées sur le coût estimatif de reproduction ou de remplacement de l'actif incorporel peuvent être employées. Ces approches peuvent s'avérer valables dans le cas de la mise au point d'actifs incorporels utilisés au titre d'activités internes (par exemple, des logiciels internes), en particulier lorsque les actifs incorporels concernés ne sont pas des actifs incorporels uniques et de valeur. Lorsque les actifs incorporels concernés sont liés à des produits déjà commercialisés, cependant, les méthodes fondées sur le coût de remplacement soulèvent d'importants problèmes de comparabilité. Il importe alors, entres autres questions à trancher, d'évaluer les effets sur la valeur des actifs incorporels de tout report du processus de mise au point. En effet, le premier entrant sur un marché retire souvent des avantages significatifs du lancement précoce d'un produit. En conséquence, la valeur d'un produit identique (et des actifs incorporels liés) développé ultérieurement sera inférieure à celle d'un produit de référence (et des actifs incorporels liés) déjà présent sur un marché. Dans ce cas, le coût de remplacement estimé ne fournira pas d'évaluation satisfaisante de la valeur d'un actif incorporel objet d'un transfert. De même, lorsqu'un actif incorporel fait l'objet de protections juridiques ou présente des caractéristiques d'exclusivité, la valeur découlant du droit d'exclure des concurrents de l'utilisation de l'actif incorporel ne sera pas reflétée par une analyse fondée sur le coût de remplacement. Les évaluations reposant sur les coûts ne sont généralement pas fiables lorsqu'elles sont utilisées pour déterminer le prix de pleine concurrence d'actifs incorporels en cours de développement.

6.144 Les dispositions du paragraphe 2.9A relatives à l'utilisation d'approches empiriques s'appliquent à la détermination d'un prix de transfert approprié pour toute transaction contrôlée, y compris en cas d'utilisation ou de transfert d'actifs incorporels. En conséquence, une méthode empirique ne peut pas être utilisée pour établir si un prix ou une répartition des revenus respecte bien les conditions de pleine concurrence, notamment dans le cas d'une répartition des revenus entre un cédant d'actifs incorporels et son cessionnaire.

6.145 Les méthodes de prix de transfert présentant la plus forte probabilité d'être utiles dans les situations de transferts d'un ou de plusieurs actifs incorporels sont la méthode du prix comparable sur le marché libre et la méthode transactionnelle du partage des bénéfices. Des techniques d'évaluation peuvent également s'avérer utiles. Des principes supplémentaires concernant les méthodes de prix de transfert ayant les plus fortes probabilités d'être utiles dans le cas de transferts d'actifs incorporels sont présentés ci-après.

D.2.6.1. Application de la méthode du prix comparable sur le marché libre

6.146 Lorsque des transactions comparables sur le marché libre ont été identifiées de manière fiable, la méthode du prix comparable sur le marché libre peut être appliquée pour déterminer les conditions de pleine concurrence d'un transfert d'actifs incorporels ou de droits sur des actifs incorporels. Les principes généraux figurant dans les paragraphes 2.13 à 2.20 s'appliquent lorsque la méthode du prix comparable sur le marché libre est utilisée en lien avec des transactions portant sur le transfert d'actifs incorporels. Lors de l'utilisation de la méthode du prix comparable sur le marché libre en lien avec le transfert d'actifs incorporels, il importe notamment de veiller à la comparabilité entre les actifs incorporels ou droits sur des actifs incorporels qui font l'objet de la transaction contrôlée et ceux faisant l'objet de transactions sur le marché libre potentiellement comparables. Les caractéristiques économiquement pertinentes ou les facteurs de comparabilité présentés dans la section D.1 du chapitre I doivent entrer en ligne de compte. Les éléments exposés dans les sections D.2.1à D.2.4 du présent chapitre revêtent une importance particulière pour l'évaluation de la comparabilité d'actifs incorporels particuliers faisant l'objet d'un transfert et pour la réalisation des ajustements de comparabilité, lorsque c'est possible. Il convient de garder à l'esprit que, bien souvent, lorsque des actifs incorporels sont concernés, l'identification de comparables fiables peut s'avérer difficile, voire impossible.

6.147 Dans certains cas, des actifs incorporels achetés par un groupe d'entreprises multinationales auprès d'entreprises indépendantes sont transférés, immédiatement après l'achat, à un membre du groupe en question au moyen d'une transaction contrôlée. Le prix payé pour les actifs incorporels fournira souvent (après les ajustements appropriés, notamment au titre des actifs acquis ne faisant pas l'objet d'un nouveau transfert) un comparable utile pour déterminer le prix de pleine concurrence de la transaction contrôlée selon la méthode du prix comparable sur le marché libre. Selon les faits et circonstances du cas d'espèce, le prix d'achat auprès du tiers pourra alors être utile pour déterminer le prix de pleine concurrence et les autres conditions de la transaction contrôlée, même si les actifs incorporels sont acquis indirectement au travers d'un achat de titres de participation, ou si le prix versé au tiers concerné pour acquérir des titres de participation ou des actifs dépasse la valeur comptable des actifs ainsi achetés. Les exemples 23 et 26 de l'annexe au chapitre VI illustrent le contenu du présent paragraphe.

D.2.6.2. Application des méthodes transactionnelles de partage des bénéfices [18]

6.148 Dans certains cas, une méthode transactionnelle du partage des bénéfices peut être utilisée pour déterminer les conditions de pleine concurrence d'un transfert d'actifs incorporels ou de droits sur des actifs incorporels lorsqu'il est impossible d'identifier des transactions comparables sur le marché libre. La section C du chapitre II contient des principes devant être pris en compte lors de l'utilisation de méthodes de partage des bénéfices. Ces principes sont pleinement applicables aux situations portant sur le transfert d'actifs incorporels ou de droits sur des actifs incorporels. Lors de l'évaluation de la fiabilité des méthodes transactionnelles de partage des bénéfices, il convient de tenir compte de la disponibilité de données fiables et appropriées relatives aux bénéfices combinés et à la répartition correcte des dépenses, d'une part, et de la fiabilité des paramètres utilisés pour répartir les bénéfices combinés, d'autre part.

6.149 Les méthodes transactionnelles de partage des bénéfices peuvent être appliquées en lien avec la vente de la totalité des droits sur des actifs incorporels. Comme dans les autres cas d'application de méthodes transactionnelles de partage des bénéfices, une analyse fonctionnelle complète, tenant compte des fonctions exercées, des actifs détenus et des risques assumés par chacune des parties est un élément essentiel de l'analyse. Lorsqu'une analyse transactionnelle du partage des bénéfices est fondée sur les dépenses et revenus prévisionnels, il importe de tenir compte des préoccupations relatives à l'exactitude de ces prévisions mentionnées à la section D.2.6.4.1.

6.150 Il est également parfois suggéré qu'une analyse de partage des bénéfices peut être appliquée aux transferts d'actifs incorporels en cours de mise au point. Aux fins d'une telle analyse, la valeur relative des contributions à la mise au point des actifs incorporels avant et après leur transfert peut être étudiée. Cela peut supposer que l'on cherche à amortir la contribution du cédant au titre de l'actif incorporel en cours de mise au point sur la durée d'utilité présumée de cette contribution, en faisant l'hypothèse d'une absence d'activités de mise au point ultérieures. Ces approches s'appuient en règle générale sur des estimations de flux de trésorerie et de bénéfices attendus après le transfert, et une fois menées à bien la phase de développement de l'actif incorporel.

6.151 Dans le cas d'actifs incorporels en cours de mise au point, la prudence est de mise lorsque des approches de partage des bénéfices sont utilisées soit pour évaluer les contributions des parties à la création des revenus au cours des années suivant le transfert, soit pour procéder à l'allocation des revenus futurs selon le principe de pleine concurrence. La contribution ou la valeur de travaux menés avant le transfert ne sont pas nécessairement corrélées au coût de ces travaux. Par exemple, un composé chimique pouvant déboucher sur une forme pharmaceutique à très fort potentiel commercial peut être mis au point dans un laboratoire pour un coût relativement modeste. De plus, une telle analyse de partage des bénéfices devrait prendre en compte toute une série de facteurs difficiles à évaluer. Il s'agit notamment des niveaux de risque relatifs et de la valeur des contributions des activités de recherche avant et après le transfert ; du risque relatif et de ses effets sur la valeur pour les autres activités de mise au point menées avant et après le transfert ; du taux d'amortissement approprié pour différentes contributions à la valeur de l'actif incorporel ; d'hypothèses concernant le calendrier de lancement de nouveaux produits potentiels ; ou de la valeur des contributions autres que celles provenant d'actifs incorporels à la génération effective des bénéfices. Dans ce contexte, les estimations des bénéfices et des flux de trésorerie peuvent s'avérer particulièrement incertaines. L'ensemble de ces facteurs peut conduire à s'interroger quant à la fiabilité d'une telle analyse de partage des bénéfices. Voir la section D.4 sur les actifs incorporels difficiles à valoriser.

6.152 Lorsque des droits partiels sur des actifs incorporels dont la phase de mise au point est achevée sont transférés sous la forme d'une licence ou d'une transaction similaire et qu'il est impossible d'identifier des transactions comparables sur le marché libre, une approche de partage des bénéfices peut souvent être utilisée pour évaluer les contributions respectives des parties à l'obtention des bénéfices combinés. La contribution aux bénéfices émanant des droits sur les actifs incorporels mis à disposition par le donneur de licence ou le cédant des droits serait, dans ce cas, l'un des facteurs contribuant à l'obtention des bénéfices après le transfert. Toutefois, d'autres facteurs devraient également être pris en compte, tout particulièrement les fonctions exercées et les risques assumés par le preneur de licence/cessionnaire. Parmi les autres facteurs pertinents entrant en ligne de compte, citons les autres actifs incorporels utilisés par le donneur de licence/cédant et par le preneur de licence/cessionnaire dans leurs activités respectives. Lors d'une telle analyse, il importe d'examiner avec soin les limites définies dans les conditions générales du transfert quant à l'utilisation des actifs incorporels par le preneur de licence/cessionnaire et quant aux droits du donneur de licence/cédant à utiliser ces actifs dans la poursuite de ses activités de recherche-développement. En outre, il peut être opportun d'évaluer les contributions du preneur de licence à l'augmentation de la valeur des actifs incorporels qui font l'objet de la licence. Dans cette approche, l'allocation des bénéfices dépendra des conclusions de l'analyse fonctionnelle, laquelle inclura une analyse des principaux risques encourus. Il ne faut pas présumer qu'une analyse de partage des bénéfices relative à un accord de licence doit conduire à allouer tous les bénéfices résiduels, après déduction des revenus correspondant à la rémunération des fonctions exercées, au donneur de licence/cédant.

D.2.6.3. Utilisation des techniques d'évaluation

6.153 Lorsque des transactions sur le marché libre comparables et fiables ne peuvent être identifiées pour le transfert d'un ou de plusieurs actifs incorporels, il est possible d'employer des techniques d'évaluation pour estimer le prix de pleine concurrence d'actifs incorporels transférés entre entreprises associées. En particulier, les techniques fondées sur l'évaluation des revenus, et plus précisément sur la valeur actualisée des flux de revenus ou de trésorerie futurs susceptibles d'être tirés de l'exploitation de l'actif incorporel objet de l'évaluation, peuvent s'avérer très utiles lorsqu'elles sont correctement utilisées. En fonction des faits et circonstances du cas d'espèce, les techniques d'évaluation peuvent être employées par les contribuables et les administrations fiscales soit dans le cadre de l'une des cinq méthodes de prix de transfert de l'OCDE exposées au chapitre II, soit comme une approche de travail utile pour déterminer un prix de pleine concurrence.

6.154 L'utilisation de techniques d'évaluation aux fins d'une analyse de prix de transfert portant sur le transfert d'actifs incorporels ou de droits sur des actifs incorporels doit se conformer au principe de pleine concurrence et aux prescriptions exposées dans les présents Principes. Il importe notamment de tenir compte des prescriptions énoncées aux chapitres I à III. Les principes relatifs aux options réalistes, aux caractéristiques économiquement pertinentes, notamment les risques assumés (voir section D.1 du chapitre I), et à l'agrégation des transactions (voir paragraphes 3.9 à 3.12) s'appliquent pleinement à l'utilisation des techniques d'évaluation en vue d'une analyse de prix de transfert. Par ailleurs, les règles exposées dans les présents Principes concernant la sélection de la méthode de détermination des prix de transfert s'appliquent pour décider de l'opportunité de recourir à ces techniques d'évaluation (voir paragraphes 2.1 à 2.11). Les principes exposés dans les sections A, B, C et D.1 du présent chapitre s'appliquent également lorsqu'il est envisagé d'employer des techniques d'évaluation.

6.155 Il est essentiel d'examiner les hypothèses et autres arguments qui sous-tendent toute application des techniques d'évaluation. L'application des principes comptables reconnus peut conduire à des hypothèses prudentes en matière d'évaluation et d'estimation de la valeur des actifs figurant au bilan d'une entreprise. Cette prudence propre à l'approche comptable peut se traduire par des définitions trop restrictives en vue de la fixation des prix de transfert ou par des approches d'évaluation qui ne sont pas toujours conformes au principe de pleine concurrence. Lors de la fixation des prix de transfert, il ne convient donc pas de considérer que des évaluations réalisées à des fins comptables reflètent nécessairement des valorisations ou des prix de pleine concurrence à moins d'avoir examiné en détail les hypothèses sous-jacentes. En particulier, les évaluations d'actifs incorporels issues d'affectations de prix d'acquisition effectuées à des fins comptables ne sont pas concluantes aux fins de la fixation des prix de transfert et devraient être utilisées avec prudence, après examen attentif des hypothèses sous-jacentes.

6.156 Les présents Principes n'ont pas pour finalité de fournir une présentation exhaustive des techniques d'évaluation utilisées par les spécialistes. Ils ne visent pas non plus à valider ou rejeter tel ou tel recueil de normes d'évaluation utilisé par ces spécialistes ou par les comptables, ni à décrire en détail ou à valider une ou plusieurs techniques ou méthodes d'évaluation comme étant particulièrement adaptées en vue d'une analyse des prix de transfert. Cependant, lorsque les techniques d'évaluation sont appliquées en tenant dûment compte des présents Principes, des circonstances spécifiques du cas d'espèce, des pratiques et principes d'évaluation reconnus, et en veillant à la validité des hypothèses qui sous-tendent l'évaluation et à leur conformité avec le principe de pleine concurrence, ces techniques peuvent s'avérer utiles pour conduire une analyse des prix de transfert en l'absence de transactions comparables sur le marché libre. Il convient toutefois de se référer aux paragraphes 6.142 et 6.143 pour ce qui concerne la fiabilité des techniques d'évaluation fondées sur les coûts de mise au point des actifs incorporels et leur application.

6.157 Les techniques d'évaluation consistant à estimer la valeur actualisée des flux de trésorerie futurs susceptibles d'être tirés de l'exploitation des actifs incorporels transférés peuvent être particulièrement utiles lorsqu'elles sont correctement appliquées. Ces techniques présentent de nombreuses variantes. D'une manière générale, la valeur de l'actif incorporel est évaluée à partir de la valeur estimée des flux de trésorerie futurs que l'actif est susceptible de générer durant le reste de sa durée d'utilité prévisionnelle. Sa valeur est estimée en calculant la valeur actualisée des flux de trésorerie attendus [19]. Cette approche suppose, entre autres conditions, de disposer de données fiables et réalistes en matière de prévisions financières, de taux de croissance, de taux d'actualisation, de durée d'utilité des actifs incorporels et d'effets fiscaux de la transaction. Elle exige en outre, lorsque nécessaire, la prise en compte des valeurs finales. En fonction des faits et circonstances du cas d'espèce, la valeur actualisée des flux de trésorerie susceptibles d'être tirés de l'exploitation d'un actif incorporel devrait être calculée du point de vue de chacune des parties pour parvenir à un prix de pleine concurrence. Le prix de pleine concurrence s'établira à l'intérieur de la plage de valeurs actualisées estimées selon le point de vue du cédant et du cessionnaire. Les exemples 27 à 29 qui figurent à l'annexe au chapitre VI illustrent le contenu du présent paragraphe.

D.2.6.4. Préoccupations propres à l'application de méthodes fondées sur la valeur actualisée des flux de trésorerie prévisionnels

6.158 Lors de l'application des techniques d'évaluation, y compris celles fondées sur les flux de trésorerie prévisionnels, il convient de tenir compte de la volatilité potentielle des estimations de valeur obtenues. De légères modifications apportées à l'une des hypothèses qui sous-tendent le modèle d'évaluation ou à un ou plusieurs paramètres de l'évaluation peuvent conduire à de grandes variations de la valeur estimée de l'actif incorporel fournie par le modèle. Un faible changement dans le pourcentage du taux d'actualisation ou dans celui des taux de croissance retenus pour établir les prévisions financières, ou une petite modification apportée aux hypothèses relatives à la durée d'utilité de l'actif incorporel peuvent profondément altérer l'évaluation définitive. En outre, cette volatilité est souvent amplifiée lorsque des changements concernent simultanément deux hypothèses ou paramètres, voire davantage.

6.159 La fiabilité de l'estimation de la valeur d'un actif incorporel obtenue à partir d'un modèle d'évaluation dépend tout particulièrement de la fiabilité des hypothèses sous-jacentes et du fait que l'évaluateur ait fait preuve d'une diligence raisonnable et d'un jugement sûr dans la validation des hypothèses retenues et dans l'estimation des paramètres employés.

6.160 Le rôle déterminant des hypothèses sous-jacentes et des paramètres d'évaluation justifie que les contribuables et les administrations fiscales qui utilisent des techniques d'évaluation pour déterminer les prix de pleine concurrence d'actifs incorporels transférés doivent : décrire expressément chaque hypothèse utilisée dans la construction du modèle d'évaluation; énoncer les principes suivis lors du choix des paramètres d'évaluation; et se tenir prêts à soutenir le caractère raisonnable des hypothèses et paramètres d'évaluation considérés. De plus, à titre de bonne pratique, les contribuables qui utilisent des techniques d'évaluation devraient inclure dans leur documentation relative aux prix de transfert une analyse de sensibilité montrant les effets que des changements dans les hypothèses et les paramètres retenus auraient sur la valeur estimée des actifs incorporels concernés.

6.161 En vue d'estimer la fiabilité d'un modèle d'évaluation, il peut être approprié de connaître la finalité première de l'évaluation et d'examiner les hypothèses et paramètres d'évaluation retenus dans le cadre de différentes évaluations conduites par le contribuable à des fins autres que fiscales. Il serait souhaitable que l'administration fiscale concernée demande des explications concernant toute incohérence entre les hypothèses utilisées pour évaluer un actif incorporel en vue de déterminer des prix de transfert et celles utilisées à d'autres fins. Par exemple, une telle demande est appropriée lorsqu'une entreprise a utilisé des taux d'actualisation élevés lors d'une analyse de prix de transfert tandis qu'elle utilise habituellement des taux plus faibles pour évaluer des projets potentiels de fusions et d'acquisitions. Il en va de même lorsqu'il est affirmé que certains actifs incorporels ont une durée d'utilité réduite alors que, dans les prévisions réalisées dans d'autres contextes opérationnels, des actifs incorporels liés produisent des flux de trésorerie après la fin de la « durée d'utilité » annoncée en vue de la fixation des prix de transfert. Les évaluations utilisées par un groupe d'entreprises multinationales lorsque celui-ci prend ses décisions opérationnelles peuvent être plus fiables que celles menées aux seules fins d'une analyse des prix de transfert.

6.162 Les sections ci-après identifient plusieurs caractéristiques devant entrer en ligne de compte dans l'évaluation de certaines hypothèses importantes qui sous-tendent les calculs d'un modèle d'évaluation fondé sur l'actualisation des flux de trésorerie. Elles permettent de déterminer si une technique d'évaluation donnée a été appliquée de manière fiable. Indépendamment des diverses préoccupations décrites ci-dessus et présentées en détail dans les paragraphes suivants, selon les circonstances, l'application d'une telle technique d'évaluation, que ce soit dans le cadre de l'une des cinq méthodes des prix de transfert de l'OCDE ou comme une approche de travail utile, peut s'avérer plus fiable que n'importe quelle méthode de prix de transfert, en particulier en l'absence de transactions comparables sur le marché libre.

D.2.6.4.1. Degré d'exactitude des prévisions financières

6.163 La fiabilité de l'évaluation d'un actif incorporel transféré obtenue par des techniques d'évaluation fondées sur l'actualisation des flux de trésorerie dépend de l'exactitude des prévisions de flux de trésorerie et de revenus futurs sur lesquelles repose cette évaluation. Toutefois, l'exactitude des prévisions financières étant subordonnée à des évolutions du marché à la fois inconnues et imprévisibles à la date de l'évaluation, ce qui explique la nature incertaine des prévisions, il est essentiel que les contribuables et les administrations fiscales examinent avec soin les hypothèses qui sous-tendent les prévisions relatives aux revenus et aux dépenses à venir.

6.164 Il peut être particulièrement important de connaître l'origine et la finalité des prévisions financières pour procéder à leur évaluation. Certains contribuables réalisent des prévisions financières de manière régulière au titre de la planification de leurs activités, notamment parce que la direction de l'entreprise concernée s'appuie sur ces prévisions pour prendre des décisions de nature commerciale ou en matière d'investissement. Il est fréquent que les prévisions établies par une entreprise dans une finalité de planification non fiscale soient plus fiables que celles réalisées aux seules fins fiscales ou aux seules fins d'une analyse de prix de transfert.

6.165 La durée couverte par les prévisions entre également en ligne de compte pour évaluer la fiabilité de celles-ci. Plus la période durant laquelle un actif incorporel est censé générer des flux de trésorerie positifs est étendue, moins est probable que les prévisions de revenus et de dépenses soient fiables.

6.166 Un autre élément de l'évaluation de la fiabilité des prévisions consiste à déterminer si le rendement des actifs incorporels et des produits et services qui leur sont liés a été clairement établi sur le plan financier. La prudence est toujours de mise avant de considérer que les résultats obtenus par le passé sont un indicateur fiable pour l'avenir, puisque de nombreux facteurs sont susceptibles de changer. Cependant, les résultats d'exploitation obtenus par le passé peuvent fournir des indications utiles sur le rendement à venir des produits et services liés aux actifs incorporels. Les prévisions relatives à des produits et services qui n'ont pas encore été commercialisés ou sont en cours de mise au point sont par nature moins fiables que celles qui s'appuient sur un historique de données.

6.167 La décision d'inclure ou non les coûts de mise au point dans les prévisions de flux de trésorerie doit tenir compte de la nature de l'actif incorporel transféré. Certains actifs incorporels peuvent avoir une durée d'utilité indéterminée et faire l'objet d'activités de mise au point continues. Dans ce cas, il est opportun d'inclure les coûts futurs de mise au point dans les prévisions de flux de trésorerie. Dans d'autres cas, comme dans celui des brevets, les prévisions portent sur un actif incorporel dont la phase de mise au point est terminée et qui ne constitue pas un socle pour la mise au point de nouveaux actifs incorporels. Dans cette situation, les coûts de mise au point ne devraient pas être inclus dans les prévisions de flux de trésorerie relatives à l'actif incorporel transféré.

6.168 Lorsque, pour les raisons mentionnées ci-dessus ou pour quelque autre motif, il est fondé de penser que les prévisions qui sous-tendent l'évaluation manquent de fiabilité ou sont incertaines, il importe de consulter les indications figurant à la section D.3.

D.2.6.4.2. Hypothèses relatives aux taux de croissance

6.169 Le taux de croissance prévisionnel est un paramètre clé pour certaines prévisions de flux de trésorerie et doit à ce titre être examiné avec soin. Les prévisions de flux de trésorerie sont souvent fondées sur les flux de trésorerie existants (ou sur les premiers flux de trésorerie suivant le lancement du produit pour les actifs incorporels en cours de développement) multipliés par un pourcentage de taux de croissance. Dans ce cas, le mode de calcul du taux de croissance doit être étudié. En particulier, il est rare que les revenus tirés d'un produit donné augmentent selon un taux de croissance fixe sur une longue période. Il importe de faire preuve de prudence et de ne pas accepter trop rapidement des modèles simples utilisant des taux de croissance fixes alors que ce choix n'est justifié ni par une expérience acquise avec des produits et sur des marchés similaires, ni par des prévisions raisonnables sur la conjoncture commerciale à venir. En règle générale, une technique d'évaluation fondée sur des prévisions de flux de trésorerie futurs est mise en œuvre de manière fiable lorsqu'elle s'appuie sur une étude des tendances d'évolution des revenus et des dépenses réalisée à partir de l'expérience acquise dans le secteur et dans l'entreprise pour des produits similaires.

D.2.6.4.3. Taux d'actualisation

6.170 Le ou les taux d'actualisation employés pour calculer la valeur actualisée des flux de trésorerie prévisionnels sont un élément central d'un modèle d'évaluation. Le taux d'actualisation prend en compte la valeur temps de l'argent et les risques ou incertitudes relatifs aux flux de trésorerie prévisionnels. De légers changements apportés à certains taux d'actualisation pouvant déboucher sur de fortes variations de la valeur des actifs incorporels calculée grâce à ces techniques, il est essentiel que les contribuables et les administrations fiscales prêtent une grande attention aux analyses conduites et aux hypothèses retenues lors du choix du ou des taux d'actualisation employés dans le modèle d'évaluation.

6.171 Il n'existe pas d'approche unique pour établir un taux d'actualisation approprié dans tous les cas aux fins de la fixation des prix de transfert. Les contribuables et les administrations fiscales ne devraient pas considérer qu'un taux d'actualisation fondé sur l'approche du coût moyen pondéré du capital ou sur toute autre approche peut être utilisé dans toutes les analyses relatives aux prix de transfert pour lesquelles le calcul des taux d'actualisation appropriés est important. En effet, la détermination du taux d'actualisation approprié passe par un examen des circonstances, des risques et des flux de trésorerie propres à chaque cas d'espèce.

6.172 Lors de la fixation et de l'évaluation des taux d'actualisation, il importe de reconnaître que, dans certains cas, notamment si l'évaluation porte sur des actifs incorporels en cours de mise au point, les actifs incorporels figurent parmi les composantes les plus risquées de l'activité du contribuable. Il convient également d'avoir à l'esprit que certaines activités sont par nature plus risquées que d'autres et que certains flux de trésorerie présentent naturellement une volatilité plus forte que d'autres. Par exemple, la probabilité que les dépenses prévues pour la recherche-développement soient effectivement engagées peut être supérieure à celle de voir les prévisions de revenus effectivement atteintes. Les taux d'actualisation devraient donc refléter les niveaux de risque de l'ensemble des activités ainsi que la volatilité des différents flux de trésorerie prévus en tenant compte des circonstances propres à chaque cas d'espèce.

6.173 Certains risques pouvant être pris en compte tant lors de l'établissement des prévisions financières que lors de la fixation du taux d'actualisation, on veillera à ne pas comptabiliser ces risques à double titre lors des calculs d'actualisation.

D.2.6.4.4. Durée d'utilité des actifs incorporels et valeurs finales

6.174 Les techniques d'évaluation sont souvent fondées sur des prévisions des flux de trésorerie générés par l'exploitation de l'actif incorporel pendant sa durée d'utilité. Dans ce cas, la définition de la durée d'utilité réelle de l'actif incorporel est l'une des hypothèses clés qui sous-tendent le modèle d'évaluation.

6.175 La durée d'utilité prévisionnelle d'un actif incorporel doit être établie en examinant l'ensemble des faits et circonstances du cas d'espèce. La durée d'utilité d'un actif incorporel peut dépendre notamment de la nature et de la durée des protections juridiques dont il bénéficie. Elle peut également dépendre du rythme des évolutions technologiques et d'autres facteurs qui ont une incidence sur les conditions de concurrence dans l'environnement économique considéré. Voir à ce propos la section D.2.1.4.

6.176 Dans certains cas, des actifs incorporels peuvent continuer à alimenter les flux de trésorerie pendant plusieurs années après l'expiration des protections juridiques ou après le retrait du marché des produits qui leur étaient spécifiquement liés. Cela peut être notamment le cas lorsqu'une génération d'actifs incorporels constitue le socle de la mise au point des générations suivantes d'actifs incorporels et de nouveaux produits. Dans ce cas, il peut être justifié d'attribuer une fraction des flux de trésorerie générés par de nouveaux produits encore à l'état de projet à des actifs incorporels parvenus, quant à eux, au terme de leur durée d'utilité. Il convient par ailleurs de reconnaître que, si certains actifs incorporels ont une durée d'utilité indéterminée au moment de l'évaluation, cela ne signifie pas pour autant que des revenus exceptionnels leur seront indéfiniment attribuables.

6.177 À cet égard, lorsqu'un actif incorporel alimente des flux de trésorerie au-delà de la période couverte par les prévisions financières raisonnables, on pourra être amené à calculer la valeur finale des flux de trésorerie générés par cet actif. Si une évaluation utilise des valeurs finales, les hypothèses formulées pour leur calcul doivent être clairement énoncées et les hypothèses sous-jacentes examinées en détail, notamment pour ce qui concerne les taux de croissance.

D.2.6.4.5. Hypothèses relatives à l'imposition

6.178 Lorsque la technique d'évaluation vise à isoler les flux de trésorerie prévisionnels générés par un actif incorporel, il peut être nécessaire d'évaluer et de quantifier les effets sur les prévisions de flux de trésorerie des futurs impôts sur les bénéfices prévisionnels. Les éléments fiscaux à prendre en compte couvrent notamment : (i) les impôts prévisionnels qui devraient grever les futurs flux de trésorerie; (ii) les réductions d'impôt liées à l'amortissement fiscal dont le cessionnaire pourrait, le cas échéant, bénéficier; (iii) les impôts que le cédant devrait, le cas échéant, acquitter au titre du transfert.

D.2.7. Conditions de paiement

6.179 Les contribuables disposent d'une grande latitude concernant les conditions de paiement des actifs incorporels transférés. Lors d'une transaction entre parties indépendantes, ces paiements prennent souvent la forme d'un versement unique pour un montant forfaitaire. Il est également fréquent d'observer des versements périodiques pendant une durée déterminée. Les accords portant sur des versements périodiques peuvent donner lieu soit à une série de paiements partiels d'un montant égal, soit à des paiements conditionnels dont le montant varie en fonction du volume de vente des produits liés aux actifs incorporels, de la rentabilité, ou d'un autre paramètre. Les principes énoncés dans la section D.1.1 du chapitre I devraient être suivis lors de l'analyse des accords conclus par un contribuable en matière de conditions de paiement.

6.180 Lors de l'examen des dispositions relatives aux conditions de paiement prévues par les accords conclus par un contribuable, il convient de souligner que certaines modalités de paiement supposent des risques plus ou moins importants pour l'une des parties. Par exemple, un paiement conditionné aux ventes ou bénéfices à venir suppose généralement un risque plus élevé pour le cédant que le versement unique d'un montant forfaitaire ou qu'une série de paiements partiels d'un montant égal, du fait de l'existence d'une condition. Les conditions de paiement retenues doivent être appropriées au regard des faits et circonstances du cas d'espèce, y compris les accords conclus par écrit, le comportement effectif des parties et la capacité des parties à gérer et assumer les risques de paiement correspondants. En particulier, le montant des paiements prévus devrait tenir compte de la valeur temps de l'argent et des éléments de risque propres aux conditions de paiement choisies. Par exemple, si une technique d'évaluation est appliquée pour calculer la valeur forfaitaire actualisée d'un actif incorporel transféré et qu'un contribuable choisit un paiement conditionné aux ventes à venir, le taux d'actualisation employé pour convertir l'évaluation forfaitaire en un flux de paiements conditionnés par les ventes pendant la durée d'utilité de l'actif transféré devrait tenir compte, d'une part, du risque accru pour le cédant si les ventes ne se réalisent pas et donc si les paiements n'interviennent pas et, d'autre part, des conséquences, en termes de valeur temps de l'argent, du report des paiements sur les années suivantes.

D.3. Détermination du prix de pleine concurrence de transactions impliquant des actifs incorporels pour lesquels l'évaluation est très incertaine au moment de la transaction

6.181 Les actifs incorporels ou les droits sur des actifs incorporels possèdent parfois des caractéristiques très spécifiques, de sorte qu'il est difficile de trouver des éléments de comparaison et, dans certains cas, d'évaluer la valeur d'un actif incorporel au moment où il fait l'objet d'une transaction. Lorsque l'évaluation d'un actif incorporel ou des droits sur un actif incorporel pouvant être effectuée au moment de la transaction est très incertaine, le problème qui se pose est de savoir comment déterminer le prix de pleine concurrence. La solution consiste, tant pour le contribuable que pour l'administration fiscale, à se référer à la manière dont des entreprises indépendantes auraient procédé dans des circonstances comparables pour tenir compte, dans la fixation du prix de la transaction, de l'incertitude entourant l'évaluation. C'est pour cette raison que les principes et le processus recommandés dans la section D du chapitre I, ainsi que les principes énoncés au chapitre III, tel que complété par les directives du présent chapitre pour mener une analyse de comparabilité, sont pertinents.

6.182 En fonction des faits et des circonstances, des entreprises indépendantes peuvent adopter différents mécanismes pour faire face à ce problème de grande incertitude de l'évaluation d'un actif incorporel pouvant être effectuée au moment de la transaction. Ainsi, l'une des possibilités consiste à fixer le prix dès le départ sur la base des avantages escomptés (compte tenu des divers facteurs économiques). Pour déterminer les avantages escomptés, des entreprises indépendantes rechercheraient dans quelle mesure l'évolution future est envisageable et prévisible. Dans certains cas, des entreprises indépendantes jugeront que les mises au point sont suffisamment prévisibles et que, par conséquent, les prévisions d'avantages sont suffisamment fiables pour que le prix de la transaction soit fixé dès le départ en fonction de ces prévisions, sans se réserver le droit de procéder à des ajustements à l'avenir.

6.183 Dans d'autres cas, des entreprises indépendantes jugeront que la fixation du prix uniquement sur la base des avantages escomptés ne permet pas de se prémunir suffisamment contre les risques liés à la forte incertitude qui entoure l'évaluation de l'actif incorporel. Des entreprises indépendantes pourront alors opter par exemple pour des contrats de plus courte durée ou de faire figurer dans leurs contrats des clauses de révision des prix, ou d'adopter une structure de paiement impliquant des paiements conditionnels, de façon à se prémunir contre des événements insuffisamment prévisibles. À ces fins, un accord impliquant des paiements conditionnels est tout accord sur le prix dans lequel le montant ou le calendrier des paiements est tributaire d'événements éventuels, notamment la réalisation des seuils financiers prédéterminés comme les ventes ou les bénéfices, ou d'étapes de développement prédéterminées (par exemple une redevance ou des versements d'étape périodiques). Ainsi, le taux de la redevance pourra être relevé à mesure qu'augmentent les ventes du licencié, ou des paiements supplémentaires pourraient intervenir au moment où certains objectifs de développement sont atteints avec succès. Pour un transfert des actifs incorporels ou des droits sur des actifs incorporels à un stade où ils ne sont pas prêts à être commercialisés, mais exigent la poursuite de leur mise au point, les modalités de paiement adoptées par des parties indépendantes sur le transfert initial, pourraient inclure la détermination de montants conditionnels supplémentaires qui ne seraient exigibles qu'au moment où les étapes spécifiées auront été réalisées au cours de leur mise au point ultérieure.

6.184 On peut également imaginer que des entreprises indépendantes décident d'assumer le risque d'événements imprévisibles. Cependant, l'éventualité d'événements majeurs ou de développements imprévus pour les parties au moment de la transaction ou d'événements ou développements prévus et considérés comme ayant une faible probabilité d'occurrence modifiant les hypothèses fondamentales retenues pour la fixation du prix, peut donner lieu à une renégociation du prix d'un commun accord et à leur avantage mutuel. Par exemple, une telle renégociation pourrait être conforme à des conditions de pleine concurrence si un taux de redevance calculé en fonction des ventes d'un médicament breveté se révélait tout à fait excessif en raison de la mise au point inattendue d'un nouveau traitement très bon marché. Du fait du niveau excessif de la redevance, le licencié pourra n'avoir plus aucun intérêt à fabriquer où à vendre le médicament, ce qui pourra justifier une renégociation du contrat par le licencié. Il peut arriver que le donneur de licence ait un intérêt à maintenir le médicament sur le marché et de conserver le même licencié pour la fabrication ou la vente de ce médicament, et ce en raison des compétences et de l'expertise du licencié ou d'une relation de coopération de longue date entre eux. Dans ces circonstances, les parties pourraient prospectivement renégocier à leur avantage mutuel tout ou partie de l'accord et fixer un taux de redevance plus faible. En tout état de cause, si la renégociation avait lieu, elle dépendrait de tous les faits et circonstances de chaque cas.

6.185 Dans le cas où, dans des circonstances comparables, des entreprises indépendantes auraient opté pour la mise en place d'un mécanisme pour faire face à la forte incertitude qui entoure l'évaluation de l'actif incorporel (par exemple une clause de révision des prix), l'administration fiscale doit avoir la possibilité de déterminer le prix d'une transaction impliquant un actif incorporel ou des droits sur un actif incorporel sur la base d'un tel mécanisme. De même, dans le cas où des entreprises indépendantes, dans des circonstances comparables, auraient jugé imprévisibles des événements ultérieurs si fondamentaux que leur survenance aurait abouti à une renégociation pour l'avenir du prix fixé pour une transaction, ces événements devraient également conduire à modifier le prix d'une transaction comparable entre entreprises associées.

D.4. Actifs incorporels difficiles à valoriser

6.186 Une administration fiscale peut éprouver des difficultés à établir ou à vérifier quels sont les développements ou événements qui peuvent être considérés comme pertinents pour déterminer le prix d'une transaction impliquant le transfert d'actifs incorporels ou des droits sur des actifs incorporels et à déterminer dans quelle mesure la concrétisation de ces développements ou événements ou leur orientation pourrait avoir été prévue ou être raisonnablement prévisible au moment où la transaction a été conclue. Les développements ou événements qui peuvent être pertinents pour l'évaluation d'un actif incorporel sont, le plus souvent, étroitement liés à l'environnement commercial dans lequel l'actif incorporel est développé ou exploité. Par conséquent, l'évaluation permettant de déterminer quels sont les développements ou événements pertinents et de déterminer si l'orientation de ces développements ou événements aurait pu être prévue ou était raisonnablement prévisible nécessite des connaissances spécifiques, une expertise et une approche de l'environnement commercial dans lequel l'actif incorporel est développé ou exploité. En outre, les évaluations qu'il est prudent d'effectuer lors de l'évaluation du transfert d'actifs incorporels ou de droits sur des actifs incorporels dans le cadre d'une transaction sur le marché libre, ne peuvent pas être considérées comme nécessaires ni utiles à des fins autres que les prix de transfert par un groupe d'entreprises multinationales lorsque le transfert à lieu au sein du groupe, ce qui aboutit à des évaluations qui peuvent être incomplètes. Par exemple, une entreprise peut transférer un actif incorporel, à un stade précoce du développement, à une entreprise associée, fixer une redevance qui ne reflète pas la valeur de l'actif incorporel au moment du transfert et faire valoir plus tard qu'il n'était pas possible, au moment du transfert, de prévoir avec certitude le succès qu'a eu le produit. La différence entre la valeur *ex ante* et la valeur *ex post* d'un actif incorporel serait par conséquent attribuée par le contribuable à des développements plus favorables que prévu. L'expérience générale des administrations fiscales dans ces situations montre qu'elles n'ont pas les connaissances commerciales spécifiques ni l'accès aux informations pour leur permettre d'examiner la demande du contribuable et de démontrer que la différence entre la valeur *ex ante* et la valeur *ex post* de l'actif incorporel résulte d'hypothèses de fixation des prix non conformes au principe de pleine concurrence avancées par le contribuable. Au contraire, les administrations fiscales qui cherchent à examiner les demandes du contribuable sont largement tributaires des documents et informations fournis par le contribuable. Ces situations associées à l'asymétrie des informations entre les contribuables et les administrations fiscales peuvent être risquées dans le cadre des prix de transfert. Voir le paragraphe 6.191.

6.187 Dans ces situations impliquant le transfert d'un actif incorporel ou des droits sur un actif incorporel, les résultats *ex post* peuvent servir de point de départ aux administrations fiscales pour constater que le prix de la transaction *ex ante* est conforme au principe de pleine concurrence convenu entre des entreprises associées et qu'il existait des incertitudes au moment de la transaction. En l'absence de différences entre les projections *ex ante* et les résultats *ex post,* qui ne résultent pas de développements ou d'événements imprévisibles, les différences peuvent indiquer que le prix de la transaction convenu par des entreprises associées au moment où la transaction a été conclue peut ne pas avoir tenu compte de manière appropriée des développements ou événements pertinents qui pourraient avoir affecté la valeur de l'actif incorporel et les prix fixés dans les transactions.

6.188 En réponse aux problèmes soulevés ci-dessus, cette section propose une approche conforme au principe de pleine concurrence que les administrations fiscales peuvent adopter pour pouvoir déterminer les situations dans lesquelles les prix fixés pour les transactions, déterminés par les contribuables, sont conformes au principe de pleine concurrence et reposent sur une pondération adéquate des développements ou événements prévisibles, qui sont pertinents pour l'évaluation de certaines actifs incorporels difficiles à valoriser et les situations dans lesquelles ce n'est pas le cas. Dans le cadre de cette approche, les éléments probants *ex post* fournissent une présomption de preuve quant à l'existence d'incertitudes au moment de la transaction, permettant de déterminer si le contribuable a tenu compte de manière appropriée des développements ou événements raisonnablement prévisibles au moment de la transaction et de la fiabilité des informations utilisées *ex ante* pour déterminer le prix de transfert applicable au transfert de ces actifs incorporels ou de ces droits sur les actifs incorporels Cette présomption de preuve peut être réfutée, comme indiqué aux paragraphes 6.193 et 6.194, s'il est possible de démontrer qu'elle n'affecte pas la détermination précise du principe de pleine concurrence. Cette situation doit être distinguée de la situation dans laquelle on utilise l'appréciation a posteriori en prenant les résultats *ex post* à des fins d'évaluation fiscale sans se demander si les informations sur lesquelles sont fondés les résultats *ex post* auraient pu ou dû être raisonnablement connues par les entreprises associées au moment de conclure la transaction.

6.189 L'expression « actifs incorporels difficiles à valoriser » désigne des actifs incorporels ou des droits sur des actifs incorporels pour lesquels, au moment du transfert entre des entreprises associées, (i) il n'existe pas de comparables fiables et (ii) au moment de la conclusion de la transaction, les prévisions des flux de trésorerie ou de revenus futurs susceptibles d'être tirés de l'actif incorporel transféré ou les hypothèses utilisées pour évaluer l'actif incorporel sont très incertaines, et rendent difficile la prévision du niveau de réussite finale de l'actif incorporel au moment du transfert.

6.190 Les transactions impliquant le transfert ou l'utilisation des actifs incorporels difficiles à valoriser décrits au paragraphe 6.189 peuvent présenter une ou plusieurs des caractéristiques suivantes :

- L'actif incorporel n'est développé que partiellement au moment du transfert ;
- Il n'est pas prévu d'exploiter commercialement l'actif incorporel avant plusieurs années après la transaction ;
- L'actif incorporel ne rentre pas lui-même dans le cadre de la définition de l'actif incorporel du paragraphe 6.189 mais il fait partie intégrante de la mise au point ou de l'amélioration d'autres actifs incorporels qui rentrent dans le champ d'application de la définition des actifs incorporels difficiles à valoriser ;
- Il est prévu d'exploiter l'actif incorporel d'une manière qui est nouvelle au moment du transfert et l'absence d'expérience du développement ou de l'exploitation d'actifs incorporels similaires rend les prévisions très incertaines ;
- L'actif incorporel, selon la définition des actifs incorporels difficiles à valoriser du paragraphe 6.189, a été transféré à une entreprise associée en échange du paiement d'une somme forfaitaire ;
- L'actif incorporel est utilisé ou développé dans le cadre d'un ARC ou d'accord similaires.

6.191 En ce qui concerne ces actifs incorporels, l'asymétrie des informations entre le contribuable et les administrations fiscales, notamment les informations prises en compte par le contribuable pour déterminer le prix de la transaction, peut revêtir une importance particulière et peut aggraver les difficultés des administrations fiscales à vérifier le principe de pleine concurrence à partir duquel le prix a été déterminé, pour les raisons évoquées au paragraphe 6.186. Par conséquent, l'administration fiscale éprouvera des difficultés à effectuer une évaluation du risque à des fins de prix de transfert, à évaluer la fiabilité des informations sur lesquelles se fondent le prix déterminé par le contribuable ou à examiner si l'actif incorporel ou les droits sur les actifs incorporels ont été transférés à un prix sous-évalué ou surévalué par rapport au prix de pleine concurrence jusqu'à ce que les résultats *ex post* soient connus au cours des années suivant le transfert.

6.192 Dans ces circonstances, l'administration fiscale peut considérer les résultats *ex post* comme une présomption d'éléments probants relatifs au bien-fondé des accords de prix *ex ante*. Néanmoins, la prise en compte des éléments probants *ex post* doit reposer sur la détermination que ces éléments probants doivent être pris en compte pour évaluer la fiabilité des informations qui ont servi de base au calcul du prix *ex ante*. Lorsque l'administration fiscale est en mesure de confirmer la fiabilité des informations sur lesquelles se fonde le prix *ex ante*, nonobstant l'approche décrite dans cette section, des ajustements reposant sur les niveaux de bénéfices *ex post* doivent alors être effectués. Lors de l'évaluation des accords de prix *ex ante*, l'administration fiscale est autorisée à utiliser les éléments probants *ex post* relatifs aux résultats financiers pour déterminer les accords de prix de pleine concurrence, notamment les accords de prix éventuels, qui auraient été conclus entre des entreprises indépendantes au moment de la transaction, en tenant compte des orientations du paragraphe 6.185. En fonction des faits et circonstances du cas d'espèce et en tenant compte des orientations de la section B.5 du chapitre III, une analyse des informations sur plusieurs années peut convenir à l'application de cette approche.

6.193 Cette approche ne s'appliquera pas aux transactions impliquant le transfert ou l'utilisation d'actifs incorporels difficiles à valoriser rentrant dans le champ d'application du paragraphe 6.189, si au moins l'une des exceptions suivantes s'applique :

i) Le contribuable fournit :

   1. Les informations détaillées des prévisions *ex ante* utilisées au moment du transfert pour déterminer les accords de prix, notamment les modalités de prise en compte des risques dans les calculs pour déterminer le prix (par exemple, pondération selon les probabilités) et le bien-fondé de sa prise en compte des événements raisonnablement prévisibles et des autres risques ainsi que la probabilité de réalisation, et

   2. Des preuves fiables que la différence significative entre les prévisions financières et les résultats réels est due à : a) des développements ou événements imprévisibles survenant après la détermination du prix, que les entreprises associées ne pouvaient pas prévoir au moment de la transaction ou b) la réalisation de la probabilité d'occurrence des résultats prévisibles et au fait que ces probabilités n'étaient pas sous-estimées ou surestimées de manière significative au moment de la transaction.

ii) Le transfert des actifs incorporels difficiles à valoriser est couvert par un accord préalable en matière de prix bilatéral ou multilatéral, en vigueur pour la période concernée entre les pays du cessionnaire et du cédant;

iii) Toute différence significative entre les projections financières et les résultats réels mentionnés au (i).2 ci-dessus n'a pas pour effet de réduire ou d'augmenter la rémunération des actifs incorporels difficiles à valoriser de plus de 20% par rapport à la rémunération définie au moment de la transaction;

iv) Une durée de commercialisation de 5 ans s'est écoulée après l'année au cours de laquelle l'actif incorporel difficile à valoriser a généré pour la première fois des revenus d'une partie non liée pour le cessionnaire et pendant cette période de commercialisation, une différence significative entre les prévisions financières et les résultats réels mentionnés au (i).2 ci-dessus n'a pas excédé de plus de 20% les prévisions pour cette période[20].

6.194 La première exception signifie que, même si des éléments probants *ex post* sur les résultats financiers fournissent des informations pertinentes aux administrations fiscales pour examiner le bien-fondé des accords de prix *ex ante*, dans les circonstances où le contribuable peut démontrer de manière satisfaisante ce qui était prévisible au moment de la transaction et pris en compte dans les hypothèses de prix, et démontrer que les développements se traduisant par une différence entre les prévisions et les résultats sont dus à des événements imprévisibles, les administrations fiscales ne seront pas en droit de procéder à des ajustements des accords de prix *ex ante* reposant sur les résultats *ex post*. Par exemple, si les éléments probants des résultats financiers démontrent que les ventes des produits utilisant l'actif incorporel transféré se sont élevées à 1000 par an tandis que les accords de prix *ex ante* étaient fondés sur des prévisions de ventes ne dépassant pas 100 par an, l'administration fiscale examinera alors les raisons pour lesquelles les ventes atteignent des volumes aussi élevés. Si ces volumes plus élevés sont dus, par exemple, à une croissance exponentielle de la demande de produits utilisant l'actif incorporel à la suite d'une catastrophe naturelle ou de tout autre événement imprévu, qui était clairement imprévisible au moment de la transaction ou dont la probabilité de réalisation était très faible, le prix *ex ante* sera alors considéré comme conforme au principe de pleine concurrence sauf s'il existe d'autres éléments probants que les résultats financiers, indiquant que le prix fixé n'était pas conforme au prix de pleine concurrence.

6.195 Il conviendrait de faciliter le règlement des situations de double imposition résultant de l'application de l'approche des actifs incorporels difficiles à valoriser dans le cadre d'une procédure amiable aux termes de la convention applicable.

D.5. Principes supplémentaires pour les transactions portant sur l'utilisation d'actifs incorporels en lien avec la vente de biens ou la fourniture de services

6.196 Cette section fournit des principes supplémentaires pour l'application des principes exposés dans les chapitres I à III lorsqu'une partie à la transaction contrôlée, ou les deux, utilisent des actifs incorporels en lien avec la vente de biens ou la fourniture de services sans procéder à un transfert d'actifs incorporels ou de droits sur des actifs incorporels. Lorsqu'elle porte sur des actifs incorporels, l'analyse de prix de transfert doit étudier avec soin les effets de l'existence de ces actifs sur les prix et les autres conditions des transactions contrôlées.

D.5.1. Les actifs incorporels comme facteur de comparabilité des transactions portant sur l'utilisation d'actifs incorporels

6.197 Les principes généraux énoncés dans la section D.1 des chapitres I et III s'appliquent également aux analyses de comparabilité qui visent des transactions portant sur des actifs incorporels en lien avec une transaction contrôlée relative à la vente de biens ou à la fourniture de services. Cependant, le fait que les actifs concernés soient des actifs incorporels peut soulever des défis en matière de comparabilité.

6.198 Aux fins d'une analyse des prix de transfert, lorsque la méthode de fixation des prix de transfert la plus appropriée est celle du prix de revente, du coût majoré ou la méthode transactionnelle de la marge nette, la partie à la transaction qui présente le degré de complexité moindre est souvent retenue comme partie testée. Dans de nombreux cas, les prix de pleine concurrence ou la part des bénéfices attribuée à la partie testée peuvent être déterminés sans qu'il soit nécessaire d'évaluer les actifs incorporels utilisés en lien avec la transaction. Cette situation se présente généralement lorsque seule la partie non testée utilise des actifs incorporels. Dans certains cas toutefois, la partie testée, malgré le degré de complexité moindre de ses activités, peut utiliser de fait des actifs incorporels. De même, les parties à des transactions sur le marché libre potentiellement comparables peuvent utiliser des actifs incorporels. Dès lors qu'une telle situation se présente, il devient nécessaire d'examiner les actifs incorporels utilisés par la partie testée ou par les parties aux transactions sur le marché libre potentiellement comparables, les actifs incorporels constituant un facteur de comparabilité aux fins de l'analyse.

6.199 Par exemple, une partie testée qui assure la commercialisation et la distribution de biens achetés dans le cadre de transactions contrôlées peut avoir mis au point des actifs incorporels relevant du domaine de la commercialisation dans les zones géographiques où elle conduit ses activités, comme des listes de clients, des relations avec la clientèle ou des données relatives aux clients. Elle peut aussi avoir développé des savoir-faire en matière de logistique, développé des logiciels ou d'autres outils qui lui procurent des avantages dans l'exercice de ses activités de distribution. Les effets de ces actifs incorporels sur la rentabilité de la partie testée devraient être pris en compte lors de l'analyse de comparabilité.

6.200 Il convient cependant de souligner que bien souvent, lorsque la partie testée utilise de tels actifs incorporels, les parties aux transactions comparables sur le marché libre disposent elles aussi d'actifs de même type. Ainsi, dans le cas d'une entreprise de distribution, il est probable qu'une entité indépendante exerçant des activités de distribution dans le même secteur et sur le même marché que la partie testée connaisse des clients potentiels et soit entrée en relation avec eux, qu'elle ait recueilli des données concernant ces clients, qu'elle dispose de ses propres systèmes logistiques efficaces ou détienne dans d'autres domaines encore des actifs incorporels similaires à ceux de la partie testée. Dans ce cas, le degré de comparabilité peut être suffisamment élevé pour que les prix acquittés ou les marges engrangées par les entreprises potentiellement comparables constituent un indicateur approprié pour déterminer une rémunération de pleine concurrence des fonctions que la partie testée exerce et des actifs incorporels qu'elle possède.

6.201 Lorsque la partie testée et l'entreprise potentiellement comparable détiennent des actifs incorporels comparables, ceux-ci ne sont pas des actifs incorporels uniques et de valeur au sens du paragraphe 6.17 et aucun ajustement de comparabilité n'est par conséquent nécessaire au titre des actifs incorporels. Dans ce cas, le comparable potentiel représente le mieux la contribution des actifs incorporels de la partie testée aux bénéfices de celle-ci. Toutefois, si des actifs incorporels uniques et de valeur sont détenus et utilisés soit par la partie testée, soit par l'entreprise potentiellement comparable, il peut être nécessaire de réaliser des ajustements de comparabilité, voire de sélectionner une autre méthode de prix de transfert. Dans ce cas de figure, les principes exposés aux sections D.2.1 à D.2.4 s'appliquent à l'évaluation de la comparabilité des actifs incorporels.

6.202 Il convient que les contribuables et les administrations fiscales fassent preuve de retenue lorsqu'ils rejettent des comparables potentiels du fait de l'utilisation d'actifs incorporels par les parties à des transactions potentiellement comparables ou par la partie testée. En règle générale, des comparables potentiels ne devraient pas être rejetés parce que l'existence d'actifs incorporels non spécifiés ou d'une survaleur importante a été avancée. Si des transactions ou des entreprises identifiées sont par ailleurs comparables, elles peuvent fournir le meilleur indicateur disponible pour fixer le prix de pleine concurrence, indépendamment de l'existence d'actifs incorporels relativement peu importants utilisés soit par la partie testée, soit par les parties aux transactions potentiellement comparables. Le rejet de transactions potentiellement comparables devrait être fondé sur l'existence et l'utilisation d'actifs incorporels non comparables seulement lorsque ces derniers peuvent être identifiés de façon claire et distincte et qu'il s'agit manifestement d'actifs uniques et de valeur.

D.5.2. Détermination de prix de pleine concurrence pour des transactions portant sur l'utilisation d'actifs incorporels en lien avec la vente de biens ou la fourniture de services

6.203 Les principes énoncés dans les chapitres I à III s'appliquent à la fixation des prix de pleine concurrence pour les transactions portant sur l'utilisation d'actifs incorporels en lien avec la vente de biens ou la fourniture de services. On distingue généralement deux types de situations. Dans le premier cas, l'analyse de comparabilité, notamment l'analyse fonctionnelle, conclut à l'existence de comparables suffisamment fiables pour déterminer les conditions de pleine concurrence pour la transaction en utilisant une méthode de prix de transfert fondée sur des comparables. Dans le second cas, l'analyse de comparabilité, notamment l'analyse fonctionnelle, ne permet pas d'identifier de manière fiable des transactions comparables sur le marché libre, ce qui découle souvent directement de l'utilisation par une partie à la transaction, ou par les deux parties, d'actifs incorporels uniques et de valeur. Les approches applicables dans les deux cas afin de déterminer les prix de transfert sont décrites dans les paragraphes suivants.

D.5.2.1. Situations où des comparables fiables existent

6.204 Il est fréquent que des comparables fiables puissent être identifiés malgré l'utilisation d'actifs incorporels par l'une au moins des parties à une transaction contrôlée de vente de biens ou de fourniture de services. Selon les circonstances du cas d'espèce, l'une ou l'autre des cinq méthodes de prix de transfert de l'OCDE décrites au chapitre II pourra être la plus appropriée si la transaction s'accompagne de l'utilisation d'actifs incorporels en lien avec une transaction contrôlée de vente de biens ou de fourniture de services et si des comparables fiables existent.

6.205 Lorsque la partie testée n'utilise pas d'actifs incorporels uniques et de valeur, et lorsque des comparables fiables peuvent être identifiés, les prix de pleine concurrence peuvent souvent être établis en employant une méthode unilatérale, notamment les méthodes du prix comparable sur le marché libre, du prix de revente, du coût majoré ou la méthode transactionnelle de la marge nette. Dans ce cas, les indications présentées dans les chapitres I à III sont généralement suffisantes aux fins de la détermination des prix de pleine concurrence, sans qu'il y ait lieu d'examiner en détail la nature des actifs incorporels utilisés par l'autre partie à la transaction.

6.206 Il convient de se référer aux principes décrits aux sections D.2.1 à D.2.4 du présent chapitre pour déterminer si l'utilisation des actifs incorporels par la partie testée retire toute leur fiabilité aux transactions comparables sur le marché libre qui ont été identifiées ou rend nécessaire la réalisation d'ajustements de comparabilité. Le recours à des ajustements de comparabilité ou le choix d'une méthode de prix de transfert moins dépendante des transactions comparables sur le marché libre ne s'imposent que si les actifs incorporels utilisés par la partie testée sont des actifs uniques et de valeur. Lorsque les actifs incorporels utilisés par la partie testée sont d'une autre nature, les prix versés ou perçus, les marges et revenus obtenus par les parties lors de transactions comparables sur le marché libre peuvent fournir un indicateur fiable pour déterminer les conditions de pleine concurrence.

6.207 Lorsque des ajustements de comparabilité s'imposent du fait des différences entre les actifs incorporels utilisés par la partie testée dans le cadre d'une transaction contrôlée et les actifs incorporels utilisés par une partie dans le cadre d'une transaction sur le marché libre potentiellement comparable, le calcul d'ajustements de comparabilité fiables peut soulever des questions factuelles auxquelles il est difficile de répondre. Il convient alors de procéder à un examen approfondi des faits et circonstances du cas d'espèce et des données disponibles concernant les effets des actifs incorporels sur les prix et les bénéfices. Lorsqu'une différence de nature entre différents actifs incorporels a manifestement un effet sur les prix mais ne peut faire l'objet d'une estimation fiable, il peut s'avérer nécessaire de choisir une méthode de prix de transfert moins dépendante de l'identification de comparables fiables.

6.208 Il convient également de souligner que, dans le cas d'une utilisation d'actifs incorporels en lien avec une transaction contrôlée de vente de biens ou de services, les différences de nature entre les actifs incorporels utilisés ne sont pas les seules raisons justifiant des ajustements de comparabilité. En particulier, des ajustements de comparabilité peuvent s'imposer du fait de différences existant entre les marchés, les avantages de localisation, les stratégies opérationnelles, le collectif de travail, les synergies d'entreprise et d'autres facteurs similaires. Si ces facteurs ne peuvent être qualifiés d'actifs incorporels au sens donné à ce terme dans la section A.1 du présent chapitre, ils peuvent cependant avoir des effets importants sur les prix de pleine concurrence dans des situations caractérisées par l'utilisation d'actifs incorporels.

D.5.2.2. Situations où il n'existe pas de comparables fiables

6.209 Lorsqu'aucune transaction sur le marché libre comparable de manière fiable n'a pu être identifiée, la méthode transactionnelle du partage des bénéfices peut être utilisée pour définir une répartition conforme au principe de pleine concurrence des bénéfices générés par les ventes de produits ou les fournitures de services assorties de l'utilisation d'actifs incorporels. La méthode transactionnelle du partage des bénéfices peut notamment être utilisée lorsque les deux parties à la transaction apportent des contributions uniques et de grande valeur à la transaction.

6.210 La section C du chapitre II contient des indications à prendre en compte pour mettre en œuvre la méthode transactionnelle du partage des bénéfices. Ces indications s'appliquent pleinement aux situations caractérisées par l'utilisation d'actifs incorporels en lien avec la vente de produits ou la fourniture de services dans le cadre de transactions contrôlées.

6.211 Lors de l'application d'une méthode de partage des bénéfices à un cas d'espèce caractérisé par l'utilisation d'actifs incorporels, il faut veiller à identifier les actifs incorporels concernés et à étudier de quelle manière ils contribuent à la création de valeur et évaluer avec soin les autres fonctions exercées qui génèrent des revenus, les actifs utilisés et les risques assumés. Pour pouvoir être mise en œuvre de manière fiable, une méthode de partage des bénéfices ne pourra reposer uniquement sur des affirmations imprécises concernant l'existence et l'utilisation d'actifs incorporels.

6.212 Lorsque les circonstances le justifient, des méthodes de fixation des prix de transfert ou des méthodes d'évaluation qui ne dépendent pas de l'identification de transactions sur le marché libre qui soient comparables et fiables peuvent également être utilisées pour définir les conditions de pleine concurrence pour une vente de produits ou fourniture de services lors de laquelle des actifs incorporels sont utilisés en lien avec la transaction. La solution alternative retenue devrait tenir compte de la nature des biens ou services fournis et de la contribution à la création de valeur apportée par les actifs incorporels et par les autres facteurs pertinents.

Principes complémentaires découlant des révisions du chapitre VI, à insérer au chapitre II des principes applicables en matière de prix de transfert

Les dispositions suivantes sont introduites à la suite du paragraphe 2.9.

2.9A L'application d'une règle générale n'est pas un substitut adéquat à une analyse fonctionnelle et de comparabilité complètes menées selon les principes des chapitres I à III. Par conséquent, une règle de base ne peut pas être utilisée pour prouver qu'un prix ou une répartition des revenus répond au principe de pleine concurrence.

Les dispositions de l'annexe au chapitre VI des Principes applicables en matière de prix de transfert sont supprimées dans leur intégralité et remplacées par celles qui suivent.

Annexe au chapitre VI – Exemples illustrant les principes relatifs aux actifs incorporels

Exemple 1

1. Première est la société mère d'un groupe d'entreprises multinationales. La société S est une filiale détenue intégralement par Première et membre du groupe Première. Première finance et exerce des fonctions courantes de recherche-développement qui étayent ses activités industrielles et commerciales. Lorsque ses fonctions de recherche-développement débouchent sur des inventions brevetables, il est d'usage que le groupe Première attribue tous les droits sur ces inventions à la société S, afin de centraliser et de simplifier l'administration des brevets à l'échelle mondiale. Tous les brevets déposés sont détenus et maintenus en vigueur au nom de la société S.

2. La société S emploie trois juristes chargés de l'administration de ses brevets et n'a pas d'autres employés. La société S ne réalise ni ne contrôle aucune des activités de recherche-développement du groupe Première. La société S n'a aucun personnel technique de recherche-développement, et ne prend aucunement en charge les dépenses de recherche-développement du groupe Première. La direction de Première prend les décisions clés relatives à la défense des brevets, après avoir consulté les employés de la société S. C'est la direction de Première, et non les employés de la société S, qui contrôle toutes les décisions concernant la concession sous licence des brevets du groupe, que ce soit à des entreprises indépendantes ou associées.

3. Lors de chaque attribution de droits par Première à la société S, celle-ci effectue un paiement symbolique de 100 EUR à Première correspondant à l'attribution des droits sur une invention brevetable et, à titre de condition spécifique de cette attribution, accorde simultanément à Première une licence exclusive, sans redevance, d'exploitation du brevet considéré, assorti de droits illimités de concession de sous-licence, pour toute la durée de vie du brevet devant être enregistré. Les paiements symboliques effectués par la société S au bénéfice de Première sont uniquement destinés à satisfaire des prescriptions techniques du droit des contrats liées aux attributions et, aux fins de cet exemple, il est supposé qu'ils ne correspondent pas à une rémunération de pleine concurrence des droits attribués sur des inventions brevetables. Première utilise ces inventions brevetées pour la fabrication et la vente de ses produits dans le monde entier et, de temps en temps, cède des droits sur ces brevets par le biais de sous-licences accordées à des tiers. La société S ne fait aucun usage commercial de ces brevets, et n'est pas en droit de le faire en vertu de l'accord de licence conclu avec Première.

4. Aux termes de cet accord, Première exerce toutes les fonctions liées à la mise au point, à l'amélioration, à l'entretien, à la protection et à l'exploitation des actifs incorporels considérés, exception faite des services d'administration des brevets. Première fournit et utilise tous les actifs associés à la mise au point et à l'exploitation de ces actifs incorporels, et assume la totalité ou la quasi-totalité des risques associés à ces actifs incorporels. Première devrait donc avoir droit à l'essentiel des revenus tirés de l'exploitation des actifs incorporels considérés. Les administrations fiscales pourraient parvenir à une solution appropriée en termes de prix de transfert en identifiant la transaction réelle qui a lieu entre Première et la société S. Suivant les faits du cas d'espèce, il pourrait être établi que, considérées dans leur ensemble, l'attribution purement formelle des droits à la société S

et la rétrocession simultanée de l'intégralité des droits exploitation à Première correspond en substance à un accord de services d'administration des brevets entre Première et la société S. Un prix de pleine concurrence serait établi pour ces services d'administration des brevets, et Première conserverait ou se verrait attribuer le solde des revenus tirés par le groupe d'entreprises multinationales de l'exploitation de ces brevets.

Exemple 2

5. Les faits relatifs à la mise au point et au contrôle des inventions brevetables considérées sont les mêmes que dans l'exemple 1. Néanmoins, au lieu de rétrocéder une licence exclusive d'utilisation perpétuelle de ses brevets à Première, la société S, agissant sous la direction et le contrôle de Première, accorde des licences d'exploitation de ses brevets à des entreprises associées et indépendantes dans le monde entier en contrepartie de redevances périodiques. Aux fins du présent exemple, il est supposé que les redevances payées à la société S par les entreprises associées sont toutes conformes au principe de pleine concurrence.

6. La société S est le propriétaire légal des brevets. Néanmoins, ses contributions à la mise au point, à l'amélioration, à l'entretien, à la protection et à l'exploitation de ces brevets sont limitées aux activités de ses trois employés consistant à faire enregistrer et maintenir en vigueur les brevets. Les employés de la société S ne contrôlent pas les opérations de concession de licence relatives aux brevets et ne participent pas non plus à ces transactions. Dans ces circonstances, la société S a uniquement droit à une rémunération des fonctions qu'elle exerce. Sur la base d'une analyse des fonctions exercées, des actifs utilisés et des risques assumés respectivement par Première et la société S dans le cadre de la mise au point, de l'amélioration, de l'entretien, de la protection et de l'exploitation des actifs incorporels considérés, la part des revenus tirés par la société S de ses accords de licence qu'elle devrait être en droit de conserver ou de se voir attribuer *in fine* devrait se limiter à la rémunération de pleine concurrence de ses fonctions d'enregistrement des brevets.

7. Comme dans l'exemple 1, la véritable nature de l'accord en place est un contrat de services d'administration de brevets. Il est possible de garantir qu'un prix de transfert approprié soit appliqué en veillant à ce que le montant versé par la société S en contrepartie de l'attribution des droits sur les brevets corresponde effectivement aux fonctions exercées, aux actifs utilisés et aux risques assumés respectivement par Première et la société S. Suivant cette approche, la rémunération due à Première au titre des inventions brevetables est égale aux recettes de la cession des droits de licence de la société S, diminuées d'une rémunération appropriée des fonctions exercées par la société S.

Exemple 3

8. Les faits sont les mêmes que dans l'exemple 2. Néanmoins, après avoir concédé sous licence les brevets à des entreprises associées et indépendantes pendant quelques années, la société S, agissant là encore sous la direction et le contrôle de Première, vend ces brevets à une entreprise indépendante à un prix reflétant l'augmentation de la valeur des brevets au cours de la période durant laquelle la société S en était le propriétaire légal. Les fonctions exercées par la société S tout au long de la période pendant laquelle elle était le propriétaire légal des brevets se limitaient aux activités d'enregistrement de ces brevets décrites dans les exemples 1 et 2.

9. Dans ces circonstances, les revenus de la société S devraient être les mêmes que dans l'exemple 2. Elle doit être rémunérée pour les fonctions d'enregistrement qu'elle

exerce, mais n'a droit par ailleurs à aucune part des revenus tirés de l'exploitation des actifs incorporels considérés, notamment des revenus provenant de la cession de ces actifs.

Exemple 4

10. Les faits relatifs à la mise au point des brevets sont les mêmes que ceux décrits dans l'exemple 3. Contrairement à l'exemple 1, la société S a en l'occurrence des employés qui peuvent prendre, et qui prennent toutes les décisions relatives à son portefeuille de brevets. Toutes les décisions concernant le programme de concession de licences ont été prises par les employés de la société S, toutes les négociations avec les preneurs de licences ont été menées par les employées de la société S, et ceux-ci se sont assurés que les titulaires de licences indépendants respectaient les conditions desdites licences. Il faut supposer pour les besoins de cet exemple que le prix payé par la société S en échange des brevets était un prix de pleine concurrence qui reflète les évaluations respectives des parties du futur programme d'octroi de licences et les revenus anticipés pouvant être tirés de l'exploitation des brevets au moment de leur session à la société S. Pour les besoins de cet exemple, il est également supposé que l'approche des actifs incorporels difficiles à valoriser dans la section D.4 n'est pas applicable.

11. À la suite des attributions, la société S a concédé sous licence les brevets à des entreprises indépendantes pour quelques années. Par la suite, la valeur des brevets augmente sensiblement en raison de circonstances externes imprévues au moment de l'attribution des brevets à la société S. Celle-ci vend alors les brevets à un acquéreur avec lequel elle n'a aucun lien, à un prix supérieur à celui initialement payé par la société S à Première pour ces brevets. Les employés de la société S prennent toutes les décisions concernant la vente de ces brevets, négocient les conditions de la vente, et gèrent et contrôlent à tous égards la cession des brevets.

12. Dans ces circonstances, la société S est en droit de conserver les produits de la vente, y compris les montants attribuables à l'augmentation de la valeur des brevets résultant des circonstances externes imprévues.

Exemple 5

13. Les faits sont les mêmes que dans l'exemple 4, si ce n'est qu'au lieu d'augmenter, la valeur des brevets diminue pendant leur période de détention par la société S en raison de circonstances externes imprévues. Dans ces circonstances, la société S est en droit de conserver les produits de la vente, ce qui implique qu'elle subira la perte connexe.

Exemple 6

14. Au cours de l'année 1, un groupe d'entreprises multinationales composé de la société A (domiciliée dans le pays A) et de la société B (domiciliée dans le pays B) décide de mettre au point un actif incorporel, dont on escompte une rentabilité élevée sur la base des actifs incorporels dont dispose déjà la société B, de ses résultats et de l'expérience de son personnel de recherche-développement. La mise au point de cet actif incorporel devrait s'étaler sur une période de 5 ans, après laquelle son exploitation commerciale deviendra possible. Si la phase de mise au point est couronnée de succès, cet actif incorporel devrait avoir de la valeur pendant une période totale d'exploitation de 10 ans. En vertu de l'accord de mise au point conclu entre la société A et la société B, cette dernière accomplira et contrôlera toutes les activités liées à la mise au point, à l'amélioration, à l'entretien, à la protection et à l'exploitation de l'actif incorporel considéré. La société A, quant à elle, fournira la totalité

des financements associés à la mise au point de cet actif incorporel (sachant que l'on table sur des coûts de mise au point de 100 millions USD par an pendant 5 ans), et deviendra le propriétaire légal de cet actif incorporel. Une fois mis au point, cet actif incorporel devrait déboucher sur des bénéfices de 550 millions USD par an (au cours des années 6 à 15). La société B concèdera sous licence l'actif incorporel de la société A et versera des paiements conditionnels à la société A pour le droit d'utiliser cet actif incorporel, fondés sur les revenus de preneurs de licences présentés comme comparables. Une fois effectués les paiements conditionnels prévus, il restera à la société B un revenu anticipé de 200 millions USD par an tiré de la vente des produits fondés sur cet actif incorporel.

15. Dans le cadre d'une analyse fonctionnelle de ces dispositions, l'administration fiscale du pays B évalue les fonctions exercées, les actifs utilisés et fournis ainsi que les risques assumés par la société A et la société B. Cette analyse, ayant permis de délimiter la transaction, conclut que bien que la société A soit le propriétaire légal de l'actif incorporel, sa contribution dans le cadre de ces dispositions se limite uniquement au financement de la mise au point d'un actif incorporel. L'analyse démontre que la société A assume contractuellement le risque financier, qu'elle en possède la capacité financière, et qu'elle contrôle ce risque conformément aux principes énoncés aux paragraphes 6.63 et 6.64. Compte tenu des contributions de la société A, ainsi que des solutions de remplacement réalistes dont disposent les sociétés A et B, il est établi que la rémunération escomptée de la société A devrait être un taux de rendement corrigé des risques appliqué à son engagement de financement. Supposons que celui-ci soit évalué à 110 millions USD par an (pour les années 6 à 15) ce qui correspondrait à 11 % de rendement corrigé des risques[21]. Par conséquent, la société B aurait droit à la totalité des revenus anticipés restants une fois déduit le rendement anticipé de la société A, soit 440 millions USD par an (550 millions USD moins 110 millions USD), plutôt que 200 millions USD par an comme indiqué par le contribuable. (Sur la base de l'analyse fonctionnelle approfondie réalisée et de l'application de la méthode la plus appropriée, le contribuable a choisi de manière incorrecte la société B comme partie testée, au lieu de la société A).

Exemple 7

16. Primero est la société mère d'un groupe d'entreprises multinationales présent dans le secteur pharmaceutique et exerce des activités dans le pays M. Primero met au point des brevets et d'autres actifs incorporels liés au produit X et enregistre ces brevets dans des pays du monde entier.

17. Primero conserve la filiale qu'elle détient intégralement dans le pays N, la société S, pour distribuer le produit X dans toute l'Europe et au Moyen-Orient sur la base d'une prise en charge limitée des risques. L'accord de distribution prévoit que Primero, et non la société S, doit assumer le risque de rappel du produit et le risque découlant de la responsabilité du fait du produit, et que Primero aura droit à la totalité des bénéfices (ou pertes) résultant de la vente du produit X sur le territoire considéré après avoir versé à la société S la rémunération convenue pour ses fonctions de distribution. En vertu du contrat, la société S achète le produit X à Primero et le revend à des clients indépendants se trouvant dans divers pays situés dans la zone géographique où elle exerce ses activités. Dans l'exercice de ses fonctions de distribution, la société S se conforme à toutes les prescriptions réglementaires en vigueur.

18. Au cours des trois premières années d'activité, la société S tire de ses fonctions de distribution des revenus qui correspondent à la prise en charge limitée des risques qui les caractérisent et aux conditions du contrat de distribution. Ses revenus reflètent le fait que c'est Primero, et non la société S, qui est en droit de conserver les revenus tirés

de l'exploitation des actifs incorporels liés au produit X. Après trois années d'activité, il devient manifeste que le produit X a de graves effets secondaires chez un pourcentage important des patients utilisant ce produit, et il devient nécessaire de rappeler ce produit et de le retirer du marché. Ce rappel représente un coût considérable pour la société S. Primero ne rembourse pas à la société S ces frais liés au rappel du produit, ni les coûts liés aux demandes d'indemnisation au titre de la responsabilité du fait du produit.

19. Dans ces circonstances, on observe une incohérence entre le droit prétendu de Primero aux revenus tirés de l'exploitation des actifs incorporels liés au produit X et le fait qu'elle n'assume pas les coûts associés aux risques étayant cette prétention. Un ajustement de prix de transfert serait justifié pour remédier à cette incohérence. Pour déterminer l'ajustement approprié à effectuer, il faudrait cerner la véritable transaction ayant eu lieu entre les parties considérées, en appliquant les dispositions de la section D.1 du chapitre I. Ce faisant, il conviendrait de prendre en compte les risques assumés par chacune des parties sur la base de leur comportement au cours de la période couverte par l'accord, du contrôle exercé sur les risques par Primero et la société S, ainsi que des autres faits pertinents. S'il est établi que la véritable nature de la relation entre les parties correspond à un accord de distribution assorti d'une prise en charge limitée des risques, l'ajustement le plus approprié consisterait sans doute à réaffecter les frais liés au rappel du produit et à la responsabilité du fait du produit de la société S à Primero. Par contre, dans le cas peu probable qu'il soit établi, sur la base de tous les faits pertinents, que la véritable nature de la relation entre les parties correspond à une prise de contrôle sur le fait du produit et sur le risque de rappel par la société S, et si un prix de pleine concurrence peut être identifié sur la base de l'analyse de comparabilité, on pourrait réviser à la hausse la marge de distribution de la société S pour toutes les années considérées de manière à prendre en compte la véritable répartition des risques entre les parties.

Exemple 8

20. Primair, entreprise résidente du pays X, fabrique des montres qui sont commercialisées dans de nombreux pays du monde sous le nom commercial et la marque de fabrique R. Primair est le titulaire du nom commercial et de la marque de fabrique R. Le nom R est très connu dans les pays où ces montres sont vendues, et a acquis une valeur économique considérable sur ces marchés grâce aux efforts déployés par Primair. Les montres R n'ont jamais été commercialisées dans le pays Y, cependant, et le nom R n'est pas connu sur le marché du pays Y.

21. L'année 1, Primair décide d'entrer sur le marché du pays Y et constitue en société une filiale qu'elle détient intégralement dans le pays Y, la société S, afin qu'elle y soit son distributeur. Parallèlement, Primair conclut avec la société S un accord à long terme de commercialisation et de distribution ne donnant pas lieu au paiement de redevances. En vertu de cet accord, la société S se voit accorder le droit exclusif de commercialiser et distribuer les montres portant la marque de fabrique R et utilisant le nom commercial R dans le pays Y pour une période de cinq ans, avec une option pour cinq années supplémentaires. La société S n'obtient de Primair aucun autre droit relatif au nom commercial et à la marque de fabrique R, et il lui est notamment interdit de réexporter les montres portant le nom commercial et la marque de fabrique R. L'activité de la société S consiste exclusivement à commercialiser et distribuer des montres portant le nom commercial et la marque de fabrique R. Il est supposé que les montres R ne font pas partie d'un portefeuille de produits distribués par la société S dans le pays Y. La société S ne procède à aucune opération de transformation, dans la mesure où elle importe dans le pays Y des montres sous emballage et prêtes à être vendues au consommateur final.

22. En vertu du contrat conclu entre Primair et la Société S, celle-ci achète les montres à Primair dans la monnaie du pays Y, devient propriétaire des montres de marque et exerce les fonctions de distribution dans le pays Y, prend en charge les coûts de possession (tels que le financement du stockage et des créances), et assume les risques correspondants (comme les risques de stock, de crédit et de financement). En vertu du contrat conclu entre Primair et la société S, celle-ci est tenue de jouer le rôle d'agent de commercialisation pour contribuer au développement du marché pour les montres R dans le pays Y. La société S consulte Primair pour l'élaboration de la stratégie de commercialisation des montres R dans le pays Y. Primair définit le plan de commercialisation global en se fondant dans une large mesure sur l'expérience qu'elle a acquise dans d'autres pays, elle établit et approuve les budgets de commercialisation, et elle prend les décisions finales en matière de supports publicitaires, de positionnement de produit et de messages publicitaires clés. La société S est consultée sur les questions de publicité liées au marché local, contribue à l'exécution de la stratégie de commercialisation sous la direction de Primair, et fournit des évaluations de l'efficacité de divers éléments de cette stratégie de commercialisation. À titre de rémunération de ces activités d'aide à la commercialisation, la société S reçoit de Primair une commission fondée sur le niveau des dépenses de commercialisation qu'elle prend en charge et incluant un élément de bénéfice approprié.

23. Supposons aux fins de cet exemple que, sur la base d'une analyse de comparabilité approfondie, incluant une analyse fonctionnelle détaillée, il soit possible de conclure que le prix payé par la société S à Primair pour les montres R doit être analysé séparément de la rémunération reçue par la société S au titre des activités de commercialisation qu'elle réalise au nom de Primair. Supposons par ailleurs que sur la base des transactions comparables identifiées, il soit établi que le prix payé pour les montres est conforme au principe de pleine concurrence, et que ce prix permet à la société S d'obtenir grâce à la vente des montres une rémunération de pleine concurrence au titre des fonctions de distribution qu'elle exerce, des actifs qu'elle utilise et des risques qu'elle assume.

24. Au cours des années 1 à 3, la société S lance une stratégie qui est conforme à son accord avec Primair selon lequel elle doit développer le marché pour les montres R dans le pays Y. Ce faisant, la société S doit engager des dépenses de commercialisation. Conformément au contrat, Primair rembourse à la société S ces dépenses de commercialisation, augmentées d'une marge. À la fin de l'année 2, le nom commercial et la marque de fabrique R sont devenus bien établis dans le pays Y. Il est établi que la rémunération obtenue par la société S au titre des activités de commercialisation réalisées au nom de Primair est conforme au principe de pleine concurrence, sur la base d'une comparaison avec celle versée à des agents publicitaires et de commercialisation identifiés et jugés comparables dans le cadre de l'analyse de comparabilité effectuée.

25. Dans ces circonstances, Primair est en droit de conserver, le cas échant, les revenus tirés de l'exploitation du nom commercial et de la marque de fabrique R sur le marché du pays Y, diminués de la rémunération de pleine concurrence devant être versée à la société S pour ses fonctions, et aucun ajustement de prix de transfert ne s'impose compte tenu des circonstances.

Exemple 9

26. Aux fins de cet exemple, les faits sont identiques à ceux décrits dans l'exemple 8, hormis pour ce qui suit :

- En vertu du contrat conclu entre Primair et la société S, cette dernière est tenue d'élaborer et de mettre en œuvre un plan de commercialisation dans le pays S sans que Primair ne contrôle en détail les éléments particuliers de ce plan. La société S supporte les coûts des activités de commercialisation et assume certains des risques qui en découlent. Le contrat conclu entre Primair et la société S ne précise pas le montant des dépenses que la société S doit consacrer aux activités de commercialisation, mais prévoit seulement que la société S est liée par une obligation de moyens concernant la commercialisation des montres. Primair ne verse à la société S aucun remboursement au titre des dépenses engagées par cette dernière, ni de rémunération directe ou indirecte, et la rémunération de la société S est uniquement tirée des ventes de montres R auprès de clients tiers sur le marché du pays Y. Une analyse fonctionnelle approfondie révèle que Primair exerce sur les activités de commercialisation de la société S un contrôle moins poussé que dans l'exemple 8 et que les éléments budgétaires et les actions détaillées du plan de commercialisation ne sont pas soumis à l'examen et à la validation de Primair. Par comparaison avec l'exemple 8, la société S assume cette fois des risques différents et ses modalités de rémunération sont différentes. Les dispositions contractuelles liant Primair et la société S diffèrent également et la société S assume dans l'exemple 9 des risques plus importants que dans l'exemple 8. La société S ne reçoit au titre de ses dépenses de commercialisation ni remboursement direct, ni commission versée séparément. L'unique transaction contrôlée entre Primair et la société S dans l'exemple 9 est le transfert des montres de marque. En conséquence, les activités de commercialisation de la société S sont uniquement rémunérées au travers de la vente de montres R auprès de clients tiers.

- Comme conséquence de ces différences, les montres sont vendues par Primair à la société S dans l'exemple 9 à un prix inférieur à celui pratiqué dans l'exemple 8. Du fait des différences observées lors de l'analyse fonctionnelle, par rapport à l'exemple 8, d'autres critères sont cette fois utilisés pour identifier des transactions comparables et pour réaliser des ajustements de comparabilité. Par comparaison avec l'exemple 8, la société S affiche un bénéfice total prévisionnel plus important dans l'exemple 9, où elle assume plus de risques et exerce des fonctions plus étendues.

27. Supposons qu'au cours des années 1 à 3, la société S applique une stratégie conforme à son accord avec Primair et, à ce titre, mène à bien des fonctions de commercialisation et engage les dépenses correspondantes. La société S présente alors des dépenses opérationnelles élevées et des marges réduites durant les années 1 à 3. À la fin de l'année 2, grâce aux efforts de la société S, la marque de fabrique et le nom commercial R sont bien établis dans le pays Y. Lorsque la société qui assure la commercialisation/distribution supporte effectivement les coûts et les risques associés à ses activités de commercialisation, la question de la répartition des bénéfices potentiels générés par ces activités est soulevée. Supposons que l'administration fiscale du pays Y ait conclu, sur le fondement de l'examen de distributeurs comparables, que, si elle avait été une entreprise indépendante de Primair, la société S aurait probablement exercé les mêmes fonctions de commercialisation et engagé le même montant de dépenses en la matière.

28. Étant donné que la société S exerce les fonctions relatives à la commercialisation et supporte les coûts et risques correspondants en vertu d'un accord de long terme qui lui confère des droits exclusifs de distribution pour les montres R, la société S est susceptible d'enregistrer un bénéfice (ou une perte) découlant de ses activités de commercialisation et de distribution. Aux fins de cet exemple et après examen de données comparables jugées raisonnablement fiables, il est supposé que les bénéfices obtenus par la société S sont similaires à ceux qu'obtiennent des sociétés de commercialisation ou de distribution

indépendantes qui supportent des risques et des coûts comparables durant les premières années de contrats de long terme comparables en matière de commercialisation et de distribution portant sur des produits également inconnus sur le marché.

29. Compte tenu des hypothèses qui précèdent, les revenus de la société S dans des conditions de pleine concurrence et les activités de commercialisation qu'elle conduit ainsi que les dépenses correspondantes ne diffèrent pas sensiblement des revenus, activités et dépenses propres à des sociétés de commercialisation ou de distribution indépendantes lors de transactions comparables sur le marché libre. Les informations relatives à des accords comparables entre parties indépendantes fournissent le meilleur indicateur du revenu de pleine concurrence obtenu par la société S pour évaluer la contribution à la valeur des actifs incorporels découlant des fonctions exercées et des risques et coûts assumés. Ce revenu correspond donc à la rémunération de pleine concurrence pour la société S au titre de ses contributions et mesure précisément la part revenant à la société S sur les revenus tirés de l'exploitation de la marque de fabrique et du nom commercial dans le pays Y. Il n'est pas nécessaire de verser à la société S, séparément ou en supplément, une quelconque autre rémunération.

Exemple 10

30. Aux fins de cet exemple, les faits sont identiques à ceux décrits dans l'exemple 9, si ce n'est que la société S mène cette fois des activités de développement commercial plus importantes.

31. Lorsque la société qui assure la commercialisation/distribution supporte effectivement les coûts et assume les risques associés à ses activités de commercialisation, la question de la répartition des bénéfices potentiels générés par ces activités est soulevée. Une analyse fonctionnelle approfondie permet d'identifier plusieurs entreprises indépendantes qui exercent des fonctions de commercialisation et de distribution similaires en vertu de contrats de long terme comparables en matière de commercialisation et de distribution. Il est néanmoins supposé que les dépenses de commercialisation supportées par la société S au cours des années 1 à 5 excèdent largement celles engagées par les sociétés de commercialisation et de distribution indépendantes identifiées. Supposons en outre que la société S supporte ces dépenses élevées parce qu'elle exerce des fonctions supplémentaires ou plus intensives que celles des comparables potentiels et que Primair et la société S escomptent que ces fonctions supplémentaires génèrent des marges ou un chiffre d'affaires plus élevés. Au vu des activités de développement commercial qu'elle a menées, il apparaît clairement que la société S a apporté une contribution fonctionnelle plus importante au développement du marché et des actifs incorporels liés à la commercialisation, et qu'elle a assumé des risques et des coûts bien plus importants (en particulier par comparaison avec l'exemple 9) que les entreprises indépendantes potentiellement comparables qui ont été identifiées. Par ailleurs, des éléments conduisent à estimer que les bénéfices obtenus par la société S sont sensiblement plus faibles que les marges bénéficiaires engrangées par les sociétés de commercialisation et de distribution indépendantes potentiellement comparables lors des années correspondantes de contrats de long terme similaires en matière de commercialisation et de distribution.

32. Comme dans l'exemple 9, la société S assume les coûts de ses activités de commercialisation, et les risques correspondants, en vertu d'un contrat de long terme qui lui confère des droits exclusifs de commercialisation et de distribution des montres R et est susceptible d'enregistrer un bénéfice (ou une perte) découlant de ses activités de commercialisation et de distribution. Cependant, dans ce cas, la société S a exercé des fonctions de commercialisation et supporté des dépenses allant au-delà des fonctions exercées

et des dépenses supportées pour leur propre compte par des entreprises indépendantes disposant de droits similaires lors de transactions potentiellement comparables, ce qui explique que les marges bénéficiaires de la société S soient sensiblement inférieures à celles obtenues par ces entreprises indépendantes.

33. En l'espèce, il est évident que la société S, qui a exercé des fonctions de commercialisation et supporté des dépenses allant clairement au-delà des fonctions exercées et des dépenses supportées par des sociétés de commercialisation et de distribution indépendantes lors de transactions comparables, n'a pas reçu la rémunération appropriée au travers des marges générées par la revente des montres R. Dans ces circonstances, il serait opportun que l'administration fiscale du pays Y propose un ajustement des prix de transfert visant à faire en sorte que la rémunération de la société S au titre des fonctions de commercialisation exercées (compte tenu des risques assumés et des dépenses supportées) soit conforme à ce que des entreprises indépendantes auraient obtenu lors de transactions comparables. Selon les faits et circonstances établis à l'issue d'une analyse de comparabilité détaillée, plusieurs approches sont envisageables pour réaliser un tel ajustement :

- baisser le prix auquel la société S achète les montres R auprès de Primair. Un tel ajustement pourrait être pratiqué en appliquant la méthode du prix de revente ou la méthode transactionnelle de la marge nette à partir des données disponibles concernant les bénéfices réalisés par des entreprises de commercialisation et de distribution comparables qui supportent des dépenses de commercialisation et de distribution comparables, si de telles entités comparables peuvent être identifiées,
- appliquer la méthode du partage des bénéfices résiduels comme approche alternative pour répartir les bénéfices combinés tirés des ventes de montres R dans le pays Y en octroyant d'abord à la société S et à Primair un revenu de base au titre des fonctions exercées, puis en allouant le bénéfice résiduel selon les contributions respectives de la société S et de Primair à la génération des revenus et à la valeur de la marque de fabrique et du nom commercial R,
- verser directement à la société S une rémunération au titre des dépenses de commercialisation qu'elle a supportées au-delà du niveau de dépenses engagées par des entreprises indépendantes comparables, en incluant un élément de bénéfice approprié au titre des fonctions exercées et des risques assumés ayant conduit à supporter ces dépenses.

34. Dans cet exemple, l'ajustement proposé est justifié par le fait que la société S a exercé des fonctions, assumé des risques et supporté des coûts qui ont contribué au développement des actifs incorporels, en contrepartie de quoi elle n'a pas reçu de rémunération appropriée en vertu de l'accord conclu avec Primair. Si l'accord passé entre Primair et la société S avait prévu que cette dernière pourrait percevoir, pendant la durée restante de l'accord, une rémunération conforme au principe de pleine concurrence au titre des investissements supplémentaires réalisés, une conclusion différente pourrait être justifiée.

Exemple 11

35. Aux fins de cet exemple, les faits sont identiques à ceux décrits dans l'exemple 9, si ce n'est que la société S conclut cette fois un contrat de trois ans relatif à la commercialisation et à la distribution des montres R dans le pays Y, non renouvelable mais ne donnant pas lieu au paiement de redevances. À l'issue de la période de trois ans, la société S ne conclut pas de nouvel accord avec Primair.

36. Supposons qu'il soit démontré que des entreprises indépendantes concluent des contrats de distribution de court terme qui supposent des dépenses de commercialisation et de distribution uniquement si elles ont la perspective de recevoir une rémunération établie en fonction des fonctions exercées, des actifs utilisés et des risques assumés pendant la durée d'effet du contrat. L'observation d'entreprises indépendantes comparables montre qu'elles ne réalisent pas de gros investissements pour mettre en place des infrastructures de commercialisation et de distribution lorsqu'elles concluent seulement un contrat de court terme en matière de commercialisation et de distribution, qui présente par essence un risque de non-renouvellement sans rémunération. Le contrat de commercialisation et de distribution étant potentiellement un accord à court terme, il existe un risque que la société S ne soit pas en mesure de retirer de bénéfices au titre des dépenses de commercialisation et de distribution qu'elle a engagées à ses propres risques. Pour ces mêmes raisons, le bénéfice des efforts réalisés par la société S pourrait bien être récolté par Primair dans le futur.

37. Les risques assumés par la société S sont cette fois significativement plus élevés que dans l'exemple 9 et la société S n'a pas reçu de rémunération conforme au principe de pleine concurrence au titre de ces risques supplémentaires. Dans le cas présent, la société S a conduit des activités de développement commercial et supporté des dépenses de commercialisation allant au-delà des fonctions exercées et des dépenses supportées pour leur compte par des entreprises indépendantes comparables disposant de droits similaires, ce qui explique que les marges bénéficiaires de la société S soient nettement inférieures à celles obtenues par des entreprises comparables. Le contrat étant un accord à court terme, il ne serait pas raisonnable d'escompter que la société S puisse percevoir des bénéfices appropriés en vertu du contrat à durée limitée conclu avec Primair. Dans ces circonstances, la société S devrait recevoir une rémunération au titre de la contribution qu'elle apporte, à ses propres risques, à la valeur de la marque de fabrique et du nom commercial R pendant la durée du contrat conclu avec Primair.

38. Cette rémunération pourrait être versée directement par Primair à la société S à hauteur de la valeur prévisionnelle générée grâce aux activités de développement commercial de la société S et aux dépenses de commercialisation correspondantes. Selon une autre approche, l'ajustement pourrait prendre la forme d'une réduction du prix payé par la société S à Primair pour acheter les montres pendant les années 1 à 3.

Exemple 12

39. Aux fins de cet exemple, les faits sont identiques à ceux décrits dans l'exemple 9, avec les circonstances supplémentaires suivantes :

- à la fin de l'année 3, la marque R est établie avec succès sur le marché du pays Y et Primair et la société S renégocient leur accord précédent et concluent un nouveau contrat de licence sur le long terme. Le nouveau contrat prend effet au début de l'année 4 pour une durée de cinq ans et offre à la société S une option pour cinq années supplémentaires. En vertu de ce contrat, la société S s'engage à verser à Primair une redevance calculée en fonction des ventes brutes de montres portant la marque de fabrique R. Toutes les autres dispositions du nouveau contrat sont identiques à celles de l'accord précédent. Le prix payé par la société S pour l'achat des montres R n'est pas révisé du fait de l'introduction de la redevance.
- au cours des années 4 et 5, les ventes de montres R par la société S sont conformes aux prévisions. Cependant, l'introduction de la redevance au début de l'année 4 se traduit par une baisse significative des marges bénéficiaires de la société S.

40. Supposons qu'il n'existe aucune donnée établissant que des sociétés de commercialisation et de distribution indépendantes de produits de marques similaires ont conclu des accords comparables prévoyant le paiement de redevances. Les activités de commercialisation de la société S et les dépenses correspondantes correspondent, à partir de l'année 4 et par la suite, aux activités et aux dépenses d'entreprises indépendantes.

41. Dans le cadre d'une analyse de prix de transfert, on n'attendrait généralement pas d'une entité de commercialisation et de distribution qu'elle verse une redevance lors de transactions de pleine concurrence alors qu'elle n'obtient aucun droit aux fins de la fixation de prix de transfert sur les marques de fabrique et autres actifs incorporels similaires hormis un droit d'utiliser ces actifs incorporels pour distribuer un produit de marque fourni par l'entité qui perçoit les revenus générés par l'exploitation de ces actifs incorporels. En outre, du fait du paiement de la redevance, les marges bénéficiaires de la société S sont inférieures à celles obtenues par des entreprises indépendantes, comparables en termes de fonctions exercées, d'actifs utilisés et de risques assumés, au cours de périodes équivalentes de contrats de long terme similaires en matière de commercialisation et de distribution. Les circonstances du cas d'espèce justifieraient donc l'application d'un ajustement de prix de transfert qui interdise le paiement des redevances.

Exemple 13

42. Aux fins de cet exemple, les faits sont identiques à ceux décrits dans l'exemple 10, avec les circonstances supplémentaires suivantes :

- à la fin de l'année 3, Primair cesse de fabriquer des montres et sous-traite leur production auprès d'un tiers. Dès lors, la société S importera des montres sans marque auprès du fabriquant et réalisera des opérations de transformation consistant à appliquer le nom et le logo R et à conditionner les montres avant leur vente au client final. Les montres seront ensuite distribuées et vendues comme décrit dans l'exemple 10,
- En conséquence, au début de l'année 4, Primair et la société S renégocient leur accord précédent et concluent un nouveau contrat de licence à long terme. Ce nouveau contrat prend effet au début de l'année 4 pour une durée de cinq ans, et offre à la société S une option pour cinq années supplémentaires,
- En vertu du nouveau contrat, la société S reçoit un droit exclusif, sur le territoire du pays Y, de réaliser les opérations de transformation, de commercialiser et de distribuer les montres R en contrepartie du versement à Primair d'une redevance calculée en fonction des ventes brutes de montres. La société S ne reçoit de Primair aucune rémunération au titre de la renégociation de l'accord initial de commercialisation et de distribution. Aux fins de cet exemple, il est supposé que le prix acquitté par la société S lorsqu'elle achète les montres à compter du début de l'année 4 est un prix de pleine concurrence et que ce prix n'inclut aucune rémunération au titre du nom commercial R,

43. Dans le cadre d'un contrôle fiscal conduit par l'administration fiscale du pays Y au cours de l'année 6, il apparaît, à l'issue d'une analyse fonctionnelle appropriée, que les dépenses de commercialisation supportées par la société S durant les années 1 à 3 sont largement supérieures à celles supportées par des sociétés de commercialisation et de distribution indépendantes ayant conclu des contrats à long terme similaires en matière de commercialisation et de distribution. Il est également établi que la société S a mené des activités de commercialisation plus importantes et plus intensives que celles de sociétés

de commercialisation et de distribution indépendantes, et que ce surplus relatif d'activité a porté ses fruits et a permis d'accroître les ventes et/ou d'augmenter les marges bénéficiaires globales perçues par le groupe Primair au titre des ventes dans le pays Y. Compte tenu de la portée des activités de commercialisation de la société S et de son contrôle stratégique sur ces activités, l'analyse de comparabilité, notamment fonctionnelle, conclut clairement que la société S a supporté des coûts et des risques significativement plus élevés que ceux supportés par des entreprises indépendantes. Il est de plus établi que les marges bénéficiaires individuelles de la société S sont largement inférieures à celles obtenues par des entreprises indépendantes comparables au cours de périodes équivalentes de contrats de long terme similaires en matière de commercialisation et de distribution.

44. Le contrôle conduit dans le pays Y établit également qu'au cours des années 4 et 5, la société S supporte les dépenses de commercialisation et les risques correspondants en vertu du nouveau contrat de licence à long terme conclu avec Primair, et que, du fait de cette durée sur le long terme, la société S est susceptible d'enregistrer un bénéfice (ou une perte) découlant de ses activités. Cependant, la société S a conduit des activités de développement commercial et supporté des dépenses de commercialisation allant bien au-delà des activités exercées et des dépenses supportées pour leur compte par des entreprises indépendantes comparables ayant conclu des contrats de licence à long terme similaires, ce qui explique que les marges bénéficiaires prévisionnelles de la société S soient significativement inférieures à celles d'entreprises comparables.

45. Dans ces circonstances, la société S devrait recevoir une rémunération sous la forme d'un revenu supplémentaire au titre des fonctions de développement commercial exercées, des actifs utilisés et des risques assumés. Pour les années 1 à 3, l'ajustement nécessaire pourrait s'appuyer sur l'approche décrite à l'exemple 10. Pour les années 4 à 5, l'ajustement pourrait suivre une approche similaire, mais en réduisant les paiements de redevances que la société S verse à Primair plutôt que de baisser le prix d'achat des montres. Selon les faits et circonstances du cas d'espèce, il conviendrait également d'analyser l'opportunité de verser une rémunération à la société S au titre de la renégociation de l'accord à la fin de l'année 3, conformément aux recommandations énoncées dans la partie II du chapitre IX.

Exemple 14

46. Shuyona, société-mère d'un groupe d'entreprises multinationales, est constituée dans le pays X où elle exerce ses activités. Le groupe Shuyona assure la fabrication et la vente de biens de consommation. Afin de préserver et, si possible, d'accroître ses parts de marché, le groupe Shuyona conduit des activités continues de recherche visant à améliorer les produits existants et à mettre au point de nouveaux produits. Le groupe Shuyona dispose de deux centres de recherche-développement, le premier étant géré par Shuyona dans le pays X, le second par la société S, filiale de Shuyona, qui exerce ses activités dans le pays Y. Le centre de recherche-développement de Shuyona assume la responsabilité du programme de recherche global du groupe Shuyona. Ce centre de recherche-développement conçoit les programmes de recherche, prépare et contrôle les budgets, décide de la localisation des activités de recherche, assure le suivi de l'avancement de tous les projets de recherche-développement et, de manière générale, dirige la fonction de recherche-développement pour le groupe d'entreprises multinationales, en appliquant les orientations stratégiques formulées par la direction du groupe Shuyona.

47. Le centre de recherche-développement de la société S mène à bien les projets que le centre de recherche-développement de Shuyona lui attribue selon une approche projet par projet. Les propositions émanant du personnel de recherche de la société S concernant des

changements à apporter au programme de recherche doivent être formellement validées par le centre de recherche-développement de Shuyona. Le centre de recherche-développement de la société S transmet des rapports d'avancement de ses activités au moins chaque mois aux responsables du centre de recherche-développement de Shuyona. Si la société S dépasse le budget alloué à ses travaux par Shuyona, les responsables du centre de recherche-développement de Shuyona doivent approuver tout supplément de dépenses. Les contrats conclus entre les deux centres de recherche-développement précisent que Shuyona supporte toutes les dépenses liées aux activités de recherche-développement de la société S et tous les risques correspondants. Tous les brevets, modèles et autres actifs incorporels mis au point par le personnel de recherche de la société S sont déposés par Shuyona, en vertu d'accords entre les deux entreprises. Shuyona verse à la société S une commission au titre des activités de recherche-développement de cette dernière.

48. Une analyse des prix de transfert de ce cas d'espèce reconnaîtrait tout d'abord que Shuyona est le propriétaire légal des actifs incorporels. Shuyona contrôle et gère ses propres travaux de recherche-développement et ceux de la société S. Elle assure les fonctions importantes en la matière comme la préparation des budgets et des programmes de recherche, la définition des projets, le financement et le contrôle des dépenses. À ce titre, Shuyona est en droit de percevoir des revenus générés par l'exploitation des actifs incorporels mis au point grâce aux travaux de recherche-développement de la société S. Cette dernière est en droit de percevoir une rémunération au titre des fonctions exercées, des actifs utilisés et des risques assumés. Lors de la détermination de la rémunération due à la société S, il conviendrait de tenir compte de facteurs tels que les compétences et l'efficacité propres au personnel de recherche de la société S, la nature des travaux de recherche entrepris, et d'autres facteurs apportant une contribution à la valeur. Dans la mesure où des ajustements de prix de transfert sont nécessaires pour refléter le montant qu'un fournisseur de services de recherche-développement comparable recevrait au titre de ses prestations, ces ajustements devraient en règle générale porter sur l'année de fourniture du service, sans porter atteinte au droit de Shuyona à percevoir par la suite des revenus générés par l'exploitation des actifs incorporels obtenus grâce aux activités de recherche-développement de la société S.

Exemple 15

49. Shuyona, société-mère d'un groupe d'entreprises multinationales, est constituée dans le pays X où elle exerce exclusivement ses activités. Le groupe Shuyona assure la fabrication et la vente de biens de consommation. Afin de préserver et, si possible, d'accroître ses parts de marché, le groupe Shuyona conduit des activités continues de recherche visant à améliorer les produits existants et à mettre au point de nouveaux produits. Le groupe Shuyona dispose de deux centres de recherche-développement, le premier étant géré par Shuyona dans le pays X, le second par la société S, filiale de Shuyona, qui exerce ses activités dans le pays Y.

50. Le groupe Shuyona commercialise deux lignes de produits. Shuyona conduit toutes les activités de recherche-développement relatives à la ligne de produits A, tandis que le centre de recherche-développement de la société S se charge de la ligne de produits B. La société S est également le siège régional du groupe Shuyona pour l'Amérique du Nord et assume la responsabilité des activités d'exploitation liées à la ligne de produits B dans le monde entier. Cependant, tous les brevets découlant des travaux de recherche de la société S sont déposés par Shuyona. Celle-ci ne verse pas de rémunération, ou seulement une rémunération symbolique, à la société S au titre des inventions brevetables mises au point par le centre de recherche-développement de la société S.

51. Les centres de recherche-développement de Shuyona et de la société S fonctionnent de manière autonome, chacun d'eux supportant ses propres coûts d'exploitation. Conformément aux orientations générales formulées par la direction du groupe Shuyona, le centre de recherche-développement de la société S définit ses propres programmes de recherche, établit ses budgets, décide de suspendre ou de modifier des projets de recherche-développement, et recrute son personnel. Le centre de recherche-développement de la société S rend compte de ses activités aux responsables de la ligne de produits B au sein de la société S, et non au centre de recherche-développement de Shuyona. Des réunions conjointes entre les équipes de recherche-développement de Shuyona et de la société S sont organisées ponctuellement pour débattre des méthodes de recherche et examiner des problèmes communs.

52. Une analyse des prix de transfert de ce cas d'espèce reconnaîtrait tout d'abord que Shuyona est le propriétaire légal des actifs incorporels /le titulaire des brevets mis au point par la société S. À la différence de la situation décrite dans l'exemple 15, Shuyona n'assure pas ici le contrôle des fonctions de recherche de la société S, notamment des fonctions importantes de direction, préparation, gestion budgétaire et financement de la recherche. En conséquence, Shuyona est le propriétaire légal des actifs incorporels mais n'est pas en droit de retenir ou de percevoir un quelconque revenu généré par les actifs incorporels relatifs à la ligne de produits B. Les administrations fiscales pourraient établir un prix de transfert approprié en reconnaissant la qualité de Shuyona comme propriétaire légal des actifs incorporels mais en confirmant que la société S, compte tenu de ses contributions en termes de fonctions exercées, actifs utilisés et risques assumés, recevra une rémunération appropriée à condition de ne verser ni redevance ni paiement quelconque à Shuyona au titre du droit d'utiliser les actifs incorporels que la société S aurait réussi à mettre au point, de manière à ce que les revenus tirés à l'avenir de l'exploitation de ces actifs incorporels par la société S reviennent à cette dernière et non à Shuyona.

53. Si Shuyona exploite elle-même les actifs incorporels liés à la ligne de produits B, elle devrait verser une rémunération appropriée à la société S au titre des fonctions exercées, des actifs utilisés et des risques assumés en lien avec la mise au point des actifs incorporels concernés. Lors de la détermination de la rémunération appropriée de la société S, du fait que celle-ci assure toutes les fonctions importantes liés à la mise au point des actifs incorporels, il ne serait probablement pas approprié de choisir la société S comme étant la partie testée dans un accord de prestation de services de recherche-développement.

Exemple 16

54. Shuyona, société-mère d'un groupe d'entreprises multinationales, est constituée dans le pays X où elle exerce exclusivement ses activités. Le groupe Shuyona assure la fabrication et la vente de biens de consommation. Afin de préserver et, si possible, d'accroître ses parts de marché, le groupe Shuyona conduit des activités continues de recherche visant à améliorer les produits existants et à mettre au point de nouveaux produits. Le groupe Shuyona dispose de deux centres de recherche-développement, le premier étant géré par Shuyona dans le pays X, le second par la société S, filiale de Shuyona, qui exerce ses activités dans le pays Y. Les relations existant entre les centres de recherche-développement de Shuyona et de la société S sont celles décrites dans l'exemple 14.

55. Au cours de l'année 1, Shuyona vend tous les droits sur les brevets et sur les autres actifs incorporels de nature technologique, y compris sur les actifs incorporels en cours de mise au point, à une nouvelle filiale, la société T, constituée dans le pays Z. La société T met en place un site de fabrication dans le pays Z et commence à fournir des produits aux entités du groupe Shuyona à travers le monde. Aux fins de cet exemple, il est supposé que

la rémunération versée par la société T en contrepartie du transfert des brevets et des actifs incorporels correspondants est basée sur une évaluation des flux de trésorerie à venir générés par les actifs incorporels transférés au moment de la transaction.

56. Au moment du transfert des brevets et des actifs incorporels correspondants, la société T conclut deux contrats de recherche distincts, le premier avec Shuyona, le second avec la société S. En vertu de ces contrats, la société T s'engage à assumer les risques financiers liés à un possible échec de projets de recherche-développement à venir, à supporter les coûts de toutes les futures activités de recherche-développement, et à verser à Shuyona et à la société S une commission au titre de services rendus, calculée en fonction du coût des activités de recherche-développement majoré d'un élément de profit équivalent à la marge bénéficiaire sur les coûts obtenue par certaines entreprises indépendantes identifiées qui fournissent des services de recherche.

57. La société T ne dispose pas du personnel technique en mesure de conduire et de superviser les activités de recherche. Shuyona continue à mettre au point et à définir le programme de recherche-développement relatif à la mise au point des actifs incorporels, à établir ses propres budgets de recherche-développement, à recruter ses équipes de recherche et à décider de suspendre ou de modifier ses projets de recherche-développement. De plus, Shuyona continue à assurer le suivi et le contrôle des activités de recherche-développement de la société S comme décrit dans l'exemple 14.

58. L'analyse des prix de transfert commence par l'identification des relations commerciales ou financières entre les parties et les conditions et circonstances économiquement significatives rattachées à ces relations, afin que la transaction contrôlée soit délimitée avec précision selon les principes du chapitre I, section D.1. Les hypothèses clés dans cet exemple sont que la société T est un fabricant et n'exerce pas d'activités liées à l'acquisition, à la mise au point ou à l'exploitation d'actifs incorporels, et ne contrôle pas les risques liés à l'acquisition d'actifs incorporels ou à leur mise au point ultérieure. Au lieu de cela, toutes les activités de développement et fonctions de gestion des risques liés aux actifs incorporels sont réalisées par Shuyona et la société S, et Shuyona contrôle le risque. Un examen approfondi de la transaction indique que celle-ci doit être délimitée avec précision car l'apport d'un financement par la société T équivaut aux coûts des actifs incorporels acquis et au développement en cours. Une hypothèse clé dans cet exemple est que, bien que la société T assume contractuellement le risque financier et possède la capacité financière d'assumer ce risque, elle n'a néanmoins pas le contrôle sur ce risque, conformément aux principes énoncés aux paragraphes 6.63 et 6.64. Par conséquent, à part les bénéfices de sa fabrication, la société T ne doit pas s'attendre à mieux qu'un rendement sans risque au titre de ses activités de financement. (Pour plus de précisions, voir la section D.1 du chapitre I, et en particulier le paragraphe 1.103).

Exemple 17

59. La société A est une société pharmaceutique pleinement intégrée qui exerce des activités de recherche, mise au point, production et vente de préparations pharmaceutiques. La société A conduit ses activités dans le pays X. Dans le cadre de ses activités de recherche, la société A fait régulièrement appel à des sociétés de recherche sous contrat (SRC) pour conduire diverses activités de recherche-développement, notamment la définition et la réalisation d'essais cliniques portant sur les produits en cours de mise au point par la société A. Cependant, les SRC ne mènent pas les activités de recherche fondamentale nécessaires pour identifier de nouveaux composés pharmaceutiques. Lorsque la société A fait appel à une SRC pour conduire des activités de recherche clinique, le personnel de recherche de la société A participe activement à la conception des études

confiées à la SRC, fournit à celle-ci des informations et des résultats issus de travaux antérieurs, définit les budgets et les échéances pour les projets menés par la SRC et assure un contrôle qualité continu des activités ainsi sous-traitées. Dans le cadre de tels accords, les SRC sont rémunérées sous la forme d'une commission pour services rendus et ne perçoivent aucune part des bénéfices générés par la vente des produits mis au point grâce à leurs travaux de recherche.

60. La société A transfère les brevets et les actifs incorporels liés au produit M, une préparation pharmaceutique se trouvant à un stade peu avancé de mise au point, susceptible d'être utilisée dans le traitement de la maladie d'Alzheimer, à la société S, une filiale de la société A qui exerce ses activités dans le pays Y (la transaction porte uniquement sur les actifs incorporels existants et n'inclut pas de rémunération au titre des futurs services de recherche-développement de la société A). Aux fins de cet exemple, il est supposé que la société S paie un prix au titre du transfert des actifs incorporels liés au produit M sur la base d'une évaluation des flux de trésorerie à venir. La société S ne dispose pas du personnel en mesure de concevoir, de conduire ou de superviser les activités de recherche liées au produit M. La société S conclut donc un accord avec la société A afin que celle-ci poursuive le programme de recherche en cours lié au produit M comme elle le faisait avant le transfert des actifs incorporels à la société S. La société S s'engage à financer toutes les recherches en cours, à assumer le risque financier lié à un échec potentiel de ces recherches, et à payer les services de la société A selon l'approche du coût majoré, en appliquant la marge générée par des SRC comparables à celles auxquelles la société A fait régulièrement appel.

61. Une analyse des prix de transfert de ce cas d'espèce reconnaîtrait tout d'abord que, suite au transfert, la société S est le propriétaire légal des actifs incorporels liés au produit M en vertu des contrats conclus et des dépôts de brevets effectués. Cependant la société A continue à gérer et à contrôler les risques liés aux actifs incorporels détenus par la société S, y compris les fonctions importantes décrites au paragraphe 6.56, et est en droit de percevoir une rémunération au titre de ces contributions. Dans ces circonstances, les transactions entre la société A et des SRC ne sont pas comparables aux accords conclus entre la société S et la société A en lien avec le produit M et ne peuvent être utilisées comme référence pour déterminer la rémunération de pleine concurrence revenant à la société A au titre des activités de recherche-développement en cours concernant les actifs incorporels liés au produit M. Dans le cadre de ses transactions avec des SRC, la société A exerce et contrôle certaines fonctions et assume certains risques qui ne sont pas des fonctions exercées et contrôlées, ni des risques assumés, par la société S lors de ses transactions avec la société A.

62. Bien que la société S soit propriétaire légale des actifs incorporels, elle n'est pas en droit de percevoir tous les bénéfices générés par l'exploitation de ceux-ci. La société S n'étant pas en mesure de contrôler les risques relatifs aux activités de recherche, il convient de reconnaître que la société A assume une part importante des risques correspondants, et que cette dernière devrait être rémunérée au titre de ces fonctions, notamment des fonctions importantes décrites au paragraphe 6.56. En l'espèce, la société A devrait être en droit de percevoir des revenus supérieurs à ceux qui seraient versés à une SRC.

63. Dans cet exemple, un examen approfondi de la transaction peut démontrer qu'elle devrait être précisément délimitée car l'apport d'un financement par la société S équivaut aux coûts des actifs incorporels acquis et à leur mise au point en cours. Par conséquent, la société S n'a droit qu'à un retour de financement. Le niveau de ce retour de financement dépendra du contrôle exercé sur le risque de financement, conformément aux directives de la section D.1 du chapitre I, et les principes énoncés aux paragraphes 6.63 et 6.64. La société A serait alors en droit de conserver les revenus ou les pertes restantes.

Exemple 18

64. Primarni est une société constituée dans le pays A, où elle exerce ses activités. La société S, une entreprise associée de Primarni, est une société constituée dans le pays B, où elle exerce ses activités. Primarni met au point une invention brevetée et un savoir-faire de fabrication en lien avec le produit X. Elle obtient des brevets valables dans tous les pays concernés dans cet exemple. Primarni et la société S concluent par écrit un contrat de licence par lequel Primarni cède à la société S le droit d'utiliser les brevets et le savoir-faire liés au produit X en vue de fabriquer et de vendre ce produit dans le pays B, tandis que Primarni conserve les droits relatifs aux brevets et au savoir-faire en lien avec le produit X pour l'Asie, l'Afrique ainsi que pour le pays A.

65.Supposons que la société S utilise les brevets et le savoir-faire pour fabriquer le produit X dans le pays B. Elle vend le produit X à la fois à des clients indépendants et associés dans le pays B. En outre, elle vend le produit X à des sociétés de distribution associées implantées en Afrique et en Asie. Les sociétés de distribution associées revendent des unités de produit X à des clients sur les marchés d'Afrique et d'Asie. Primarni ne fait pas valoir les droits qu'elle a conservés sur les brevets pour l'Asie et l'Afrique qui lui permettraient d'empêcher la société S de vendre le produit X à des sociétés de distribution associées exerçant leur activité en Afrique et en Asie.

66. En l'espèce, le comportement des parties suggère que la transaction réalisée entre Primarni et la société S est en réalité une cession des droits sur les brevets et savoir-faire relatifs au produit X dans le pays B, mais aussi en Asie et en Afrique. Lors de l'analyse des prix de transfert portant sur les transactions entre la société S et Primarni, et sur le fondement du comportement des parties, il conviendrait de considérer que les droits cédés à la société S par le contrat de licence ne se limitent pas au pays B mais qu'ils s'étendent à l'Asie et à l'Afrique. Le taux de redevance devrait être recalculé pour prendre en compte les ventes totales prévues par la société S sur l'ensemble de ses marchés, y compris celles réalisées par l'intermédiaire des sociétés de distribution implantées en Afrique et en Asie.

Exemple 19

67. La société P, résidente du pays A, conduit des activités de commerce de détail et exploite plusieurs grands magasins dans le pays A. Au fil des ans, la société P a mis au point un savoir-faire particulier et un concept de commercialisation unique en lien avec l'exploitation de ses grands magasins. Il est supposé que le savoir-faire et le concept de commercialisation unique constituent des actifs incorporels au sens de la section A du chapitre VI. Après avoir conduit ses activités avec succès dans le pays A pendant plusieurs années, la société P constitue une nouvelle filiale, la société S, dans le pays B. La société S ouvre de nouveaux grands magasins, qu'elle exploite, dans le pays B, où elle obtient des marges bénéficiaires significativement plus élevées que celles obtenus par des détaillants par ailleurs comparables dans le pays B.

68. Une analyse fonctionnelle détaillée révèle que la société S utilise, pour conduire ses activités dans le pays B, le savoir-faire et le concept de commercialisation unique utilisés par la société P dans le pays A. Dans ces circonstances, le comportement les parties révèle qu'une transaction a été réalisée, portant sur le transfert par la société P vers la société S du droit d'utiliser le savoir-faire et le concept de commercialisation unique. Dans des circonstances comparables, des parties indépendantes auraient conclu un contrat de licence cédant à la société S le droit d'utiliser, dans le pays B, le savoir-faire et le concept de commercialisation unique mis au point par la société P. En conséquence, une solution possible pour l'administration fiscale consiste à pratiquer un ajustement des prix de

transfert sous la forme d'un paiement de redevance par la société S en faveur de la société P au titre de l'utilisation de ces actifs incorporels.

Exemple 20

69. Ilcha est une société constituée dans le pays A. Depuis de nombreuses années, le groupe Ilcha fabrique et vend le produit Q dans les pays B et C par l'intermédiaire d'une filiale détenue à 100 pour cent, la société S1, constituée dans le pays B. Ilcha détient des brevets liés à la conception du produit Q et a mis au point une marque de fabrique unique ainsi que d'autres actifs incorporels relatifs à la commercialisation. Les brevets et marques de fabrique sont déposés au nom de Ilcha dans les pays B et C.

70. Pour des raisons commerciales valables, Ilcha considère que les activités du groupe dans les pays B et C se développeraient si elles étaient menées par l'intermédiaire de filiales distinctes dans les pays B et C. En conséquence, Ilcha constitue dans le pays C une filiale détenue à 100 pour cent, la société S2. Concernant les activités conduites dans le pays C :

- la société S1 transfère à la société S2 les actifs corporels relatifs à la fabrication et à la commercialisation des produits qui étaient jusqu'alors utilisés par la société S1 dans le pays C,
- Ilcha et la société S1 conviennent de résilier l'accord qui cédait à la société S1 les droits suivants en lien avec le produit Q : les droits de fabrication et de commercialisation du produit Q dans le pays C, le droit d'utiliser les brevets et la marque de fabrique dans la conduite de ses activités de fabrication et de commercialisation dans le pays C ; le droit d'utiliser des relations avec la clientèle, les listes de clients, la survaleur et d'autres actifs dans le pays C (ci-après, les « Droits »),
- Ilcha conclut avec la société S2 de nouveaux contrats de licence à long terme pour céder à cette dernière les Droits dans le pays C.

La filiale nouvellement constituée mène par la suite les activités liées au produit Q dans le pays C, tandis que la société S1 poursuit ses activités liées au produit Q dans le pays B.

71. Il est supposé qu'au fil des années, les activités de la société S1 dans le pays C ont atteint une valeur significative et qu'une entreprise indépendante manifeste son intention de racheter ces activités. Il est également supposé qu'aux fins d'une évaluation comptable, industrielle et commerciale, une part de la valeur de ces activités soit considérée comme une survaleur lors de l'affectation du prix d'acquisition réalisée au titre de la vente des activités de la société S1 dans le pays C à une partie indépendante.

72. Compte tenu des faits et circonstances du cas d'espèce, de la valeur est transférée vers la société S2 par la conjonction de deux facteurs : (i) le transfert d'une partie des actifs corporels d'exploitation de la société S1 vers la société S2 dans le pays C et ; (ii) le transfert par Ilcha vers la société S2 des Droits auxquels la société S1 a renoncé. On dénombre trois transactions :

- le transfert d'une partie des actifs corporels d'exploitation de la société S1 vers la société S2 dans le pays C ;
- la restitution par la société S1 des droits cédés par Ilcha ;
- la cession d'une licence par Ilcha à la société S2.

Aux fins de la fixation des prix de transfert, les prix payés par Ilcha et par la société S2 dans le cadre de ces transactions devrait refléter la valeur des activités et donc inclure les sommes pouvant être qualifiées de survaleur lors d'un enregistrement en comptabilité.

Exemple 21

73. Första, un fabricant de biens de consommation, est une société constituée dans le pays A où elle exerce son activité. Avant l'année 1, Första produisait le produit Y dans le pays A et le vendait dans de nombreux pays à travers le monde par l'intermédiaire de sociétés de distribution affiliées. Le produit Y bénéficie d'une bonne reconnaissance et se vend à un prix majoré par rapport aux produits concurrents. En effet, Första est le propriétaire légal de la marque de fabrique qu'il a mise au point et dispose d'une survaleur qui se traduit par un tel prix majoré.

74. Au cours de l'année 2, Första constitue dans le pays B la société S, une filiale détenue à 100 pour cent. La société S intervient comme distributeur principal et centre de facturation. Första continue de livrer le produit Y directement à ses sociétés de distribution affiliées, mais la propriété des biens est transférée à la société S, qui refacture les produits aux sociétés de distribution affiliées.

75. Au début de l'année 2, la société S décide de rembourser aux sociétés de distribution affiliées une part de leurs dépenses publicitaires. Les prix du produit Y facturés par la société S à ces distributeurs affiliés sont révisés à la hausse de manière à ce que les marges opérationnelles de ces derniers demeurent constantes malgré le transfert des dépenses publicitaires vers la société S. Il est supposé que les marges opérationnelles obtenues par les distributeurs affiliés sont conformes au principe de pleine concurrence aussi bien avant l'année 2 qu'après celle-ci, compte tenu de la hausse des prix des produits et du remboursement des dépenses publicitaires. La société S n'assure aucune fonction en matière publicitaire et n'assume aucun risque lié à la commercialisation des produits.

76. Au cours de l'année 3, Första baisse les prix facturés à la société S. Första et la société S affirment que cette baisse est justifiée par le fait que la société S soit désormais en droit de percevoir des revenus liés aux actifs incorporels. Il est avancé que ce revenu est attribuable à des actifs incorporels liés au produit Y et créés grâce aux dépenses publicitaires supportées par la société S.

77. En substance, la société S n'est pas en droit de percevoir des revenus générés par l'exploitation d'actifs incorporels liés au produit Y. Elle n'exerce aucune fonction, n'assume aucun risque, et, en réalité, ne supporte aucune charge liée à la mise au point, à l'amélioration, à la conservation ou à la protection des actifs incorporels. Des ajustements de prix de transfert permettant à Första d'accroître ses revenus au cours de l'année 3 et au-delà seraient donc justifiés.

Exemple 22

78. La société A détient deux concessions publiques, lui permettant respectivement d'exercer une activité minière et d'exploiter une ligne de chemin de fer. La valeur de marché de la concession minière est égale à 20 et celle de la concession ferroviaire est égale à 10. La société A ne possède aucun autre actif.

79. Birincil, entreprise indépendante de la société A, acquiert 100 pour cent des titres de participation de la société A pour un prix de 100. Lors de l'affectation du prix d'acquisition enregistrée par Birincil dans sa comptabilité, une valeur de 20 est allouée à la

concession minière, une valeur de 10 est allouée à la concession ferroviaire, et une valeur de 70 est allouée à une survaleur découlant des synergies créées entre les deux concessions.

80. Immédiatement après l'acquisition, Birincil fait en sorte que la société A transfère ses concessions minière et ferroviaire à la société S, filiale de Birincil.

81. Lors de l'analyse des prix de transfert visant à établir le prix de pleine concurrence devant être payé à la société S au titre de la transaction avec la société A, il importe d'identifier précisément les actifs incorporels transférés. Au même titre que lors de l'acquisition de la société A par Birincil dans des conditions de pleine concurrence, la survaleur associée aux concessions transférées à la société S devrait être prise en compte, puisque, généralement, on suppose qu'une restructuration des activités internes ne cause ni disparition, ni destruction de valeur.

82. Ainsi, le prix de pleine concurrence de la transaction entre les sociétés A et S devrait tenir compte de la concession minière, de la concession ferroviaire et la survaleur reconnue à des fins comptables. Le prix de 100 versé par Birincil pour acheter les titres de participation de la société A représente un prix de pleine concurrence de ce parts et fournit une indication utile sur la valeur combinée des actifs incorporels.

Exemple 23

83. Birincil acquiert 100 pour cent des titres de participation dans une entreprise indépendante, la société T, pour un prix de 100. La société T conduit des activités de recherche-développement et a partiellement mis au point plusieurs technologies mais son chiffre d'affaires demeure très limité. Le prix d'acquisition est justifié pour l'essentiel par la valeur de technologies prometteuses, mais dont la mise au point n'est pas achevée, et par la capacité potentielle des salariés de la société T à poursuivre la mise au point de nouvelles technologies à l'avenir. Lors de l'affectation du prix d'acquisition dans sa comptabilité, Birincil a alloué une valeur de 20 aux actifs corporels et aux actifs incorporels identifiés, et de 80 à la survaleur.

84. Immédiatement après avoir racheté la société T, Birincil fait en sorte que la société T transfère tous les droits qu'elle détient sur des technologies entièrement ou partiellement mises au point, y compris les brevets, secrets industriels ou commerciaux et savoir-faire techniques, à la société S, filiale de Birincil. En parallèle, la société S conclut un contrat de recherche avec la société T, qui prévoit que le personnel de cette dernière continuera à se consacrer exclusivement à la mise au point des technologies transférées et au développement de nouvelles technologies pour le compte de la société S. Aux termes de ce contrat, la société T recevra une rémunération pour ses services de recherche selon le principe du coût majoré d'un élément de profit et tous les droits sur des actifs incorporels mis au point ou améliorés dans le cadre du contrat de recherche reviendront à la société S. En contrepartie, la société S financera toutes les activités de recherche à venir et assumera les risques financiers liés à la possibilité que tout ou partie des activités futures de recherche ne débouche pas sur la mise au point de produits commercialement viables. La société S dispose d'une équipe de recherche importante, qui comprend des personnels de gestion responsables de technologies de même nature que celles acquises auprès de la société T. À l'issue des transactions décrites ci-dessus, les salariés de la société S occupant des fonctions de recherche et de gestion assument la pleine responsabilité de la gestion et du suivi des travaux menés par l'équipe de recherche de la société T. La société S approuve les nouvelles activités, prépare et établit des budgets et supervise par ailleurs les travaux de recherche menés par la société T. Tout le personnel de recherche de la société T conserve le statut de salarié de cette entreprise et se consacre exclusivement à fournir les services prévus au contrat de recherche conclu avec la société S.

85. Lors de l'analyse de prix de transfert visant à déterminer le prix de pleine concurrence que la société S doit verser à la société T au titre des actifs incorporels transférés, ainsi que le prix des services de recherche-développement fournis par la société T, il importe d'identifier les actifs incorporels particuliers transférés à la société S et ceux conservés par la société T. Les définitions et évaluations des actifs incorporels utilisées lors de l'affectation du prix d'acquisition ne sont pas déterminantes aux fins de la fixation des prix de transfert. Le prix de 100 versé par Birincil pour acquérir les titres de participation de la société T représente un prix de pleine concurrence des titres de participation de cette société et fournit une indication utile concernant la valeur des activités de la société T. La valeur totale de cette activité devrait se refléter soit dans la valeur des actifs corporels et incorporels transférés à la société S, soit dans la valeur des actifs corporels et incorporels et du personnel dont dispose la société T. Dans certains cas, une part importante de la valeur décrite lors de l'affectation du prix d'acquisition comme une survaleur de la société T peut avoir été transférée à la société S en même temps que les autres actifs incorporels de la société T. Dans d'autres cas, une partie de la valeur décrite lors de l'affectation du prix d'acquisition comme une survaleur peut avoir été conservée par la société T. Conformément au principe de pleine concurrence, la société T devrait recevoir une rémunération au titre de cette valeur, qu'elle soit comprise dans le prix payé par la société S au titre du transfert de droits sur des actifs incorporels de nature technologique, ou versée pendant les années qui suivent la transaction au titre des services de recherche-développement fournis par le personnel de la société T. En règle générale, on suppose qu'une restructuration des activités internes ne cause ni disparition, ni destruction de valeur. Si le transfert des actifs incorporels avait eu lieu un certain temps après l'acquisition, une nouvelle analyse aurait été nécessaire pour vérifier si, depuis la date de l'acquisition, les actifs incorporels s'étaient appréciés ou dépréciés.

Exemple 24

86. Zhu est une société de conseil en développement de logiciels. Par le passé, Zhu a mis au point pour l'un de ses clients, la banque A, un logiciel qui gère les transactions effectuées auprès des distributeurs automatiques de billets. Dans le cadre de ce projet, Zhu a obtenu et conservé des droits sur un code logiciel propriétaire protégé par des droits d'auteur qui serait susceptible de convenir à d'autres clients du secteur bancaire dans la même situation, moyennant toutefois certaines modifications et personnalisations.

87. Il est supposé que la société S, une entreprise associée de Zhu, conclut avec une autre banque, la banque B, un accord distinct portant sur la mise au point d'un logiciel gérant les transactions effectuées auprès des distributeurs automatiques de billets. Zhu accepte d'aider son entreprise associée en lui fournissant des salariés ayant travaillé sur le projet destiné à la banque A afin qu'ils participent au projet de la société S destiné à la banque B. Ces salariés ont accès aux éléments de conception logicielle et au savoir-faire mis au point lors du projet destiné à la banque A, y compris du code logiciel propriétaire. Ce code et les services fournis par les salariés de Zhu sont utilisés par la société S pour mener à bien le projet destiné à la banque B. Finalement, la société S livre à la banque B un logiciel de gestion des transactions effectuées auprès des distributeurs automatiques de billets et la licence correspondante d'utilisation du logiciel développé au cours du projet. Des parties du code propriétaire créé par Zhu dans le cadre du projet destiné à la banque A sont intégrées dans le logiciel livré par la société S à la banque B. Ces parties de code créées lors du projet destiné à la banque A et intégrées dans le logiciel livré à la banque B sont suffisamment conséquentes pour justifier une réclamation pour violation de droits d'auteur en cas de copie non autorisée par un tiers.

88. Lors d'une analyse des prix de transfert de ces transactions, il conviendrait de prendre en compte deux avantages reçus de la part de Zhu par la société S qui requièrent une rémunération. Premièrement, la société S a reçu des services fournis par les salariés de Zhu mis à sa disposition pour travailler sur le projet destiné à la banque B. Deuxièmement, elle a obtenu des droits sur le logiciel propriétaire de Zhu qui a été utilisé comme socle du développement du logiciel livré à la banque B. La rémunération devant être versée à Zhu par la société S devrait inclure la rémunération due au titre des services et celle correspondant aux droits sur le logiciel.

Exemple 25

89. Prathamika est la société-mère d'un groupe d'entreprises multinationales. Elle a eu à gérer plusieurs litiges importants et son service juridique interne a acquis une solide expérience dans le suivi de tels dossiers pour le compte de la société. Dans le cadre de la gestion de ces litiges, Prathamika a mis au point des logiciels de gestion documentaire uniques dans son secteur.

90. La société S, entreprise associée de Prathamika, se voit impliquée dans un litige complexe similaire à ceux que le service juridique de Prathamika a appris à gérer. Prathamika convient de fournir à la société S deux personnes appartenant à son service juridique pour la gestion de ce litige. Ces salariés de Prathamika sont responsables de la gestion des documents relatifs au litige et utilisent, à ce titre, le logiciel de gestion documentaire de Prathamika. Cependant, ils n'autorisent pas la société S à utiliser ce logiciel en lien avec d'autres litiges ni à le mettre à la disposition des clients de la société S.

91. Dans ce contexte, il ne serait pas approprié de considérer que Prathamika a transféré des droits sur des actifs incorporels à la société S dans le cadre de cet accord de service. Toutefois, l'expérience des salariés de Prathamika et leur utilisation d'un logiciel leur permettant de fournir les services convenus de manière plus efficace et efficiente sont des éléments qui devraient entrer en ligne de compte aux fins d'une analyse de comparabilité portant sur la fixation d'une commission au titre de services rendus par le personnel mis à disposition par Prathamika.

Exemple 26

92. Osnovni, société-mère d'un groupe d'entreprises multinationales, a pour activité la mise au point et la vente de logiciels. Elle acquiert 100 pour cent des participations dans la société S, une société cotée constituée dans le même pays qu'Osnovni, pour un prix de 160. Lors de l'acquisition, la valeur de marché totale des actions de la société S était égale à 100. Les autres acheteurs potentiels de la société S offraient des montants compris entre 120 et 130 pour le rachat de la société.

93. À la date de son rachat, la société S n'avait comptabilisé qu'un faible montant d'immobilisations. Sa valeur correspondait pour l'essentiel à des droits sur des actifs incorporels mis au point ou en cours de mise au point liés à des logiciels et aux compétences de son personnel. Lors de l'affectation du prix d'acquisition dans sa comptabilité, Osnovni a alloué une valeur de 10 aux actifs corporels, de 60 aux actifs incorporels, et de 90 à la survaleur. Dans les présentations faites devant son conseil d'administration, Osnovni a justifié le prix d'acquisition de 160 par la complémentarité entre les produits actuels du groupe Osnovni et les produits actuels et potentiels de la société S.

94. La société T est une filiale détenue à 100 pour cent par Osnovni. Osnovni a toujours octroyé à la société T des licences exclusives sur tous ses actifs incorporels liés

aux marchés européens et asiatiques. Aux fins de cet exemple, il est supposé que tous les accords de licence concernant les marchés européens et asiatiques octroyés à la société T avant l'acquisition étaient conformes au principe de pleine concurrence.

95. Immédiatement après avoir racheté la société S, Osnovni procède à sa liquidation et cède à la société T une licence exclusive et perpétuelle relative aux droits sur les actifs incorporels liés aux produits de la société S vendus sur les marchés européens et asiatiques.

96. Lors de la détermination du prix de pleine concurrence des actifs incorporels de la société S cédés sous licence à la société T en vertu des accords mentionnés ci-dessus, il importe de tenir compte de la surcote des actions de la société S comprise dans le prix d'acquisition. Dans la mesure où cette surcote traduit la complémentarité entre les produits du groupe Osnovni et ceux de la société S sur les marchés européens et asiatiques dont la société T a obtenu les licences, le prix acquitté par cette dernière au titre des actifs incorporels et droits sur des actifs incorporels de la société S qui lui sont transférés devrait refléter une portion appropriée de la surcote d'acquisition. En revanche, dans la mesure où cette surcote est attribuable exclusivement à des complémentarités entre des produits vendus en dehors des marchés de la société T, la surcote ne devrait pas entrer en ligne de compte pour déterminer le prix de pleine concurrence payé par la société T au titre des actifs incorporels de la société S liés aux marchés géographiques de la société T. La valeur attribuée aux actifs incorporels lors de l'affectation du prix d'acquisition à des fins comptables n'est pas déterminante aux fins de la fixation des prix de transfert.

Exemple 27

97. La société A, société-mère d'un groupe d'entreprises multinationales, exerce ses activités dans le pays X. Elle détient des brevets, des marques de fabrique et des savoir-faire relatifs à plusieurs produits fabriqués et vendus par le groupe. La société B est une filiale détenue à 100 pour cent par la société A. La société B, qui conduit l'ensemble de ses activités dans le pays Y, détient également des brevets, des marques de fabrique et des savoir-faire relatifs au produit M.

98. Pour des raisons commerciales valables liées à la protection des brevets du groupe et aux efforts en matière de lutte contre la contrefaçon, le groupe d'entreprises multinationales décide de centraliser la propriété de ses brevets au sein de la société A. En conséquence, la société B vend les brevets relatifs au produit M à la société A pour un montant forfaitaire. Suite à la vente, il incombe à la société A d'assurer la continuité de toutes les fonctions, et d'assumer tous les risques liés aux brevets portant sur le produit M. À l'issue d'une analyse de comparabilité, notamment fonctionnelle, approfondie, le groupe d'entreprises multinationales conclut qu'il n'est pas en mesure d'identifier des transactions comparables sur le marché libre pouvant être utilisées pour fixer le prix de pleine concurrence. La société A et la société B concluent pour des raisons valables que le recours à des techniques d'évaluation constitue la méthode de prix de transfert la plus appropriée pour déterminer si le prix convenu est conforme à celui de transactions de pleine concurrence.

99. Les évaluateurs utilisent une approche qui évalue directement les actifs et les brevets pour parvenir à une valeur actuelle nette après impôts égale à 80 pour le brevet relatif au produit M. L'analyse est fondée sur des taux de redevance, des taux d'actualisation et des durées d'utilité habituellement pratiqués dans le secteur dont le produit M est issu. Toutefois, des différences importantes existent entre le produit M et les droits de brevets relatifs au produit M, d'une part, et les valeurs habituellement pratiquées dans le secteur, de l'autre. Les accords de redevance utilisés lors de l'analyse ne répondraient donc pas aux

critères de comparabilité définis aux fins de la méthode du prix comparable sur le marché libre. L'évaluation a pour finalité d'effectuer des ajustements au titre de ces différences.

100. Lors de son évaluation, la société A réalise une analyse fondée sur l'actualisation des flux de trésorerie générés par l'ensemble des activités liées au produit M. Selon cette analyse, qui s'appuie sur les paramètres d'évaluation habituellement employés par la société A pour évaluer des projets d'acquisitions, la valeur actuelle de l'ensemble des activités liées au produit M est égale à 100. L'écart de 20 qui sépare l'évaluation de l'ensemble des activités liées au produit M, établie à 100, de celle du seul brevet, établie à 80, ne semble pas appropriée pour refléter la valeur actuelle nette des rémunérations correspondant aux fonctions normalement exercées par la société B et pour rendre compte de la valeur des marques de fabrique et des savoir-faire détenus par la société B. Dans cette situation, il conviendrait de réexaminer la fiabilité de la valeur de 80 attribuée au brevet.

Exemple 28

101. La société A, société-mère d'un groupe d'entreprises multinationales, exerce ses activités dans le pays S. Les sociétés B et C appartiennent à ce même groupe et conduisent leurs activités respectivement dans le pays T et le pays U. Pour des raisons commerciales valables, le groupe d'entreprises multinationales décide de rassembler en un lieu unique tous ses actifs incorporels liés à des activités conduites hors du pays S. En conséquence, les actifs incorporels détenus par la société B sont vendus à la société C pour un montant forfaitaire, incluant les brevets, marques de fabrique, savoir-faire et les relations avec les clients. En parallèle, la société C choisit la société B comme sous-traitant chargé de fabriquer les produits que la société B fabriquait et vendait auparavant en assumant tous les risques correspondants. La société C dispose des ressources et des effectifs requis pour gérer les lignes d'activité acquises, notamment les phases ultérieures de mise au point des actifs incorporels nécessaires à l'activité de la société B.

102. Le groupe d'entreprises multinationales ne parvient pas à identifier des transactions comparables sur le marché libre pouvant être utilisées lors d'une analyse de prix de transfert visant à établir le prix de pleine concurrence versé par la société C à la société B. Sur le fondement d'une analyse détaillée de comparabilité, notamment fonctionnelle, le groupe d'entreprises multinationales conclut que la méthode de prix de transfert la plus appropriée passe par des techniques d'évaluation des actifs incorporels transférés. Lorsqu'il réalise son évaluation, le groupe n'est pas en mesure de séparer de manière fiable les flux de trésorerie attribuables à chaque actif incorporel concerné.

103. Dans cette situation, il pourrait être pertinent de déterminer la rémunération de pleine concurrence que devra verser la société C au titre des actifs incorporels vendus par la société B en évaluant les actifs incorporels transférés selon une approche agrégée plutôt qu'en visant une évaluation actif par actif. Cela s'applique tout particulièrement en cas de différence significative entre, d'une part, la somme des meilleures estimations disponibles de la valeur des actifs incorporels et d'autres actifs identifiés et évalués séparément et, d'autre part, la valeur de l'entreprise dans son ensemble.

Exemple 29

104. Pervichnyi, société-mère d'un groupe d'entreprises multinationales, est constituée dans le pays X où elle exerce ses activités. Avant l'année 1, Pervichnyi a mis au point les brevets et marques de fabrique concernant le produit F. Elle fabriquait le produit F dans le pays X et le fournissait à des filiales de distribution à travers le monde. Aux fins du présent

exemple, il est supposé que les prix facturés aux filiales de distribution étaient de façon constante des prix de pleine concurrence.

105. Au début de l'année 1, Pervichnyi crée une filiale détenue à 100 pour cent, la société S, dans le pays Y. Afin de réduire ses coûts, Pervichnyi transfère la totalité de la fabrication du produit F à la société S. Lors de la constitution de la société S, Pervichnyi vend à celle-ci les brevets et marques de fabrique concernant le produit F pour un montant forfaitaire. Dans ces circonstances, Pervichnyi et la société S cherchent à identifier le prix de pleine concurrence des actifs incorporels transférés en utilisant une méthode d'évaluation fondée sur l'actualisation des flux de trésorerie.

106. Selon cette évaluation, Pervichnyi aurait pu générer des flux de trésorerie résiduels (après avoir rémunéré dans des conditions de pleine concurrence toutes les fonctions exercées par les autres membres du groupe d'entreprises multinationales) après impôts d'une valeur actuelle de 600 si elle avait continué à fabriquer le produit F dans le pays X. Du point de vue de l'acheteur, l'évaluation indique que la société S pourrait générer des flux de trésorerie résiduels après impôts d'une valeur actuelle égale à 1 100 si elle détenait les actifs incorporels et fabriquait le produit dans le pays Y. Plusieurs facteurs permettent d'expliquer la différence entre la valeur actuelle des flux de trésorerie résiduels après impôts estimés respectivement pour Pervichnyi et pour la société S.

107.Une autre option offerte à Pervichnyi consisterait à conserver la propriété des actifs incorporels et à confier à la société S ou à un autre fournisseur la fabrication des produits pour son compte dans le pays Y. Selon ce scénario, Pervichnyi estime qu'elle pourrait générer des flux de trésorerie résiduels après impôts d'une valeur actuelle de 875.

108. Lors de la détermination de la rémunération de pleine concurrence au titre des actifs incorporels transférés par Pervichnyi à la société S, il importe de tenir compte du point de vue de chacune des parties, des options réalistes qui s'offrent à elles et des faits et circonstances du cas d'espèce. Pervichnyi ne vendrait certainement pas les actifs incorporels à un prix qui génèrerait des flux de trésorerie résiduels après impôts d'une valeur actuelle inférieure à 600, soit les flux de trésorerie résiduels qu'elle pourrait générer en conservant les actifs incorporels et en poursuivant son activité comme par le passé. De plus, rien ne permet de penser que Pervichnyi vendrait les actifs incorporels pour un prix qui génèrerait des flux de trésorerie résiduels après impôts d'une valeur actuelle inférieure à 875. Si Pervichnyi pouvait bénéficier de la réduction des coûts de fabrication en chargeant une autre entité de produire pour son compte dans un pays à bas coûts, une option réaliste qui s'offre à elle consiste à conduire une telle activité de sous-traitance de fabrication. Cette option réaliste doit entrer en ligne de compte lors de la détermination du prix de vente des actifs incorporels concernés.

109. On ne devrait pas attendre de la société S qu'elle acquitte un prix qui génèrerait, compte tenu de l'ensemble des faits et circonstances du cas d'espèce, un revenu après impôts inférieur à celui qu'elle obtiendrait en s'abstenant de conclure la transaction. Selon l'évaluation fondée sur l'actualisation des flux de trésorerie, la valeur actuelle nette des flux de trésorerie résiduels après impôts qu'elle pourrait générer en utilisant les actifs incorporels dans le cadre de ses activités serait de 1 100. Les parties pourraient négocier un prix qui permette à Pervichnyi d'obtenir un revenu égal ou supérieur à celui que génèreraient les autres options envisageables, et qui offre à la société S un retour sur investissement positif compte tenu de l'ensemble des faits du cas d'espèce, notamment l'imposition à laquelle la transaction elle-même sera soumise.

110. Une analyse de prix de transfert fondée sur une actualisation des flux de trésorerie doit examiner la manière dont des entreprises indépendantes opérant dans des conditions

de pleine concurrence tiendraient compte des réductions de coûts et des effets prévisionnels de la fiscalité pour fixer le prix des actifs incorporels. Ce prix devrait, toutefois, être inclus dans la plage séparant le prix qui permettrait à Pervichnyi d'obtenir des flux de trésorerie résiduels après impôts équivalents à ceux que génèreraient les autres options réalistes dont elle dispose, du prix offrant à la société S un retour sur investissement positif compte tenu des risques assumés et de l'imposition à laquelle la transaction elle-même serait soumise.

111. Les faits décrits dans cet exemple et l'analyse présentée ont été bien entendu largement simplifiés par rapport à l'analyse nécessaire dans le cas d'une transaction réelle. Cependant, l'analyse illustre bien l'importance de prendre en compte l'ensemble des faits et circonstances du cas d'espèce lors d'une approche fondée sur la valeur actuelle des flux de trésorerie ; d'étudier le point de vue de chacune des parties lors d'une telle analyse ; et de tenir compte des options réalistes qui s'offrent aux parties aux fins de l'analyse de prix de transfert.

SERVICES INTRA-GROUPE À FAIBLE VALEUR AJOUTÉE

Révisions du chapitre VII des Principes applicables en matière de prix de transfert

Synthèse

L'action 10 du Plan d'action BEPS appelait les pays du G20 et de l'OCDE à établir des règles de prix de transfert afin de se prémunir contre les types les plus fréquents de paiements ayant pour effet d'éroder la base d'imposition, notamment les frais de gestion et les dépenses du siège.

Ce chapitre du rapport présente une approche simplifiée et optionnelle pour les services à faible valeur ajoutée. En outre, il propose quelques modifications et éclaircissements relatifs aux autres paragraphes du chapitre VII des Principes applicables en matière de prix de transfert. Les sections A et C et les modifications de certains paragraphes de ces sections sont incluses dans ce rapport afin de servir de contexte à la nouvelle section D consacrée aux services intra-groupe à faible valeur ajoutée des Principes de l'OCDE applicables en matière de prix de transfert[22].

La section D consacrée aux services intra-groupe à faible valeur ajoutée fournit des orientations pour trouver l'équilibre nécessaire entre l'attribution appropriée des prix des services intra-groupe aux membres d'un groupe d'entreprises multinationales, conformément au principe de pleine concurrence et à la nécessité de protéger l'assiette imposable des pays payeurs. Ce rapport propose en particulier une approche optionnelle, simplifiée qui :

- Définit une large catégorie de services intra-groupe communs qui justifient une marge sur coûts très limitée ;
- Applique une clé de répartition cohérente pour toutes les entreprises bénéficiaires de ces services intra-groupe, et
- Offre une plus grande transparence grâce à des exigences spécifiques en matière de documentation incluant la documentation sur la détermination du groupe de coûts spécifiques.

Cette approche vise à garantir aux pays payeurs que le système d'attribution des coûts permet de traiter de la même façon toutes les entreprises associées qui opèrent dans des circonstances similaires. En outre, cette approche vise à garantir que le prix n'est pas surestimé en raison d'un accord général sur les catégories de coûts prises en compte dans la base de coûts et d'un accord général sur la marge modérée de 5 % qui doit être retenue. Enfin, la transparence de cette approche permet aux pays payeurs de comprendre clairement si des revendeurs, qui peuvent avoir des fonctions limitées ou inexistantes et qui peuvent chercher à augmenter les prix des services intra-groupe, sont intervenus.

Les principes prévoient qu'en raison de l'interprétation de cette approche optionnelle simplifiée, le critère de l'avantage obtenu par le pays payeur sera simplifié et modéré. Si cette approche optionnelle simplifiée est appliquée, l'hypothèse selon laquelle les entreprises ne sont désireuses de supporter des coûts que si elles ont une raison commerciale de le faire et la certitude que cette approche permet un traitement identique de ces coûts pour les membres d'un groupe d'entreprises multinationales dans des circonstances similaires, remplacent le critère précis de l'avantage obtenu qui est habituel dans les autres prix des services intra-groupe. Cette approche permet aux administrations fiscales de libérer des ressources pour identifier et examiner les cas de prix de transfert dans lesquels le risque d'être confronté à des problèmes BEPS est plus important.

Néanmoins, un certain nombre de pays ont indiqué que des prix excessifs pour les frais de gestion et les dépenses du siège intra-groupe constituaient l'un des problèmes BEPS majeurs. Pour rassurer ces pays sur le fait que cette méthode optionnelle simplifiée ne conduira pas à des paiements érodant la base fiscale, cette approche indique que les pays qui envisagent de la mettre en œuvre peuvent le faire en y associant l'introduction d'un seuil. Si les paiements de services intra-groupe à faible valeur ajoutée requis dans le cadre de cette approche excèdent ce seuil, les administrations fiscales pourront effectuer une analyse complète des prix de transfert qui comprendra des exigences d'éléments probants démontrant les avantages précis reçus. Parallèlement au mandat confié par le groupe de travail du G20 sur le développement aux organisations internationales pour le développement de boîtes à outils destinées aux pays en voie de développement afin de les mettre à l'abri des paiements érodant la base fiscale, cette mesure vise à aider les pays en développement à préserver leur base fiscale des prix de services intra-groupe excessifs.

Pour que l'approche simplifiée abordée dans ce chapitre du rapport soit efficace, elle doit être adoptée et appliquée à une échelle géographique aussi large que possible et doit être respectée tant par les pays fournisseurs de services intra-groupe que par les pays bénéficiaires de services intra-groupe. En reconnaissant l'importance d'une introduction rapide et générale, les pays participant au projet BEPS sont convenus d'adopter une approche de mise en œuvre comportant deux étapes. La première étape comprend un grand groupe de pays autorisant la mise en œuvre de ce mécanisme optionnel en approuvant son applicabilité dans les pays d'ici 2018. La deuxième étape montre qu'une analyse complémentaire du calcul du seuil et des autres problèmes de mise en œuvre préoccupant certains pays serait utile pour faciliter l'adoption encore plus générale de l'approche simplifiée. En conséquence, des travaux de suivi sur le calcul du seuil et sur d'autres problèmes de mise en œuvre seront entrepris. Ces travaux seront achevés d'ici la fin 2016 et permettront à d'autres pays de rejoindre le groupe de pays ayant déjà autorisé la méthode optionnelle. Dans le cadre des travaux de suivi sur la mise en œuvre, des éclaircissements seront fournis à propos des pays adoptant des régimes de protection pour les services intra-groupe à faible valeur ajoutée. Actuellement, une large majorité de pays associés au Projet BEPS ont indiqué qu'ils allaient appliquer la méthode simplifiée dès que l'introduction d'une telle approche serait possible dans leur contexte national. Les autres pays associés au Projet BEPS ont fait savoir qu'ils envisageaient de mettre en place cette méthode mais que leur décision finale était conditionnée par les résultats des travaux de suivi sur la mise en œuvre.

Les dispositions actuelles du chapitre VII des Principes applicables en matière de prix de transfert sont supprimées dans leur intégralité et remplacées par celles qui suivent.

A. Introduction

7.1 Le présent chapitre examine les problèmes qui se posent en matière de prix de transfert pour déterminer si des services ont été rendus par un membre d'un groupe d'entreprises multinationales à d'autres membres de ce groupe et, dans l'affirmative, pour déterminer le prix de pleine concurrence applicable à ces services intra-groupe. Ce chapitre n'examinera pas, ou seulement incidemment, si des services ont été rendus en application d'un accord de répartition des coûts selon lequel les membres d'une entreprise multinationale achètent, produisent ou fournissent conjointement des biens, des services et/ou des biens incorporels en partageant les frais occasionnés par ces activités entre les différentes parties à l'accord, ni le cas échéant, le prix de pleine concurrence approprié. Les accords de répartition des coûts font l'objet du chapitre VIII.

7.2 Presque tous les groupes d'entreprises multinationales doivent prendre des dispositions pour fournir à leurs membres un large éventail de services, notamment d'ordre administratif, technique, financier ou commercial tels les services de gestion, de coordination et de contrôle pour l'ensemble du groupe. Les dépenses relatives à la fourniture de ces services peuvent être supportées au départ par la société mère, par un membre ou plus du groupe spécialement désigné (« un centre de service du groupe ») ou par d'autres membres du groupe. Une entreprise indépendante ayant besoin d'un service peut l'obtenir auprès d'un prestataire spécialisé dans ce type de services ou l'effectuer elle-même en interne. De même, une entreprise membre d'un groupe d'entreprises multinationales qui a besoin d'un service peut l'obtenir auprès d'entreprises indépendantes ou auprès d'une ou plusieurs entreprises associées du même groupe d'entreprises multinationales (service intra-groupe) ou encore assurer elle-même l'exécution de ce service. Parmi les services intra-groupe, on trouve souvent des services qui peuvent en général être fournis par des entreprises indépendantes (tels les services juridiques et comptables) ainsi que des services qui sont généralement exécutés en interne (par exemple, les services assurés par l'entreprise elle-même tels le contrôle financier central, les conseils financiers ou la formation du personnel). Il n'est pas dans l'intérêt d'un groupe d'entreprises multinationales d'engager des frais inutilement, mais il est dans son intérêt de fournir efficacement des services intra-groupe. Les principes contenus dans ce chapitre devraient garantir que les services soient bien identifiés et que les coûts associés soient alloués de manière appropriée au sein d'un groupe d'entreprises multinationales, conformément au principe de pleine concurrence.

7.3 Les modalités mises en œuvre pour les prestations de service intra-groupe sont parfois liées à celles qui ont trait au transfert de biens corporels ou incorporels (ou à la cession de licences concernant ces biens). Dans certains cas, notamment pour les contrats de savoir-faire comportant un élément de service, il peut être très difficile de déterminer où se trouve exactement la ligne de partage entre le transfert d'actifs incorporels (ou la cession de licences relatives à ces actifs incorporels) et la fourniture de services. Les transferts de technologie se doublent souvent de la fourniture de services auxiliaires. Il peut donc être nécessaire de prendre en compte les principes d'agrégation et de désagrégation des transactions examinés au chapitre III lorsqu'on est en présence d'un transfert mixte de services et de biens.

7.4 Les services intra-groupe peuvent présenter des différences considérables selon les entreprises multinationales, et il en est de même de l'importance des avantages réels ou escomptés qui en résultent pour un ou plusieurs membres du groupe. Tout dépend des faits et circonstances propres à chaque cas et des modalités en vigueur au sein du groupe. Par exemple, dans un groupe décentralisé, la société mère pourra limiter ses activités intra-groupe au suivi de ses investissements dans ses filiales en sa qualité d'actionnaire. Au contraire, dans un groupe centralisé ou intégré, le conseil d'administration et la direction générale de la société mère pourront prendre toutes les décisions importantes concernant les activités des filiales et la société mère pourra accompagner la mise en œuvre de ces décisions en exerçant pour ses filiales des activités de nature générale et administrative ainsi que des activités opérationnelles telles que la gestion de la trésorerie, la commercialisation ou la gestion de la chaîne logistique.

B. Principales questions

7.5 Deux problèmes se posent dans l'analyse de la fixation des prix de transfert des services intra-groupe. Le premier est de savoir s'il y a eu effectivement prestation de service intra-groupe. Le deuxième a trait à la conformité du prix des services au principe de pleine concurrence. Chacun de ces problèmes sera examiné ci-dessous.

B.1. Identification des services intra-groupe rendus

B.1.1. Critère de l'avantage obtenu

7.6 En vertu du principe de pleine concurrence, pour répondre à la question de savoir si un service intra-groupe a été rendu lorsqu'une activité est exercée au profit d'un ou plusieurs membres du groupe par un autre membre de ce groupe, on recherchera si l'activité présente pour un membre du groupe un intérêt économique ou commercial permettant de renforcer ou de conserver sa position commerciale. On peut répondre à cette question en se demandant si, dans des circonstances comparables, une entreprise indépendante aurait été disposée à payer une autre entreprise indépendante pour exécuter cette activité ou si elle l'aurait exécutée elle-même en interne. Si l'activité n'est pas de celles pour lesquelles l'entreprise indépendante aurait été disposée à payer ou qu'elle aurait exécutées elle-même, elle ne devra pas en général être considérée comme un service intra-groupe conforme au principe de pleine concurrence.

7.7 Il est clair que l'analyse exposée ci-dessus dépend des faits et circonstances effectivement observés et il n'est pas possible de définir dans l'abstrait et de manière catégorique les activités qui constituent ou non des prestations de service intra-groupe. Toutefois, il est possible de donner des indications permettant de déterminer comment l'analyse doit s'appliquer à certaines catégories courantes de services réalisés dans le cadre de groupes d'entreprises multinationales.

7.8 Certains services intra-groupe sont rendus par un membre d'un groupe d'entreprises multinationales pour répondre à un besoin identifié d'une ou plusieurs entreprises membres du groupe. Dans ce cas, on peut répondre assez directement à la question de savoir si un service a été fourni. En général, dans des circonstances comparables une entreprise indépendante aurait répondu au besoin identifié soit en exerçant l'activité elle-même, soit en ayant recours à un tiers. Par conséquent, dans ce cas, on en déduira généralement qu'on est en présence d'un service intra-groupe. Par exemple, le fait pour une entreprise associée de réparer des biens d'équipement utilisés par une autre entreprise membre d'un groupe d'entreprises multinationales dans le cadre de ses activités de fabrication constitue normalement un service intra-groupe. Il est essentiel, cependant, qu'une documentation fiable soit fournie aux administrations fiscales, afin qu'elles vérifient que les coûts aient bien été encourus par le prestataire de service.

B.1.2. Activités exercées en qualité d'actionnaire

7.9 Il faut procéder à une analyse plus complexe lorsqu'une entreprise associée exerce des activités qui concernent plusieurs membres du groupe ou le groupe dans son ensemble. Dans un petit nombre de cas, une activité intra-groupe peut être exercée vis-à-vis de membres d'un groupe même lorsque ceux-ci n'en ont pas besoin (et lorsqu'ils ne seraient pas disposés à les payer s'il s'agissait d'entreprises indépendantes). C'est donc uniquement en raison de ses participations au capital d'un ou plusieurs membres du groupe, c'est-à-dire en qualité d'actionnaire, qu'un membre du groupe (en général la société mère ou une société holding régionale) exerce ces activités. Ce type d'activités n'est pas considéré comme un service intra-groupe et il n'y a donc pas de raison pour que les autres membres du groupe soient tenus d'acquitter des sommes au titre de celles-ci. À l'inverse, les coûts associés à ce type d'activité devraient être supportés et répartis au niveau de l'actionnaire. Ce type d'activités peut être qualifié d'« activités d'actionnaire », à distinguer du terme plus général d'« activités de tutelle » utilisé dans les Principes directeurs de 1979. Les activités de tutelle couvraient tout un ensemble d'activités exercées par un actionnaire, qui peuvent comprendre la fourniture de services à d'autres membres du groupe, par exemple de services qui seraient fournis par un centre de coordination. Ces derniers types d'activités, qui ne sont pas ceux d'un actionnaire, pourraient comprendre des services détaillés de planification en vue d'opérations spécifiques, des conseils spéciaux ou à caractère technique en situation d'urgence (« dépannage ») ou, dans certains cas, l'assistance à la gestion au jour le jour.

7.10 Les exemples suivants correspondent à des coûts liés à des activités d'actionnaire, selon le critère énoncé au paragraphe 7.6 :

a) coûts se rattachant à la structure juridique de la société mère elle-même, notamment au titre de l'organisation des assemblées d'actionnaires de la société mère, de l'émission d'actions de cette société, de la cotation de celle-ci sur une bourse de valeurs et des frais de fonctionnement du conseil de surveillance ;

b) coûts relatifs aux obligations de la société mère en matière de présentation des comptes et des rapports d'activité (incluant l'établissement des rapports financiers et les missions d'audit), y compris en ce qui concerne la consolidation au niveau du groupe ; coûts de l'audit des comptes de la filiale par la société mère si cette vérification est effectuée exclusivement dans l'intérêt de la société mère ; coûts relatifs à la préparation des états financiers consolidés du groupe d'entreprises multinationales (dans la pratique cependant, les coûts supportés localement par les filiales ne sont pas nécessairement répercutés à la société mère ou à la société holding si le recensement et l'identification de ces coûts suppose des frais démesurés) ;

c) frais relatifs à la mobilisation des ressources nécessaires à la société mère pour l'acquisition de ses participations et coûts relatifs à ses relations avec les investisseurs, par exemple à la stratégie de communication de la société mère auprès de ses actionnaires, d'analystes financiers, de fonds et d'autres parties prenantes dans la société mère ;

d) coûts relatifs à la mise en conformité de la société mère avec les législations fiscales en vigueur ;

e) coûts annexes liés à la gouvernance d'entreprise du groupe d'entreprises multinationales dans son ensemble.

Au contraire, si par exemple une société mère lève des fonds pour le compte d'un membre du groupe qui utilise ces fonds pour acquérir une nouvelle société, on considère en général que la société mère rend un service au membre du groupe. Le rapport de 1984 mentionnait aussi « les coûts des activités de gestion et de contrôle (« monitoring ») liés à la gestion et à la protection de l'investissement représenté par les participations en tant que tel ». Pour déterminer si ces activités relèvent ou non de la définition des activités d'actionnaire au sens des présents Principes, il faudra rechercher si, dans des circonstances comparables, il s'agit d'une activité pour laquelle une entreprise indépendante aurait été disposée à payer ou qu'elle aurait exercée elle-même. Lorsqu'une société du groupe exerce des activités telles que celles décrites ci-dessus pour d'autres raisons que ses participations au capital d'un ou plusieurs membres du groupe, elle n'intervient pas en qualité d'actionnaire et doit être considérée comme rendant un service à la société mère ou à la société holding à laquelle s'appliquent les principes énoncés dans ce chapitre.

B.1.3. Double emploi

7.11 En général, les activités exercées par un membre d'un groupe, lorsqu'elles font simplement double emploi avec une activité de service qu'un autre membre du groupe exerce pour son propre compte ou qui est exercée pour le compte de cet autre membre du groupe par un tiers, ne sont pas des services intra groupe. Le cas où les services ne font double emploi que temporairement, par exemple lorsqu'un groupe d'entreprises multinationales se réorganise pour centraliser ses fonctions de direction, peut faire une exception. Une autre exception serait le cas où le double emploi est destiné à réduire le risque de mauvaise décision (par exemple, en obtenant un deuxième avis juridique sur la question). Il y a lieu d'examiner en détail les services fournis afin de déterminer s'ils font double emploi et pour en déterminer la raison. À titre d'exemple, le fait qu'une entreprise exerce en interne des services de commercialisation alors qu'une société du groupe lui en facture également ne permet pas en soi de conclure à l'existence d'un double emploi, car le terme de commercialisation renvoie à une notion large qui recouvre différentes fonctions. L'examen des renseignements fournis par le contribuable peut conduire à conclure que les services intra-groupe sont différents, additionnels ou complémentaires par rapport aux activités exercées en interne. Le critère de l'avantage obtenu serait alors appliqué aux éléments de ces services intra-groupe ne faisant pas double emploi. Certains secteurs réglementés nécessitent que les fonctions de contrôle soient effectuées par la société mère sur place et sur une base consolidée ; ces exigences ne devraient pas conduire à des refus pour des raisons de duplication.

B.1.4. Avantages accessoires

7.12 Dans certains cas, un service intra-groupe rendu par un membre d'un groupe tel qu'un actionnaire ou un centre de coordination ne concerne que certains membres mais procure accessoirement des avantages à d'autres membres. On peut citer comme exemple l'analyse de la question de savoir s'il faut ou non réorganiser le groupe, acquérir de nouveaux membres ou supprimer une division. Ces activités pourraient constituer des services intra groupe au profit des membres concernés, par exemple ceux qui peuvent procéder à l'acquisition ou à la suppression d'une division, mais elles peuvent aussi procurer des avantages économiques à d'autres membres du groupe qui n'étaient pas directement concernés par la décision potentielle, du fait que l'analyse peut fournir des renseignements utiles sur leurs propres opérations commerciales. En général, ces autres membres du groupe ne sont pas considérés du fait de ces avantages accessoires comme bénéficiant d'un service intra-groupe, dans la mesure où les activités qui procurent ces avantages ne sont pas de celles pour lesquelles une entreprise indépendante serait normalement disposée à payer.

7.13 De même, il ne faut pas considérer qu'une entreprise associée bénéficie d'un service intra-groupe lorsqu'elle obtient des avantages accessoires qui sont uniquement imputables au fait qu'elle fait partie d'une entité plus vaste et non à l'exercice d'une activité spécifique. Par exemple, il n'y a pas de prestation de services lorsqu'une entreprise associée dispose, du seul fait de son affiliation, d'une meilleure cote de crédit, mais en général on considère qu'il y a prestation de services lorsque cette meilleure notation est due à une garantie d'un autre membre du groupe ou lorsque l'entreprise bénéficie une action concertée délibérée impliquant des campagnes générales de commercialisation et de relations publiques. À cet égard, il faut distinguer l'association passive de la promotion active des caractéristiques d'un groupe d'entreprises multinationales qui a une incidence positive sur les perspectives de profit des différents membres du groupe. Il faut tenir compte des faits et circonstances de chaque cas d'espèce. Voir la section D.8 du chapitre I sur les synergies de groupe d'entreprises multinationales.

B.1.5. Services centralisés

7.14 Les autres activités qui peuvent concerner le groupe dans son ensemble sont celles qui sont centralisées par la société mère ou par un ou plusieurs centres de service du groupe (par exemple le siège régional d'une société) et qui sont mises à la disposition du groupe (ou de plusieurs de ses membres). Les activités qui sont centralisées dépendent du domaine dans lequel opère le groupe et de sa structure organisationnelle, mais en général il pourra s'agir de services administratifs comme la planification, la coordination, le contrôle budgétaire, les conseils financiers, la comptabilité, la vérification des comptes, les services juridiques, l'affacturage, les services informatiques, les services financiers tels que la gestion de trésorerie et le contrôle de la solvabilité, les augmentations de capital, les contrats de prêt, la gestion du risque de taux d'intérêt et de change, le refinancement, l'assistance pour la production, les achats, la distribution et la commercialisation, et enfin les services de gestion du personnel, notamment en ce qui concerne le recrutement et la formation. Il est fréquent en outre que les centres de service de groupe exécutent des activités de gestion des commandes, de service aux clients, et de centre d'appels, ainsi que des travaux de recherche-développement ou qu'ils gèrent et protègent la propriété intellectuelle pour une partie ou l'ensemble du groupe d'entreprises multinationales. En général, les activités de ce type seront considérées comme des services intra-groupe parce qu'elles comptent parmi celles pour lesquelles des entreprises indépendantes auraient été disposées à payer ou qu'elles auraient exercées pour leur propre compte.

B.1.6. Mode de rémunération

7.15 Pour déterminer si un paiement aurait eu lieu entre des entreprises indépendantes pour la prestation de services, il y aurait lieu également de rechercher la forme qu'aurait prise un paiement de pleine concurrence si la transaction avait eu lieu entre des entreprises indépendantes opérant dans des conditions de pleine concurrence. Par exemple, en ce qui concerne des services financiers tels que des prêts, des opérations de change et des opérations de couverture, la rémunération sera généralement incorporée dans la marge et il n'y a pas lieu de s'attendre dans ce cas à ce qu'une commission supplémentaire soit appliquée au titre du service en question. De même, pour certains services d'achat ou d'approvisionnement, un élément de rémunération peut être incorporé dans le prix du produit ou du service fourni, et une commission distincte peut ne pas être appropriée.

7.16 Un autre problème se pose en ce qui concerne les services rendus sur demande. La question est de savoir si la disponibilité de ces services est elle-même un service distinct auquel doit s'appliquer un tarif de pleine concurrence (en plus de la facturation des services effectivement rendus). La société mère ou un ou plusieurs centres de service de groupe peut être à même de fournir par exemple des conseils d'ordre financier, administratif, technique, juridique ou fiscal et d'assister les membres du groupe à tout moment. Le service rendu consiste alors à mettre à la disposition des entreprises associées du personnel, des équipements, etc. On peut se trouver en présence de services intra-groupe dans la mesure où l'on peut raisonnablement s'attendre à ce qu'une entreprise indépendante, dans des circonstances comparables, supporte des frais « d'assistance » pour s'assurer la disponibilité des services en question lorsqu'elle en a besoin. Il n'est pas rare par exemple qu'une entreprise indépendante paie une « provision » annuelle à un cabinet d'avocats pour pouvoir bénéficier de conseils juridiques et être représentée en cas de procès. On peut également citer comme exemple les contrats de services permettant de bénéficier en priorité de réparations d'un réseau informatique en cas de panne.

7.17 Ces services pourront être obtenus à la demande et ils pourront être plus ou moins nombreux et revêtir une importance variable d'une année sur l'autre. Il est peu probable qu'une entreprise indépendante supporte des frais d'assistance lorsque le besoin potentiel du service est incertain, lorsque l'avantage que représente le fait de pouvoir bénéficier de ces services à la demande est négligeable, ou lorsque ces mêmes services peuvent être obtenus rapidement d'une autre manière sans qu'il soit nécessaire d'avoir conclu des contrats d'assistance. Par conséquent, l'avantage précis qui est conféré à une société du groupe par l'existence d'accords de prestation de services sur demande devra être examiné, éventuellement par la prise en compte d'une période de plusieurs années et non pas seulement de l'année au cours de laquelle un paiement est effectué avant de conclure à l'existence d'un service intra-groupe.

7.18 Le fait qu'un paiement ait été effectué à une entreprise associée au titre de services supposés peut être utile pour déterminer si ces services ont été effectivement rendus, mais la simple désignation d'un paiement comme « commission pour frais de gestion » ne doit pas être considérée à première vue comme la preuve que la prestation a eu lieu. De même, l'absence de paiement ou de contrat ne doit pas amener automatiquement à la conclusion qu'aucun service intra-groupe n'a été rendu.

B.2. Détermination de la rémunération de pleine concurrence

B.2.1. Généralités

7.19 Dès lors qu'on s'est assuré qu'un service intra-groupe a été rendu, il faut, comme pour les autres types de transferts intra-groupe, déterminer si le montant du paiement éventuel est conforme au principe de pleine concurrence. Cela signifie que le prix applicable devrait être celui qu'auraient pratiqué et accepté des entreprises indépendantes dans des circonstances comparables. Par conséquent, ces transactions ne devraient pas être soumises à un traitement fiscal différent de celui de transactions comparables entre entreprises indépendantes simplement parce qu'il se trouve que les entreprises en cause sont associées.

B.2.2. Détermination des dispositions effectivement applicables en matière de facturation des services intra-groupe

7.20 Pour identifier le montant qui a pu être facturé au titre de services, l'administration fiscale devra déterminer les accords qui ont pu être conclus entre les entreprises associées pour faciliter la facturation des prestations de services entre elles.

B.2.2.1. Méthodes de facturation directe

7.21 Dans certains cas, il est facile de déterminer les modalités de facturation des services intra-groupe. Il en est ainsi lorsque le groupe d'entreprises multinationales pratique la facturation directe, c'est-à-dire que les entreprises associées se voient directement facturer des services spécifiques. En général, la méthode de la facturation directe offre un grand intérêt pratique pour les administrations fiscales parce qu'elle permet d'identifier précisément la prestation fournie et la base de calcul du paiement. Par conséquent, la méthode de la facturation directe permet de déterminer plus facilement si le montant exigé est conforme au principe de pleine concurrence.

7.22 Un groupe d'entreprises multinationales pourrait être en mesure d'adopter un système de facturation directe, notamment lorsque des services similaires à ceux rendus à des entreprises associées sont également rendus à des entreprises indépendantes. Si certains services ne sont pas fournis uniquement à des entreprises associées mais aussi à des entreprises indépendantes dans des conditions comparables et sur une large échelle, on pourra présumer que le groupe d'entreprises multinationales est à même de justifier le calcul du paiement facturé (par exemple en comptabilisant les travaux effectués et les frais supportés pour l'exécution des contrats qu'il a conclus avec des tiers). En conséquence, il est préconisé dans ce cas que les groupes d'entreprises multinationales adoptent la méthode de la facturation directe pour leurs transactions avec des entreprises associées. On admettra néanmoins que cette méthode peut n'être pas toujours appropriée si, par exemple, les services fournis à des parties indépendantes ne sont qu'occasionnels ou marginaux.

B.2.2.2. Méthodes de facturation indirecte

7.23 La méthode de la facturation directe des services intra-groupe peut être difficile à appliquer en pratique pour les groupes d'entreprises multinationales. Ils ont par conséquent mis au point d'autres méthodes de facturation des services rendus par les sociétés mères ou par les centres de services d'un groupe. Dans de tels cas, les groupes d'entreprises multinationales peuvent estimer que pour calculer un prix de pleine concurrence conformément aux principes exprimés dans la section B.2.3 ci-dessous, ils n'ont guère d'autre choix que d'utiliser des méthodes de répartition des coûts qui les amènent souvent à procéder, dans une certaine mesure, à des estimations ou à des évaluations approximatives. Ces méthodes sont généralement qualifiées de méthodes d'imputation indirecte et devraient être autorisées à condition que l'on prête suffisamment attention à la valeur des services rendus à leurs bénéficiaires et que l'on recherche dans quelle mesure des prestations de services comparables ont lieu entre des entreprises indépendantes. Ces méthodes de calcul ne seraient généralement pas acceptables lorsque des services spécifiques qui constituent une activité principale de l'entreprise sont fournis non seulement à des entreprises associées mais aussi à des parties indépendantes. Il faudra s'efforcer dans toute la mesure du possible de procéder à une tarification équitable du service rendu et toute facturation devra être justifiée par un avantage identifiable et suffisamment prévisible. Toute méthode d'imputation indirecte doit être sensible aux caractéristiques commerciales de chaque cas (par exemple, la clé de répartition devra être rationnelle compte tenu des circonstances), comporter des clauses de sauvegarde contre toute manipulation, être conforme à de sains principes comptables et permettre d'aboutir à des tarifications ou à des répartitions des coûts correspondant aux avantages obtenus ou susceptibles d'être obtenus par le bénéficiaire du service.

7.24 Dans certains cas, la nature du service rendu peut exiger une méthode d'imputation indirecte. Il en est ainsi lorsqu'on ne peut quantifier autrement que de manière approximative ou sur la base d'une estimation la quote-part de la valeur des services rendus aux sociétés concernées. Ce problème peut se poser, par exemple, lorsque des activités de promotion des ventes exercées à un niveau central (notamment à l'occasion de foires-expositions internationales, par voie d'insertions dans la presse internationale ou au moyen d'autres campagnes publicitaires centralisées) peuvent influer sur la quantité de produits fabriqués ou vendus par un certain nombre de sociétés affiliées, ou lorsqu'un recensement exhaustif distinct et une analyse complète des services en cause se traduiraient par une charge administrative disproportionnée au regard des activités mêmes. Dans de tels cas, la facturation pourrait être déterminée en répartissant entre tous les bénéficiaires potentiels les coûts qui ne peuvent être imputés directement, c'est-à-dire ceux qui ne peuvent être affectés spécialement aux bénéficiaires effectifs des différents services. Pour être conforme au principe de pleine concurrence, la méthode de répartition choisie doit aboutir à un résultat conforme à celui que des entreprises indépendantes comparables auraient été prêtes à accepter.

7.25 La répartition doit être fondée sur une mesure appropriée de l'utilisation du service, et qui est également simple à vérifier, comme par exemple le chiffre d'affaires ou les effectifs employés, ou une activité telle que les commandes passées. La question de savoir si la méthode de répartition est appropriée peut dépendre de la nature et de l'utilisation du service. Par exemple, le recours à des services de rémunération des salariés peut dépendre davantage des effectifs que du chiffre d'affaires, alors que la répartition des frais d'assistance pour dépannage d'urgence d'ordinateurs pourra se faire en proportion des dépenses d'équipement informatique des divers membres du groupe.

7.26 Lorsqu'une méthode d'imputation indirecte est appliquée, le lien entre les coûts et les services fournis peut ne plus être très net et des difficultés peuvent surgir lorsqu'il s'agit d'évaluer l'avantage procuré. De fait, il se peut fort bien que l'entreprise à laquelle un service est facturé n'ait pas fait de rapprochement entre la facturation et le service rendu. Dès lors, le risque de double imposition est plus grand, parce qu'il peut être plus difficile de déterminer une déduction au titre des dépenses encourues pour le compte de membres du groupe si la rémunération ne peut être directement identifiée, ou parce que le bénéficiaire du service pourra éprouver des difficultés à prouver que les sommes versées sont déductibles s'il n'est pas en mesure de démontrer que des services ont été rendus.

B.2.2.3. Modalités de rémunération

7.27 Le paiement des services rendus à une entreprise associée peut être inclus dans le prix d'autres transferts. Par exemple, le prix de la cession d'une licence portant sur un brevet ou sur du savoir-faire peut inclure un paiement au titre de services d'assistance technique, de services centralisés rendus au licencié ou de conseils en gestion pour la commercialisation des biens produits en application de la licence. Dans de tels cas, l'administration fiscale et le contribuable devront vérifier qu'aucune commission additionnelle n'est facturée au titre des services rendus et qu'il n'y a pas de double déduction.

7.28 En ce qui concerne les systèmes de provisions pour les services rendus sur demande (évoqués aux paragraphes 7.16 et 7.17), il peut être nécessaire d'examiner les conditions d'utilisation effective de ces services puisque les modalités peuvent prévoir qu'aucune facturation n'a lieu au titre de l'utilisation effective de ces services tant que leur niveau d'utilisation ne dépasse pas un seuil déterminé d'avance.

B.2.3. Calcul du prix de pleine concurrence

7.29 Pour déterminer le prix de pleine concurrence des services intra-groupe, il faut se placer à la fois du point de vue du prestataire du service et du point de vue de son bénéficiaire. À cet égard, les facteurs à prendre en compte sont notamment la valeur du service pour le bénéficiaire et le montant qu'une entreprise indépendante comparable aurait été disposée à payer en rémunération de ce service dans des circonstances comparables, ainsi que les coûts pour le prestataire du service.

7.30 Par exemple, si l'on se place du point de vue d'une entreprise indépendante qui a besoin d'un service, les prestataires de services sur ce marché ne sont pas forcément disposés à fournir ce service au prix qu'une entreprise indépendante est disposée à payer. S'ils sont en mesure d'assurer ce service à un prix qui se situe à l'intérieur d'une fourchette susceptible d'être jugée acceptable par des entreprises indépendantes, l'affaire sera conclue. Du point de vue du prestataire de services, les éléments à prendre en compte sont le prix au-dessous duquel il n'accepterait pas de fournir le service ainsi que le coût de celui-ci, mais ces facteurs ne sont pas nécessairement déterminants dans tous les cas.

B.2.3.1. Méthodes

7.31 La méthode à utiliser pour déterminer le prix de transfert de pleine concurrence applicable à des services intra-groupe doit être déterminée conformément aux principes énoncés aux chapitres I, II et III. Souvent, l'application de ces principes aboutira à l'utilisation de la méthode du prix comparable sur le marché libre ou d'une méthode basée sur le coût (méthode du coût majoré ou méthode transactionnelle de la marge nette basée sur le coût) pour la fixation du prix des services intra-groupe. En général, la méthode du prix comparable sur le marché libre sera la méthode de détermination des prix de transfert la plus appropriée lorsqu'il existe un service comparable fourni entre entreprises indépendantes sur le marché du bénéficiaire ou pour l'entreprise associée fournissant les services à une entreprise indépendante dans des circonstances comparables. Par exemple, ce peut être le cas en matière de comptabilité, de contrôle financier, de conseils juridiques ou de services informatiques, à condition que les transactions entre entreprises associées et entre parties indépendantes soient comparables. Une méthode basée sur le coût sera généralement la méthode la plus appropriée en l'absence de prix comparables sur le marché libre lorsque les activités concernées, les actifs utilisés et les risques assumés sont comparables par leur nature à ceux d'entreprises indépendantes. Ainsi qu'il est indiqué au chapitre II, partie II, lorsqu'on applique la méthode du coût majoré, il doit y avoir une cohérence entre les transactions entre entreprises associées et entre entreprises indépendantes dans les catégories de coûts qui sont prises en compte. Dans certains cas exceptionnels, par exemple lorsqu'il est difficile d'appliquer la méthode du prix comparable sur le marché libre ou des méthodes basées sur le coût, il pourra être utile de prendre en compte plusieurs méthodes (voir paragraphe 2.11) pour déterminer correctement le prix de pleine concurrence.

7.32 Il peut s'avérer nécessaire de procéder à une analyse fonctionnelle des différents membres du groupe pour établir la relation entre les services en question et les activités et résultats des différents membres. En outre, il peut être nécessaire d'envisager non seulement l'incidence immédiate d'un service mais aussi ses effets à long terme, en gardant à l'esprit que certaines dépenses ne procureront en fait jamais les avantages qu'on pouvait raisonnablement attendre au moment où elles ont été exposées. Par exemple, les dépenses occasionnées par la préparation d'une opération de promotion commerciale peuvent à première vue paraître trop élevées pour être supportées par un membre du groupe compte tenu des ressources dont il dispose au moment considéré ; pour déterminer si la somme facturée est en l'occurrence d'un niveau de pleine concurrence, il faut prendre en compte les avantages escomptés de l'opération et la possibilité que dans le cadre de modalités répondant aux conditions de pleine concurrence le montant et le moment de la facturation soient fonction des résultats de l'opération. Le contribuable doit être prêt à prouver le bien-fondé du niveau de facturation qu'il a appliqué à ses entreprises associées dans de tels cas.

7.33 Lorsque la méthode du coût majoré est la méthode de détermination des prix de transfert la plus appropriée aux circonstances du cas d'espèce, il faut rechercher si les dépenses encourues par le prestataire de services du groupe ont besoin d'être ajustées pour que la comparaison de la transaction contrôlée et de la transaction sur le marché libre soit fiable.

7.34 Lorsqu'une entreprise associée intervient seulement comme agent ou comme intermédiaire dans une prestation de services, il est nécessaire, lorsqu'on applique une méthode basée sur le coût, que le rendement ou la marge soit d'un niveau qui convient à l'exercice de fonctions d'agent et non pas à la fourniture des services eux-mêmes. Dans un tel cas, il n'y a pas toujours lieu de déterminer le prix de pleine concurrence en appliquant une marge au prix de revient des services, mais il faut plutôt appliquer la marge aux coûts inhérents à la fonction d'agent elle-même. Par exemple, une entreprise associée peut supporter les dépenses concernant la location d'espaces publicitaires pour le compte de membres du groupe, dépenses que les membres du groupe auraient directement supportées s'ils avaient été indépendants. En pareil cas, il pourra être approprié de répercuter ces dépenses sur les bénéficiaires du groupe sans application d'une marge et de n'appliquer une marge qu'aux dépenses exposées par l'intermédiaire pour l'exercice de ses fonctions d'agent.

B.2.3.2. Question de l'incorporation d'un élément de bénéfice

7.35 Selon la méthode utilisée pour déterminer une tarification de pleine concurrence des services intra-groupe, le problème peut se poser de savoir s'il est nécessaire que le prix appliqué soit tel qu'il aboutisse à un bénéfice pour le prestataire de services. Dans le cas d'une transaction de pleine concurrence, une entreprise indépendante s'efforcera normalement de facturer ses services de manière à réaliser un bénéfice et ne fournira pas simplement ses services à prix coûtant. Pour déterminer la tarification de pleine concurrence, il faut également envisager les autres options économiques qui s'offrent au bénéficiaire du service. Toutefois, il y a des cas (comme ceux qui ont été présentés dans l'étude des stratégies d'entreprises du chapitre I) où une entreprise indépendante peut ne pas réaliser un bénéfice uniquement sur des prestations de services, par exemple lorsque le coût (anticipé ou effectif) de ce service pour le fournisseur excède le prix du marché, mais qu'il accepte de fournir ce service pour accroître sa rentabilité, éventuellement en complétant sa gamme d'activités. Par conséquent, un prix de pleine concurrence ne se traduit pas toujours par un bénéfice pour une entreprise associée qui fournit un service intra-groupe.

7.36 Par exemple, il est possible que la valeur de marché des services intra-groupe ne soit pas supérieure aux dépenses encourues par le prestataire de service. Ce cas peut se présenter lorsque, par exemple, le service ne correspond pas à une activité normale ou récurrente du prestataire, mais est fourni occasionnellement aux membres du groupe d'entreprises multinationales à titre de commodité. Pour déterminer si les services intra-groupe ont la même valeur monétaire que ceux que pourrait fournir une entreprise indépendante, une comparaison des fonctions et des avantages escomptés sera utile pour juger de la comparabilité des transactions. Un groupe d'entreprises multinationales pourra décider que le service sera fourni en interne, au lieu de recourir à un tiers, pour toute une série de motifs, et notamment en raison d'autres avantages intra-groupe (pour lesquels une rémunération de pleine concurrence pourra être adéquate). En pareil cas, il ne faudrait pas augmenter le prix du service au-delà du niveau qui serait obtenu par l'application de la méthode du prix comparable sur le marché libre simplement pour permettre à l'entreprise associée de réaliser un bénéfice. Il faut néanmoins s'assurer que tous les avantages procurés au bénéficiaire soient correctement pris en compte.

7.37 En principe, l'administration fiscale et le contribuable doivent s'efforcer d'établir le prix correct de pleine concurrence, mais il ne faut pas oublier qu'il peut y avoir des raisons pratiques pour lesquelles une administration fiscale pourrait être exceptionnellement disposée, dans le cadre de ses pouvoirs discrétionnaires, à renoncer à évaluer et à imposer un prix de pleine concurrence pour la prestation de services, au lieu d'autoriser un contribuable dans les situations appropriées à simplement répartir les coûts de prestation de ces services. Par exemple, une analyse coûts-avantages pourrait montrer que les recettes fiscales additionnelles susceptibles d'être obtenues ne justifient pas les dépenses et les charges administratives qu'occasionnerait la détermination de ce que pourrait être dans certains cas un prix de pleine concurrence approprié. Dans de tels cas, la facturation de tous les coûts pertinents et non d'un prix de pleine concurrence pourrait donner un résultat satisfaisant pour les entreprises multinationales et les administrations fiscales. Cette concession n'est cependant guère probable de la part des administrations fiscales lorsque la fourniture d'un service constitue la principale activité de l'entreprise associée, lorsque l'élément de bénéfice est relativement important ou lorsqu'il est possible d'appliquer une méthode de facturation directe pour déterminer le prix de pleine concurrence.

C. Exemples de services intra-groupe

7.38 On trouvera ci-après plusieurs exemples de problèmes qui se posent pour la fixation des prix de transfert de prestations de services intra-groupe. Les cas mentionnés sont seulement indiqués à titre d'exemple. Dans chaque cas particulier, il est nécessaire de tenir compte des circonstances pour juger de l'opportunité d'appliquer l'une ou l'autre méthode de fixation des prix de transfert.

7.39 Un premier exemple est celui du recouvrement des créances, un groupe d'entreprises multinationales décidant de centraliser cette activité pour des raisons d'ordre économique. Il pourra être prudent, par exemple, de centraliser les activités de recouvrement des créances pour assurer une meilleure gestion des liquidités, des risques monétaires et des risques de crédit et pour réaliser des gains d'efficacité au plan administratif. Un organisme central chargé de ces fonctions fournit des services intra-groupe qu'il doit facturer à un prix de pleine concurrence. L'application de la méthode du prix comparable sur le marché libre peut être appropriée dans un tel cas.

7.40 Les opérations de fabrication ou d'assemblage offrent également l'exemple d'une activité pouvant comporter des services intra-groupe. Ces activités peuvent être exercées sous différentes formes, y compris celle fréquemment désignée sous le terme de fabrication sous contrat. Dans certains cas, le producteur pourra intervenir dans le cadre d'instructions très précises du client sur ce qu'il doit fabriquer, en quelle quantité et selon quelles normes de qualité. Il pourra en outre utiliser des matières premières ou des composants mis à sa disposition par le client. La société productrice pourra être assurée de vendre la totalité de sa production dès lors qu'elle se conformera aux normes de qualité. On pourra alors considérer que la société productrice fournit au client un service à faible risque et la méthode du coût majoré pourra être la méthode de prix de transfert la plus appropriée, sous réserve des principes énoncés au chapitre II.

7.41 La recherche fournit elle aussi l'exemple d'une activité pouvant comporter des services intra-groupe. Les modalités d'une activité de recherche peuvent faire l'objet d'un accord détaillé, appelé d'ordinaire un « contrat de recherche », conclu avec le client. Cette activité peut faire intervenir du personnel très qualifié et sa nature et son importance dans la réussite du groupe peuvent varier considérablement. Les dispositions effectivement mises en œuvre peuvent prendre des formes diverses, qui vont de l'établissement de programmes détaillés par la principale entreprise concernée à des accords dans lesquels la société chargée des recherches organise librement ses travaux selon des lignes directrices définies en termes généraux. Dans ce dernier cas, les fonctions complémentaires qui consistent à identifier les domaines offrant des perspectives commerciales intéressantes et à évaluer les risques de recherches infructueuses peuvent jouer un rôle déterminant dans les résultats du groupe dans son ensemble. Il est donc essentiel de mener une analyse fonctionnelle détaillée et de comprendre précisément la nature de l'activité de recherche et la manière dont l'entreprise exerce cette activité, avant d'examiner la question de la méthode appropriée de calcul des prix de transfert. Pour sélectionner la méthode de prix de transfert la plus appropriée, il peut également être utile de tenir compte des options réalistes qui s'offrent au client. Voir la section B.2 du chapitre VI.

7.42 La gestion des licences constitue un autre exemple de services intra-groupe. On distinguera à cet égard l'administration et la protection des droits concernant des actifs incorporels de l'exploitation de ces droits. La protection d'une licence pourra être confiée à un centre de services du groupe chargé de veiller au respect de la licence.

D. Services intra-groupe à faible valeur ajoutée

7.43 Cette section fournit des indications spécifiques relatives à une catégorie particulière de services intra-groupe dénommée services intra-groupe à faible valeur ajoutée, dont la définition est présentée dans la section D.1. La section D.2, quant à elle, présente une approche simplifiée et optionnelle pour la détermination du prix de pleine concurrence, à appliquer aux services intra-groupe à faible valeur ajoutée, et propose notamment un critère simplifié. La section D.3 contient des orientations relatives aux documents et rapports devant être fournis par un groupe d'entreprises multinationales ayant choisi d'appliquer cette approche simplifiée. Enfin, la section D.4 traite certaines des questions liées à la perception des taxes retenues à la source au titre de services intra-groupe à faible valeur ajoutée. En résumé, selon l'approche simplifiée, il est admis que le prix de pleine concurrence des services intra-groupe à faible valeur ajoutée est étroitement lié aux coûts ; que les coûts supportés pour fournir les services intra-groupe à faible valeur ajoutée sont imputés aux entreprises du groupe qui bénéficient de leur utilisation ; et enfin que la même marge est appliquée à toutes les catégories de services. Les groupes d'entreprises multinationales qui choisissent de ne pas appliquer la méthode simplifiée décrite dans cette section devraient établir les prix de transfert des services intra-groupe à faible valeur ajoutée conformément aux principes exposés dans les sections A et B ci-dessus.

D.1. Définition des services intra-groupe à faible valeur ajoutée

7.44 Cette section aborde les problèmes de définition liés aux services intra-groupe à faible valeur ajoutée pour appliquer l'approche simplifiée présentée dans la section D.2. Elle commence tout d'abord par déterminer les caractéristiques des services intra-groupe à faible valeur ajoutée pour l'application de l'approche simplifiée. Puis, elle identifie une série d'activités qui ne relèvent pas des services intra-groupe à faible valeur ajoutée dans le cadre de l'approche simplifiée. Enfin, elle dresse une liste d'exemples de services qui seraient susceptibles d'avoir les caractéristiques de services intra-groupe à faible valeur ajoutée pour l'application de l'approche simplifiée.

7.45 Dans le cadre de l'approche simplifiée, les services intra-groupe à faible valeur ajoutée sont des services assurés par un ou plusieurs membres d'un groupe d'entreprises multinationales pour le compte d'un ou plusieurs autres membres du groupe, qui :

- relèvent d'une fonction de soutien ;
- ne font pas partie du cœur de métier du groupe d'entreprises multinationales (qui, par exemple, ne créent pas d'activités lucratives ou qui ne contribuent pas à des activités économiquement significatives du groupe d'entreprises multinationales) ;
- ne requièrent pas une utilisation d'actifs incorporels uniques et de valeur et ne conduisent pas à la création de tels actifs ;
- ne conduisent pas à assumer ni à maîtriser des risques substantiels ou importants par le fournisseur de services et ne conduisent pas à l'apparition d'un risque important pour ce même fournisseur.

7.46 Les indications figurant dans cette section ne s'appliquent pas à des services qui seraient habituellement classés parmi les services intra-groupe à faible valeur ajoutée lorsque ceux-ci sont fournis à des clients indépendants des membres du groupe d'entreprises multinationales. En effet, on peut dans ce cas escompter qu'il existe des comparables internes fiables pouvant être utilisés pour déterminer le prix de pleine concurrence des services intra-groupe concernés.

7.47 L'approche simplifiée décrite dans cette section ne peut être appliquée aux activités suivantes :

- services qui constituent le cœur de métier du groupe d'entreprises multinationales ;
- services de recherche-développement (notamment le développement de logiciels à moins de tomber dans le champ d'application des services du domaine des technologies de l'information cités au paragraphe 7.49) ;
- services de fabrication et de production ;
- activités commerciales liées aux matières premières ou autres matériaux utilisés dans des processus de fabrication ou de production ;
- activités de vente, de commercialisation et de distribution ;
- transactions financières ;
- activités d'extraction, d'exploration ou de transformation de ressources naturelles ;
- services d'assurance et de réassurance ;
- fonctions de direction générale d'une entreprise (autres que la supervision de la gestion de services entrant dans le cadre de services intra-groupe à faible valeur ajoutée tels que définis au paragraphe 7.45).

7.48 Le fait que l'approche simplifiée ne puisse pas s'appliquer à une activité, telle que définie dans le paragraphe 7.45, ne doit pas être interprété comme signifiant que cette activité génère des rendements élevés. L'activité pourrait encore avoir une faible valeur ajoutée, et la détermination du prix de pleine concurrence pour une telle activité, le cas échéant, devrait être déterminé conformément aux principes énoncés aux paragraphes 7.1 à 7.42.

7.49 La liste ci-dessous contient des exemples de services pouvant répondre à la définition des services intra-groupe à faible valeur ajoutée fournie au paragraphe 7.45 :

- comptabilité et vérification, notamment : collecte et examen des informations destinées à être utilisées dans les états financiers; tenue des livres comptables, établissement des états financiers; préparation aux contrôles opérationnels et financiers ou assistance lors de tels contrôles; vérification de l'authenticité et de la fiabilité des documents comptables; aide à la préparation du budget par la compilation de données et la collecte d'informations;
- traitement et gestion des comptes clients et des comptes fournisseurs, notamment : compilation des coordonnées de facturation des clients, vérification et gestion des crédits clients;
- activités relatives aux ressources humaines, telles que :
  - gestion des affectations et recrutement, notamment : procédures d'embauche, aide à l'évaluation des candidats, sélection et nomination du personnel, accueil des nouveaux salariés, évaluation des résultats et assistance en matière d'orientation professionnelle, assistance dans les procédures de licenciement et de reclassement;
  - formation des salariés et évolution professionnelle, notamment : évaluation des besoins de formation, mise en place de programmes internes de formation des salariés et d'évolution professionnelle, création de programmes de développement des compétences d'encadrement et de gestion des carrières;
  - services de paie, notamment, conseils et définition des politiques applicables en matière de rémunération des salariés et de prestations pouvant inclure la couverture de santé et l'assurance-vie, plan d'options d'achat d'actions et régime de retraite, suivi des absences et comptabilisation du temps travaillé, services de rémunération des salariés incluant l'établissement de la fiche de paie et le respect des obligations fiscales qui s'y rattachent;
  - définition et suivi des procédures relatives à la santé du personnel, application des normes relatives à l'hygiène et à la sécurité sur le lieu de travail;
- suivi et compilation des données relatives à la santé, à la sécurité, à l'environnement et aux autres normes applicables à l'entreprise;
- services dans le domaine des technologies de l'information qui ne font pas partie de l'activité principale du groupe d'entreprises multinationales, notamment l'installation, la maintenance et la mise à jour de systèmes informatiques utilisés par l'entreprise, le support informatique (y compris pour les systèmes d'information utilisés par les services de comptabilité, production, relations clientèle, ressources humaines et paie, et les systèmes de messagerie électronique), la formation à l'utilisation ou l'application de systèmes informatiques et des équipements associés utilisés pour la collecte, le traitement et la présentation des données, la définition d'orientations relatives aux technologies de l'information, la fourniture de services de télécommunication, la mise en place d'un centre d'assistance informatique, la mise en place et la maintenance des systèmes de sécurité informatique, la maintenance et la supervision des réseaux informatiques et l'assistance correspondante (réseaux locaux et étendus, internet);

- assistance en matière de communication interne, externe et de relations publiques (à l'exception d'activités de publicité ou de commercialisation spécifiques et de la définition des stratégies associées) ;
- services juridiques, notamment services juridiques généraux assurés par un conseiller juridique interne, tels que la préparation et la relecture de contrats, accords et autres documents juridiques, les conseils et avis juridiques, la représentation de l'entreprise (contentieux judiciaire, instances arbitrales, procédures administratives), les recherches et démarches de nature juridique et administrative visant à l'enregistrement et à la protection des biens incorporels ;
- activités liées au respect des obligations fiscales, notamment la collecte des informations et la préparation des déclarations fiscales (imposition sur le revenu, taxes sur les ventes, TVA, impôts fonciers, droits de douanes et d'accise), le versement des impôts et taxes, la réponse aux autorités fiscales en cas de contrôle, les conseils en matière fiscale ;
- services généraux de nature administrative ou relevant de la gestion courante.

7.50 Les exemples suivants illustrent une caractéristique importante de la définition des services intra-groupe à faible valeur ajoutée selon laquelle ces services ne font pas partie du cœur de métier du groupe d'entreprises multinationales. Des services pouvant paraître similaires au premier abord (dans l'exemple choisi, l'analyse du risque de crédit) peuvent ainsi être ou non classés parmi les services intra-groupe à faible valeur ajoutée, selon les circonstances propres à chaque cas d'espèce. Les exemples illustrent également comment certains services peuvent ne pas entrer dans le cadre de services intra-groupe à faible valeur ajoutée parce que, dans leur contexte spécifique, ils créent un risque significatif ou des actifs incorporels uniques et de valeur.

a) La société A, située dans le pays A, est un fabricant de chaussures et distributeur en gros de ces produits dans la région Nord-Ouest. Sa filiale à 100 pour cent, la société B, située dans le pays B, est un distributeur en gros dans la région Sud-Est des chaussures fabriquées par A. Dans le cadre de ses activités, la société A analyse régulièrement le risque de crédit de ses clients en se basant sur les rapports achetés auprès d'une agence d'évaluation du crédit. La société A mène, pour le compte de la société B, les mêmes analyses de risque de crédit à l'égard des clients de la société B, selon les mêmes méthodes et approches. L'examen des faits et des circonstances conduit raisonnablement à conclure que le service effectué par la société A pour le compte de la société B est un service intra-groupe à faible valeur ajoutée.

b) La société X est une filiale d'un groupe international de banques d'investissement. La société X réalise des analyses du risque de crédit relatives aux contreparties potentielles des transactions portant sur des contrats de dérivés financiers et établit des rapports de crédit pour le groupe international de banques d'investissement dont elle fait partie. Les analyses de crédit effectuées par la société X sont utilisées par le groupe lorsqu'il fixe les prix des instruments financiers dérivés destinés aux clients du groupe. Le personnel de la société X a acquis une expertise spécifique et utilise des modèles, algorithmes et logiciels d'analyse du risque de crédit mis au point en interne et de nature confidentielle. L'examen des faits et des circonstances du cas d'espèce ne permettent pas de conclure que le service effectué par la société X pour le groupe international de banques d'investissement est un service intra-groupe à faible valeur ajoutée.

7.51 La définition des services intra-groupe à faible valeur ajoutée précise que ces services entrent dans la catégorie des services de soutien, qui ne font pas partie du cœur de métier du groupe d'entreprises multinationales. La fourniture de services intra-groupe à faible valeur ajoutée peut représenter, de fait, l'activité principale de l'entité juridique fournissant le service, par exemple s'il s'agit d'un centre de services partagés, à condition que ces services ne soient pas liés au cœur de métier du groupe. À titre d'exemple, supposons qu'un groupe d'entreprises multinationales soit engagé dans la conception, la production, la vente et la commercialisation de produits laitiers dans le monde entier. Ce groupe a créé une société de services partagés, dont la seule activité est d'intervenir comme centre mondial de services d'assistance informatique. Du point de vue du fournisseur de services d'assistance informatique, la prestation de services informatiques constitue sa principale activité. Toutefois, du point de vue des bénéficiaires du service, et de celui du groupe d'entreprises multinationales dans son ensemble, ce service n'est pas une activité du cœur de métier et peut donc être considéré comme un service intra-groupe à faible valeur ajoutée.

D.2. Approche simplifiée pour établir la tarification de pleine concurrence des services intra-groupe à faible valeur ajoutée

7.52 Les paragraphes suivants présentent l'approche simplifiée de tarification applicable aux services intra-groupe à faible valeur ajoutée. Cette méthode simplifiée repose sur l'idée que tous les coûts supportés au titre de services à faible valeur ajoutée réalisés en soutien aux activités des membres du groupe d'entreprises multinationales devraient être répartis entre ces membres. Parmi les principaux avantages de l'utilisation de l'approche simplifiée : (1) la réduction de l'effort de mise en conformité pour répondre au critère de l'avantage et pour démontrer les prix de pleine concurrence, (2) une plus grande sécurité pour les groupes d'entreprises multinationales que le prix facturé pour les activités concernées seront acceptés par les administrations fiscales qui ont adopté l'approche simplifiée, une fois que les conditions de l'approche simplifiée mentionnée au paragraphe 7.45 ont été respectées, et (3) fournir à l'administrations fiscale une documentation ciblée permettant un examen efficace des risques de conformité. Un groupe d'entreprises multinationales qui choisit d'adopter cette méthode simplifiée devrait, autant que possible, l'appliquer de manière cohérente dans l'ensemble des pays dans lesquels il opère.

7.53 Bien qu'une administration fiscale n'ait pas adopté l'approche simplifiée, et que par conséquent le groupe multinational doive se conformer aux exigences de cette juridiction, cela ne l'empêche pas d'appliquer l'approche simplifiée dans d'autres juridictions. En outre, tous les groupes d'entreprises multinationales ne sont pas intégrés verticalement et peuvent posséder des divisions ou sous-groupes régionaux avec leurs propres structures de gestion et de soutien. Par conséquent, les groupes d'entreprises multinationales peuvent choisir d'adopter la méthode simplifiée au niveau d'une entreprise holding et de l'appliquer uniformément dans toutes les filiales de cette société holding. Lorsque le groupe d'entreprises multinationales choisit d'appliquer l'approche simplifiée, les coûts supportés au titre de services intra-groupe à faible valeur ajoutée qui ont été déterminés conformément aux indications de ce paragraphe sont reconnus être en conformité avec le principe de pleine concurrence. Une autre approche possible pour répondre aux questions abordées dans cette section consisterait à utiliser des accords de répartition des coûts, lesquels font l'objet du chapitre VIII.

D.2.1. Application du critère de l'avantage obtenu aux services intra-groupe à faible valeur ajoutée

7.54 Comme indiqué au paragraphe 7.6, et en vertu du principe de pleine concurrence, il n'y a obligation de payer pour un service intra-groupe que lorsque le critère de l'avantage obtenu est satisfait, à savoir que l'activité puisse fournir au membre du groupe qui devrait payer pour le service une valeur économique ou commerciale lui permettant d'améliorer ou de maintenir sa position commerciale. Cette position est à son tour déterminée en cherchant à savoir si une entreprise indépendante, dans des circonstances comparables, aurait été prête à payer pour cette activité si celle-ci avait été réalisée par une entreprise indépendante ou si elle aurait effectué l'activité elle-même en interne. Toutefois, en raison de la nature des services intra-groupe à faible valeur ajoutée abordés dans cette section, répondre à ces questions peut s'avérer compliqué ou peut exiger plus d'efforts que le montant des frais. Les administrations fiscales devraient donc s'abstenir d'examiner ou de contester le critère de l'avantage obtenu lorsqu'une approche simplifiée a été appliquée dans les conditions et les circonstances exposées dans cette section et particulièrement si celle-ci est en conformité avec la documentation et les rapports présentés dans la section D.3 suivante.

7.55 Alors que les services intra-groupe à faible valeur ajoutée peuvent fournir des avantages à tous les destinataires de ces services, des questions peuvent se poser quant à l'ampleur de ces avantages et si des parties indépendantes auraient été prêtes à payer pour le service en question ou si elles l'auraient effectué elles-mêmes. Étant donné la nature des services intra-groupe à faible valeur ajoutée, si le groupe d'entreprises multinationales a suivi les recommandations de l'approche simplifiée et qu'il a présenté la documentation et les rapports énumérés dans la section D.3 ci-dessous, cela devrait être suffisant pour apporter les preuves que le critère de l'avantage a été respecté. Pour évaluer ce critère, les administrations fiscales ne devraient tenir compte de l'avantage que par catégories de services et non sur une base de frais spécifique. Ainsi, le contribuable doit uniquement démontrer que l'aide a été fournie avec, par exemple, le traitement des paies, plutôt que d'être contraint de spécifier des actions individuelles ayant donné lieu à des frais facturés. À condition que cette information décrite au paragraphe 7.64 ait été mise à la disposition de l'administration fiscale, une seule facture annuelle décrivant une catégorie de services devrait suffire à justifier les frais, et la correspondance ou autres preuves d'actions individuelles ne devrait pas être nécessaire. En ce qui concerne les services intra-groupe à faible valeur ajoutée qui ne profitent qu'à une seule entité bénéficiaire du groupe d'entreprises multinationales, il est attendu que les avantages pour le bénéficiaire du service seront capables de changer la donne.

D.2.2. Constitution de groupes de coûts

7.56 Lors de la première étape de l'approche simplifiée applicable à des services intra-groupe à faible valeur ajoutée, le groupe d'entreprises multinationales doit déterminer, pour chaque exercice, l'ensemble des coûts supportés par les membres du groupe qui ont fourni chaque catégorie de services intra-groupe à faible valeur ajoutée. Les coûts devant être regroupés représentent les coûts directs et indirects de chaque fourniture de services, ainsi que, le cas échéant, la part attribuée aux frais d'opérations (par exemple, la supervision générale ou administrative). Les coûts sont regroupés par catégories de services, et doivent indiquer les centres de coûts aux fins comptables qui ont été utilisés dans la création du groupe de coûts. Les coûts répercutés au sein d'un groupe de coûts, doivent être identifiés afin de pouvoir appliquer les principes du paragraphe 7.61. Le groupe de coûts doit exclure les coûts attribuables à une activité interne dont bénéficie uniquement l'entreprise exerçant l'activité (y compris les activités d'actionnaire effectuées par la société holding).

7.57 La deuxième étape consiste pour le groupe d'entreprises multinationales à isoler et à retirer du groupe de coûts les coûts attribuables aux services fournis par un membre du groupe exclusivement pour le compte d'un autre membre du groupe. À titre d'exemple, lors de la constitution d'un groupe de coûts salariaux, si la société A du groupe fournit des services de paie exclusivement à la société B du groupe, les coûts correspondants doivent être isolés séparément et soustraits du groupe de coûts. Toutefois, si la société A du groupe assure des services de paie pour elle-même ainsi que pour le compte de la société B, les coûts correspondants sont maintenus dans le groupe de coûts.

7.58 À ce stade du calcul, le groupe d'entreprises multinationales a obtenu un groupe de coûts associés à des catégories de services à faible valeur ajoutée fournis à plusieurs membres du groupe d'entreprises multinationales.

D.2.3. Répartition des coûts relatifs aux services intra-groupe à faible valeur ajoutée

7.59 La troisième étape de cette méthode de tarification simplifiée applicable aux coûts de services intra-groupe à faible valeur ajoutée consiste à répartir entre les membres du groupe les coûts contenus dans le groupe de coûts relatifs à des services dont plusieurs membres du groupe ont bénéficié. Le contribuable définit et applique alors une (ou plusieurs) clé de répartition dans le respect des principes suivants. La nature des services entre en ligne de compte dans le choix d'une (ou plusieurs) clé de répartition appropriée. La (ou les) même clé de répartition est utilisée de manière uniforme pour toutes les répartitions de coûts relatifs à une catégorie donnée de services. Conformément aux indications figurant au paragraphe 7.24, la (ou les) clé de répartition choisie pour les coûts relatifs à une catégorie de services devrait refléter raisonnablement les avantages escomptés par chaque bénéficiaire des services considérés. En règle générale, la clé de répartition devrait être fonction du besoin sous-jacent vis-à-vis des services en question. À titre d'exemple, la clé de répartition peut utiliser la part relative de chaque membre dans l'effectif total du groupe, pour des services liés au personnel; la part du nombre total d'utilisateurs, pour des services informatiques; la part du parc total de véhicules, pour des services de gestion de flotte; et enfin la part du total des transactions concernées ou de l'actif total pour des services d'assistance comptable. Dans plusieurs cas, la part dans le chiffre d'affaires total pourra être une clé pertinente.

7.60 Les exemples de clés de répartition proposés au paragraphe précédent ne constituent pas une liste exhaustive. En fonction des faits et circonstances du cas d'espèce, des clés de répartition plus complexes peuvent être utilisées. Cependant, un équilibre doit être trouvé entre la complexité théorique et l'utilisation pratique, en gardant à l'esprit que les coûts considérés ne génèrent pas de valeur élevée pour le groupe. Dans ce contexte, l'utilisation de clés de répartition multiples peut être évitée si le contribuable est en mesure de justifier qu'une clé unique permet de refléter raisonnablement les avantages respectifs. Aux fins de cohérence, la ou les mêmes clés de répartition sont appliquées pour répartir ente les bénéficiaires les coûts relatifs à une catégorie donnée de services intra-groupe à faible valeur ajoutée. De plus, la même clé de répartition raisonnable sera réutilisée d'une année sur l'autre, sauf s'il existe une raison valable d'en changer. Les administrations fiscales et les contribuables ne doivent pas oublier que la modification d'une clé de répartition raisonnable peut conduire à des complications considérables. Le contribuable est invité à décrire dans sa documentation (voir paragraphe 7.64 ci-dessous) le raisonnement qui lui a permis de conclure que la clé de répartition retenue produisait des résultats reflétant raisonnablement les avantages susceptibles d'être tirés par chaque bénéficiaire du service considéré.

D.2.4. Marges bénéficiaires

7.61 Pour déterminer la tarification de pleine concurrence de services intra-groupe à faible valeur ajoutée, le membre du groupe d'entreprises multinationales qui fournit ces services doit appliquer une marge bénéficiaire à tous les coûts reportés dans le groupe de coûts, exception faite de tout coût répercuté, tel que le définissent les dispositions des paragraphes 2.93 et 7.34. La même marge doit être utilisée pour tous les services à faible valeur ajoutée, quelles que soient les catégories concernées. La marge bénéficiaire doit équivaloir à 5 % du coût concerné comme souligné dans la section D.2.2. La marge bénéficiaire dans l'approche simplifiée n'a pas besoin d'être justifiée par une étude comparative et peut être appliquée aux services intra-groupe à faible valeur ajoutée effectués par un membre du groupe uniquement pour le compte d'un autre membre du groupe, dont les coûts sont identifiés séparément selon les dispositions du paragraphe 7.57. Il est à noter que les marges appliquées aux services intra-groupe à faible valeur ajoutée ne doivent pas, sans justification et analyse complémentaires, être utilisées comme référence pour déterminer le prix de pleine concurrence de services qui n'entreraient pas dans la catégorie des services à faible valeur ajoutée, ou de services similaires qui seraient exclus du régime optionnel simplifié.

D.2.5. Facturation des services à faible valeur ajoutée

7.62 Sous réserve des dispositions du paragraphe 7.55, le montant facturé au titre des services à un membre d'un groupe d'entreprises multinationales ayant choisi le régime optionnel est la somme des éléments suivants : i) les coûts supportés par un autre membre du groupe pour fournir les services exclusivement au membre, calculés conformément à la deuxième étape décrite dans le paragraphe 7.57, augmentés de la marge applicable, et ii) la part du total du groupe de coûts attribuée au membre en utilisant la clé de répartition choisie conformément à la troisième étape décrite dans le paragraphe 7.59, augmentée de la marge applicable. Le montant facturé est payable au membre du groupe qui a assumé les coûts reportés dans le groupe de coûts, et, si plus d'un membre du groupe a assumé ces coûts, le paiement est reparti en proportion de la part de chaque membre dans le groupe de coûts.

D.2.6. Seuil d'application de l'approche simplifiée

7.63 Les administrations fiscales adoptant l'approche simplifiée aux services intra-groupe à faible valeur ajoutée énoncés dans la présente section peuvent établir un seuil approprié pour leur permettre de revoir cette approche simplifiée dans les cas où ce seuil est dépassé. Un tel seuil pourrait, par exemple, être fondé sur des ratios financiers fixes de la partie destinataire (par exemple une proportion des coûts des services intra-groupe par rapport aux coûts totaux ou au chiffre d'affaires ou au bénéfice avant déduction des services intra-groupe) ou être déterminé en référence à un ratio à l'échelle du groupe du coût total des services au chiffre d'affaires du groupe d'entreprises multinationales ou toute autre mesure appropriée. Lorsqu'un tel seuil est adopté, l'administration fiscale n'est toutefois pas contrainte d'accepter l'approche simplifiée si le niveau des frais des services à faible valeur ajoutée dépasse le seuil et peut nécessiter une analyse fonctionnelle et de comparabilité complètes comprenant l'application du critère de l'avantage obtenu pour des frais de service spécifiques.

D.3. Documentation et rapports

7.64 Un groupe d'entreprises multinationales qui choisit d'appliquer cette méthode simplifiée doit disposer des renseignements et documents énumérés infra et être en mesure de les transmettre, sur demande, à l'administration fiscale compétente pour toute entité du groupe ayant versé ou perçu un paiement au titre de services intra-groupe à faible valeur ajoutée.

- description des catégories de services intra-groupes à faible valeur fournis ; identité des bénéficiaires ; éléments établissant que chaque catégorie de services répond bien à la définition des services intra-groupe à faible valeur ajoutée énoncée à la section D.1 ; justification de la prestation de services dans le contexte de l'activité du groupe d'entreprises multinationales ; description des avantages réels ou escomptés de chacune des catégories de services ; description des clés de répartition appliquées et éléments établissant que ces clés de répartition produisent des résultats qui reflètent raisonnablement les avantages reçus ; confirmation de la marge appliquée ;
- contrats ou accords écrits pour la fourniture de services et les modifications à ces contrats et accords reflétant l'accord des différents membres du groupe liés par les règles d'attribution de cette section. Ces contrats ou accords écrits peuvent prendre la forme d'un document identifiant les entités concernées, la nature des services, et les modalités et conditions dans lesquelles les services sont fournis ;
- documents et calculs relatifs à la détermination du groupe de coûts tel que décrit dans la section D.2.2, et à la marge appliquée, en particulier une liste détaillant toutes les catégories de services et les montants des coûts pertinents, y compris les coûts des services fournis exclusivement à un membre du groupe ;
- calculs relatifs à l'application des clés de répartition utilisées.

D.4. Perception des taxes retenues à la source pour la prestation de services intra-groupe à faible valeur ajoutée

7.65 La perception des taxes retenues à la source sur la fourniture de services intra-groupe à faible valeur ajoutée peut empêcher le prestataire de services de pouvoir récupérer la totalité des frais engagés pour la prestation de ces services. Quand un élément de bénéfice ou une marge sont inclus dans ces services, les administrations fiscales chargées de la retenue fiscale sont encouragées à l'appliquer uniquement à cet élément de bénéfice ou à cette marge.

ACCORDS DE RÉPARTITION DES COÛTS

Révisions du chapitre VIII des Principes applicables en matière de prix de transfert

Synthèse

Les accords de répartition des coûts (« ARC ») sont des accords contractuels spéciaux fixés entre des entreprises pour partager les contributions et les risques de la mise au point, de la production ou de l'obtention en commun d'actifs incorporels, d'actifs corporels ou de services, étant entendu que ces actifs incorporels, ces actifs corporels ou ces services doivent générer des avantages pour les entreprises individuelles de chacun des participants. Si les contributions et les bénéfices d'un ARC ne sont pas évalués correctement, cela se traduit par une suppression des bénéfices du lieu où la valeur a été créée par les activités économiques exercées.

L'Action 8 du Plan d'action BEPS couvre les prix de transfert des actifs incorporels et implique l'élaboration de règles visant à empêcher l'érosion de la base d'imposition et le transfert de bénéfices par le biais du transfert d'actifs incorporels entre les membres du groupe sans rémunération de pleine concurrence, ainsi que la mise à jour des principes relatifs aux ARC. Les indications de ce chapitre portent sur la dernière partie de l'Action 8 et remplaceront les orientations actuelles du chapitre VIII des Principes applicables en matière de prix de transfert.

Ce chapitre du rapport fournit des orientations générales pour déterminer si les conditions fixées par des entreprises associées dans le cadre de transactions couvertes par un ARC sont conformes au principe de pleine concurrence. Ce faisant, les orientations figurant dans ce chapitre traitent certaines possibilités d'érosion de la base d'imposition résultant du recours aux ARC.

Les parties exerçant des activités dans le cadre d'accords présentant des caractéristiques économiques similaires doivent recevoir des rendements escomptés identiques, indépendamment du fait que l'accord contractuel soit, dans ce cas, un ARC. Les orientations font en sorte que les ARC ne soient pas utilisés de manière à contourner les nouveaux principes en matière d'application du principe de pleine concurrence dans le cadre de transactions impliquant la prise en charge de risques ou concernant des actifs incorporels. L'analyse des ARC respecte le cadre fixé par ces principes afin de faire en sorte :

- d'appliquer aux ARC le même cadre analytique de délimitation de la transaction effective, notamment d'attribution du risque qu'aux autres types d'accords contractuels;

- d'appliquer aux ARC les mêmes principes d'évaluation et de fixation du prix des actifs incorporels, notamment des actifs incorporels difficiles à valoriser, qu'aux autres types d'accords contractuels ;
- l'analyse des ARC se fonde sur les accords contractuels conclus par des entreprises associées et non pas sur des accords contractuels qui ne reflètent pas la réalité économique ;
- une entreprise associée ne peut prendre part à un ARC que si l'on peut raisonnablement s'attendre à ce qu'elle profite des objectifs de l'activité de l'ARC, à ce qu'elle exerce un contrôle des risques spécifiques pris en charge dans le cadre de l'ARC et à ce qu'elle ait la capacité financière d'assumer ces risques ;
- les contributions apportées à un ARC, et tout particulièrement aux actifs incorporels, ne doivent pas être évaluées d'après les coûts dans la mesure où il est peu probable que cela permette de déterminer avec fiabilité la valeur des contributions respectives des participants puisque cela peut aboutir à des résultats ne respectant pas le principe de pleine concurrence.

En résumé, les principes font en sorte que les ARC soient analysés de manière appropriée et offrent des résultats conformes à la manière dont a été créée la valeur et au lieu où elle l'a été.

Les dispositions actuelles du chapitre VIII des Principes applicables en matière de prix de transfert sont supprimées dans leur intégralité, et remplacées par celles qui suivent.

A. Introduction

8.1 Ce chapitre traite des accords de répartition des coûts (ARC) entre deux entreprises associées ou plus. Il vise à fournir des orientations générales permettant de déterminer si les conditions fixées par des entreprises associées pour des transactions couvertes par un ARC sont conformes au principe de pleine concurrence. L'analyse de la structure de ces dispositions doit être déterminée par les dispositions de ce chapitre et par les autres dispositions de ces principes et elle doit être documentée de manière adéquate par l'accord.

8.2 La section B donne une définition générale de l'ARC et présente la notion d'ARC et la section C contient des orientations relatives à l'application du principe de pleine concurrence aux ARC. La section C contient des orientations sur les modalités d'évaluation des contributions à un ARC, la question de savoir s'il est nécessaire de procéder à des paiements compensatoires (c'est-à-dire à des paiements entre des participants permettant d'ajuster leurs parts respectives des contributions) et le régime fiscal applicable à ces contributions et paiements compensatoires. La section C aborde également la détermination des participants à un ARC et les questions liées à l'adhésion ou au retrait des participants et à la résiliation des ARC. Enfin, la section D aborde des suggestions de structure et de documentation des ARC.

B. La notion d'ARC

B.1. Généralités

8.3 Un ARC est un engagement contractuel qui permet à des entreprises industrielles ou commerciales de partager les contributions et les risques impliqués dans le développement, la production ou l'obtention en commun d'actifs incorporels, d'actifs corporels ou de services, étant entendu que l'on attend de ces actifs incorporels, ces actifs corporels ou ces services qu'ils génèrent des bénéfices pour les entreprises individuelles de chacun des participants. Un ARC est un accord contractuel plutôt que nécessairement une entité juridique distincte ou un lieu fixe d'activité de tous les participants. Un ARC n'exige pas des participants qu'ils combinent leurs opérations, par exemple pour exploiter conjointement des actifs incorporels en résultant ou pour partager des revenus ou bénéfices. Au contraire, les participants à un ARC peuvent exploiter leurs intérêts dans les résultats d'un ARC par le biais de leurs entreprises individuelles. Les problèmes de prix de transfert sont axés sur les relations commerciales ou financières entre les participants et sur les contributions apportées par les participants, qui offrent l'opportunité de parvenir à ces résultats.

8.4 Comme l'indique la section D.1 du chapitre I, la délimitation de la transaction effectivement conclue constitue la première étape d'une analyse de prix de transfert. L'accord contractuel sert de point de départ à la délimitation de la transaction effective. A cet égard, il n'existe aucune différence, aux fins de l'analyse des prix de transfert, entre un ARC et un autre type d'accord contractuel dans lequel la répartition des responsabilités, risques et résultats escomptés, telle que définie par l'analyse fonctionnelle de la transaction, est identique. Les orientations relatives à l'identification des autres caractéristiques économiquement pertinentes s'appliquent aux ARC de la même manière qu'à un autre type d'accord contractuel, notamment l'évaluation permettant de déterminer si les parties qui assument les risques contractuels prennent en charge réellement ces risques conformément au cadre d'analyse des risques présenté au paragraphe 1.60 de ces Principes. En conséquence, les parties exerçant des activités en vertu d'accords présentant des caractéristiques économiques similaires doivent recevoir des revenus escomptés similaires, indépendamment du fait que l'accord contractuel soit, dans ce cas précis, un ARC. Cependant, il existe des caractéristiques spécifiques des ARC qui méritent une attention particulière.

8.5 La répartition des contributions constitue une caractéristique essentielle de l'ARC. Conformément au principe de pleine concurrence, au moment de conclure un ARC, la part respective de chaque participant dans les contributions globales de l'ARC doit être conforme à la part respective de chaque participant dans les avantages globaux escomptés à recevoir aux termes de l'accord. En outre, en cas d'ARC impliquant le développement, la production ou l'obtention d'actifs incorporels ou corporels, une participation dans des actifs incorporels ou dans des actifs corporels résultant de l'activité d'un ARC ou bien des droits d'utilisation ou d'exploitation de ces actifs incorporels ou corporels, est prévue contractuellement pour chaque participant. En ce qui concerne les ARC de services, chaque participant est en droit contractuellement de bénéficier des services résultant de l'activité de l'ARC. Dans tous les cas, les participants peuvent exploiter leur intérêt, leurs droits ou leur prérogatives, sans payer une contrepartie supplémentaire (autre que les contributions et les paiements compensatoires décrits respectivement aux sections C.4 et C.5) à une autre partie en échange de cet intérêt, de ces droits ou de ces prérogatives.

8.6 Certains avantages de l'activité d'un ARC peuvent être déterminés à l'avance tandis que d'autres sont incertains. Certains types d'activités des ARC procurent des avantages actuels tandis que d'autres en procurent sur une période plus longue ou bien peuvent n'en procurer aucun. Néanmoins, un ARC comporte toujours un avantage escompté, recherché par chaque participant dans sa contribution, notamment les droits du participant à faire administrer l'ARC de manière appropriée. L'intérêt de chaque participant dans les résultats de l'activité de l'ARC doit être établi dès le départ, même si cet intérêt est lié à celui des autres participants, notamment parce que la propriété légale des actifs incorporels ou des actifs corporels développés peut être attribuée à un seul d'entre eux alors que la totalité d'entre eux ont certains droits d'utilisation ou d'exploitation des actifs incorporels ou des actifs corporels, comme indiqué dans les dispositions contractuelles (par exemple, des licences perpétuelles, libres de redevances pour le territoire sur lequel opère le participant concerné).

8.7 Dans certains cas, les ARC sont utiles pour simplifier plusieurs transactions (en gardant à l'esprit que les conséquences fiscales des transactions sont déterminées conformément aux lois locales en vigueur). Dans une situation où des entreprises associées exercent des activités pour d'autres membres du groupe et profitent simultanément des activités exercées par les autres membres du groupe, un ARC peut fournir un mécanisme se substituant à plusieurs paiements intra-groupe distincts de pleine concurrence, avec un système de paiements nets plus rationalisés, fondé sur le regroupement des contributions et avantages liés aux activités couvertes (voir également les paragraphes 3.9 à 3.17 de ces Principes). Un ARC pour le partage du développement d'actifs incorporels peut éviter de recourir à des accords de licences croisées et à l'attribution correspondante du risque et les remplacer par un partage plus rationalisé des contributions et des risques, les intérêts de participation aux actifs incorporels en résultant étant partagés conformément aux dispositions de l'ARC. Cependant, la rationalisation des flux pouvant résulter de l'adoption d'un ARC n'affecte pas l'évaluation appropriée de la répartition des contributions des parties.

8.8 Pour illustrer l'ARC, prenons l'exemple d'un groupe d'entreprises multinationales qui fabrique des produits par l'intermédiaire de trois entreprises qui exploitent chacune un site de production et disposent chacune de leurs propres équipes de R&D engagées dans divers projets visant à améliorer les processus de production. Ces trois entreprises concluent un ARC afin d'améliorer le processus de production et, par conséquent, regroupent leur expertise et partagent leurs risques. Attendu que l'ARC confère à chaque participant des droits sur les résultats des projets, il remplace les accords de licences croisées qui auraient pu être conclus en l'absence d'ARC, si les entreprises avaient développé individuellement certains actifs incorporels et si elles s'étaient cédé des droits mutuellement.

B.2. Liens avec d'autres chapitres

8.9 Comme indiqué au paragraphe 8.4, le cadre analytique des prix de transfert applicable aux ARC n'est pas différent de celui utilisé pour l'analyse des autres formes de relations contractuelles. Les indications de la section D du chapitre I sont pertinentes pour l'analyse de toutes les transactions entre des entreprises associées et s'appliquent à la définition des caractéristiques économiquement pertinentes des relations commerciales et financières entre les parties telles qu'elles figurent dans un ARC. Les dispositions contractuelles de l'ARC constituent le point de départ pour délimiter la transaction entre les parties et décider comment il a été prévu d'attribuer les responsabilités, les risques et les résultats escomptés au moment où les dispositions ont été prises. Toutefois, comme l'indiquent ces principes, les éléments probants du comportement des parties peuvent clarifier ou compléter les aspects de l'accord. Le cadre d'analyse du risque de la section D.1.2.1 du chapitre 1 s'applique pour déterminer si les parties assument les risques aux termes d'un ARC, comme indiqué à la section C.2 de ce chapitre ainsi que les conséquences liées au financement sans assumer le risque ni exercer d'autres fonctions. Le chapitre VI fournit des orientations en vue de déterminer les conditions de pleine concurrence des transactions qui portent sur l'utilisation ou le transfert d'actifs incorporels. Les paragraphes 6.60 à 6.64 fournissent des orientations utiles sur l'exercice du contrôle du risque financier si le financement sert à investir dans des projets de R&D. Les orientations des sections D.3 et D.4 du chapitre VI relatives aux actifs incorporels difficiles à valoriser s'appliquent également aux ARC. Le chapitre VII examine les problèmes qui se posent en matière de prix de transfert pour déterminer si des services ont été rendus par un membre d'un groupe d'entreprises multinationales à d'autres membres de ce groupe et, dans l'affirmative, pour déterminer le prix de pleine concurrence applicable à ces services intra-groupe. L'objectif de ce chapitre consiste à fournir des orientations supplémentaires pour les situations dans lesquelles les ressources et les compétences sont mises en commun et la contrepartie reçue est, en tout ou en partie, l'attente raisonnable d'avantages mutuels. En conséquence, les dispositions des chapitres VI et VII ainsi que tous les autres chapitres de ces Principes restent applicables dans la mesure où elles sont pertinentes, par exemple pour mesurer la valeur d'une contribution à un ARC dans le cadre du processus de détermination de la répartition des contributions. Les entreprises multinationales sont encouragées à suivre les orientations données dans le présent chapitre afin de faire en sorte que leurs ARC soient conformes au principe de pleine concurrence.

B.3. Catégories d'ARC

8.10 Il existe deux types courants d'ARC : les ARC établis pour le développement, la production ou l'obtention, en commun, de biens incorporels ou corporels (« les ARC de développement ») et les ARC établis pour l'obtention de services (« les ARC de services »). Bien que chaque ARC spécifique doive être examiné en fonction de ses propres faits et circonstances, ces deux types d'ARC se distingueront généralement par le fait qu'on attend des ARC de développement qu'ils procurent des avantages continus et futurs tandis que les ARC de services ne procurent que des avantages actuels. Les ARC de développement, en particulier lorsqu'ils portent sur des actifs incorporels, impliquent souvent des risques significatifs associés à ce qui peut être des avantages incertains et lointains tandis que les ARC de services offrent des avantages plus certains et moins risqués. Ces distinctions sont utiles car, du fait de leur plus grande complexité, les ARC de développement peuvent nécessiter des orientations plus précises, notamment pour l'évaluation des contributions, que celles requises pour les ARC de service, comme indiqué ci-dessous. L'analyse d'un ARC ne doit cependant pas être fondée sur des distinctions superficielles : dans certains cas, un ARC pour l'obtention de services actuels peut également créer ou renforcer un actif incorporel qui procure des avantages continus et incertains et des actifs incorporels développés dans le cadre d'un ARC peuvent procurer des avantages à court terme et relativement certains.

8.11 Dans le cadre d'un ARC de développement, chaque participant peut prétendre à des droits sur le ou les actifs incorporels ou corporels développés. En ce qui concerne les actifs incorporels, ces droits prennent souvent la forme de droits distincts d'exploitation du bien corporel sur un territoire géographique précis ou pour une application particulière. Les droits distincts obtenus peuvent constituer la propriété légale effective. Il est également possible que l'un des participants soit le propriétaire légal du bien mais que les autres participants aient certains droits d'utilisation ou d'exploitation du bien. Dans les cas où un participant détient de tels droits sur un bien développé par l'ARC, il n'est pas nécessaire de payer une redevance ou toute autre contrepartie en échange de l'utilisation du bien développé, conformément à l'intérêt auquel le participant a droit aux termes de l'ARC (les contributions d'un participant peuvent cependant nécessiter un ajustement si elles ne sont pas proportionnelles aux avantages escomptés, voir section C.5).

C. Application du principe de pleine concurrence

C.1. Généralités

8.12 Pour que les conditions d'un ARC soient conformes au principe de pleine concurrence, il faut que la valeur des contributions des participants soit conforme à celle que des entreprises indépendantes accepteraient de verser dans des circonstances comparables, compte tenu de leur part respective dans la totalité des avantages escomptés qu'elles peuvent raisonnablement attendre de l'accord. Ce qui distingue la contribution à un ARC d'un transfert ordinaire intra-groupe de biens ou de services, c'est que la totalité ou une partie de la contrepartie recherchée par les participants est l'avantage mutuel et proportionnel escompté par chacun de la mise en commun des ressources et compétences. En outre, en particulier pour les ARC de développement, les participants conviennent de partager les conséquences positives et négatives des risques associés à l'obtention des résultats escomptés de l'ARC. En conséquence, il existe une distinction entre une cession de licence intra-groupe d'un actif incorporel dans laquelle le concédant supporte le risque de développement à lui seul et attend une contrepartie par l'intermédiaire de la redevance de licence qu'il reçoit lorsque l'actif corporel a été entièrement développé et un ARC de développement dans lequel toutes les parties apportent des contributions et partagent les conséquences des risques se réalisant dans le cadre du développement de l'actif incorporel, et décident que chacune d'elles acquiert un droit sur l'actif incorporel, par le biais de ces contributions.

8.13 L'attente d'avantages mutuels et proportionnels est fondamentale pour l'acceptation, par des entreprises indépendantes, d'un accord pour le partage des conséquences de la réalisation des risques et la mise en commun des ressources et compétences. Des entreprises indépendantes exigeraient que la valeur de la part respective de chaque participant dans les contributions globales réelles à l'accord soit proportionnelle à sa part respective dans les avantages globaux escomptés à recevoir aux termes de l'accord. Pour appliquer le principe de pleine concurrence à un ARC, il est nécessaire, à titre de condition préalable, que toutes les parties à l'accord attendent un avantage raisonnable. L'étape suivante consiste à calculer la valeur de la contribution de chaque participant à l'activité conjointe et à déterminer pour finir si la répartition des contributions à l'ARC (éventuellement ajustée pour tenir compte de tout paiement compensatoire effectué entre les participants) correspond à leur part respective des avantages escomptés. Il faut reconnaître que ces évaluations peuvent comporter un certain degré d'incertitude, notamment dans le cadre des ARC de développement. Il est possible de répartir les contributions entre les participants à un ARC de manière à aboutir à une surestimation des bénéfices imposables dans certains pays et à leur sous-estimation dans d'autres, si l'on applique le principe de pleine concurrence. Pour cette raison, les contribuables devraient être prêts à démontrer sur quoi ils fondent leur réclamation relative à un l'ARC (voir section E).

C.2. Détermination des participants

8.14 La notion d'avantage mutuel étant fondamentale dans un ARC, une partie ne peut être considérée comme un participant si elle ne peut raisonnablement attendre un avantage des objectifs de l'activité de l'ARC elle-même (et non pas seulement de l'exercice de tout ou partie de cette activité), par exemple de l'exploitation de son intérêt ou de ses droits sur les actifs incorporels ou corporels ou de l'utilisation des services produits par le biais de l'ARC. Un participant doit donc se voir attribuer un intérêt ou des droits dans les actifs incorporels, les actifs corporels ou les services faisant l'objet de l'ARC et pouvoir raisonnablement s'attendre à être en mesure de bénéficier de cet intérêt ou de ces droits. Une entreprise qui exerce exclusivement l'activité concernée, par exemple des fonctions de recherche, mais qui ne reçoit pas d'intérêt dans le résultat de l'ARC, ne sera pas considérée comme un participant à l'ARC mais plutôt comme un fournisseur de services à l'ARC. En tant que telle, elle sera rémunérée en échange des services fournis sur une base de pleine concurrence indépendante de l'ARC. Voir le paragraphe 8.18. De même, une partie ne sera pas un participant à l'ARC si elle n'est pas capable d'exploiter le résultat de l'ARC dans sa propre entreprise, de quelque manière que ce soit.

8.15 Une partie ne sera pas un participant à un ARC si elle n'exerce pas de contrôle des risques spécifiques qu'elle assume aux termes de l'ARC et si elle n'a pas la capacité financière d'assumer ces risques, dans la mesure où cette partie n'aurait pas droit à une part du résultat, qui est un objectif de l'ARC, fondée sur les fonctions effectivement exercées. Les orientations générales décrites au chapitre I de ces Principes, relatives à la prise en charge des risques, s'appliquent aux situations impliquant des ARC. Chaque participant apporte des contributions spécifiques aux objectifs de l'ARC et assume contractuellement certains risques. Les orientations de la section D.1 du chapitre 1 sur la délimitation de la transaction effective s'appliqueront à l'analyse des prix de transfert liée à ces risques. Cela signifie également qu'une partie assumant des risques aux termes d'un ARC selon une analyse relevant de l'étape 4(i) du cadre d'analyse des risques du paragraphe 1.60 (« assume le risque dans le cadre d'un ARC ») doit contrôler les risques spécifiques qu'elle assume en vertu de l'ARC et doit avoir la capacité financière d'assumer ces risques. Cela implique en particulier qu'un participant à un ARC ait (i) la capacité de prendre la décision de saisir, d'éviter ou de rejeter une opportunité porteuse de risque présentée par la participation à un

ARC et doive exercer effectivement cette fonction de prise de décision et (ii) la capacité de prendre la décision de répondre aux risques associés à cette opportunité, et selon quelles modalités, ainsi que l'exercice effectif de cette fonction de prise de décision. S'il n'est pas nécessaire que la partie exerce des activités quotidiennes d'atténuation du risque liées aux activités de l'ARC, elle doit avoir la capacité de déterminer les objectifs de ces activités d'atténuation du risque exercées par une autre partie, de décider de confier à l'autre partie la prise en charge des fonctions d'atténuation du risque, d'évaluer si les objectifs sont correctement respectés et, si nécessaire, de décider d'adapter ou de résilier le contrat, et elle doit effectivement assurer cette évaluation et cette prise de décision. Conformément aux principes de gestion prudente de l'entreprise, l'étendue des risques impliqués par l'accord déterminera l'étendue de la capacité et du contrôle requis. Les orientations des paragraphes 6.60 à 6.64 s'appliquent à l'évaluation permettant de déterminer si la partie qui fournit les fonds a la capacité fonctionnelle d'exercer le contrôle du risque financier lié aux contributions à l'ARC et si elle exerce effectivement ces fonctions. Voir les exemples 4 et 5 de l'annexe à ce chapitre pour une illustration de ce principe.

8.16 Dans la mesure où les contributions spécifiques apportées par les participants à un ARC sont de nature différente, les participants exerçant, par exemple, des types très différents d'activités de R&D ou l'une des parties contribuant aux biens et l'autre aux activités de R&D, les orientations du paragraphe 6.64 s'appliquent également. Cela signifie que plus le risque de développement lié aux activités de développement exercées par l'autre partie est élevé et plus le risque assumé par l'autre partie est étroitement lié à ce risque de développement, plus la première partie devra avoir la capacité d'évaluer la progression du développement de l'actif incorporel et les conséquences de cette progression pour l'obtention des avantages escomptés et plus cette partie aura besoin de lier étroitement sa prise de décision effective nécessaire dans le cadre de ses contributions continues à l'ARC aux principaux développements opérationnels pouvant avoir un impact sur les risques spécifiques qu'elle assume en vertu de l'ARC. Un ARC de développement dans lequel les avantages sont incertains et lointains est susceptible de donner lieu à des risques plus importants qu'un ARC de services dans lequel les avantages sont actuels.

8.17 Comme indiqué dans les paragraphes précédents, il n'est pas nécessaire que les participants à un ARC exercent toutes les activités de l'ARC par le biais de leur propre personnel. Dans certains cas, les participants à un ARC peuvent décider d'externaliser certaines fonctions relatives à l'activité concernée à une entité distincte qui n'est pas un participant en vertu de la norme du paragraphe 8.14 ci-dessus. Dans ces cas, les participants à un ARC doivent satisfaire individuellement aux exigences d'exercice de contrôle des risques spécifiques qu'ils assument aux termes de l'ARC. Ces exigences incluent l'exercice du contrôle des fonctions externalisées par au moins un des participants à l'ARC. Dans les cas où l'objectif de l'ARC consiste à développer un actif incorporel, au moins un des participants à l'ARC exercera un contrôle des fonctions importantes de développement, renforcement, conservation, protection ou d'exploitation, qui sont externalisées. Lorsque la contribution d'un participant à l'ARC est constituée d'activités autres que le contrôle des fonctions externalisées, les orientations du paragraphe 8.15 s'appliquent à l'évaluation permettant de déterminer si ce participant a la capacité fonctionnelle d'exercer un contrôle des risques spécifiques qu'il assume en vertu de l'ARC et, en particulier, si ces risques sont étroitement liés aux fonctions externalisées.

8.18 Dans les cas d'externalisation des activités de l'ARC, un prix de pleine concurrence est approprié pour rémunérer l'entité en échange des services ou des autres contributions fournis aux participants à l'ARC. Lorsque cette entité est une entreprise associée d'un ou plusieurs participants à l'ARC, le prix de pleine concurrence doit être déterminé selon les principes généraux des chapitres I à III, en tenant compte, entre autres, des fonctions exercées, des actifs utilisés et des risques assumés, et selon les considérations spéciales affectant le prix de pleine concurrence pour les services et/ou les actifs incorporels, comme indiqué aux chapitres VII et VI (notamment les orientations sur les actifs incorporels difficiles à valoriser).

C.3. Avantages escomptés d'un ARC

8.19 Les parts respectives des avantages escomptés doivent être estimées en se fondant sur les prévisions du revenu supplémentaire généré, les économies de coûts ou les autres avantages reçus par chacun des participants à la suite de l'accord. Une approche fréquemment utilisée dans la pratique, le plus souvent pour des ARC de service, consisterait à déterminer la part proportionnelle des avantages escomptés des participants à l'aide d'une clé de répartition. Les clés de répartition possibles incluent les ventes (chiffre d'affaires), les profits, les unités utilisées, produites ou vendues, le nombre de collaborateurs, etc.

8.20 Dans la mesure où une part importante ou la totalité des avantages de l'activité d'un ARC doit se concrétiser à l'avenir et pas uniquement pendant l'année au cours de laquelle les coûts ont été engagés, en particulier pour les ARC de développement, la répartition des contributions doit tenir compte des prévisions relatives aux parts respectives des participants dans ces avantages. L'utilisation de prévisions peut poser problème à l'administration fiscale lors de la vérification des hypothèses sur lesquelles reposent ces projections et du traitement des cas dans lesquels les projections diffèrent notablement des résultats effectifs. Ces problèmes peuvent être encore plus complexes lorsque l'activité de l'ARC cesse plusieurs années avant que les avantages escomptés ne se concrétisent réellement. Il peut être opportun, notamment lorsqu'on s'attend à ce que ces avantages se matérialisent à l'avenir, qu'un ARC prévoie, pendant toute sa durée, des ajustements possibles des parts respectives des contributions, sur une base prospective, afin de faire apparaître les changements de circonstances se traduisant par des modifications de la répartition des avantages. Dans les cas où la part effective des avantages diffère notablement des prévisions, l'administration fiscale peut être amenée à se demander si les prévisions effectuées auraient été considérées comme acceptables par des entreprises indépendantes, dans des circonstances similaires, en prenant en compte l'ensemble des développements qui étaient raisonnablement prévisibles par les participants, sans procéder de façon rétroactive. Lorsque les avantages escomptés d'un ARC sont constitués d'un droit sur un actif incorporel difficile à évaluer au début du projet de développement ou lorsque les actifs incorporels préexistants qui sont difficiles à évaluer font partie des contributions au projet d'ARC, les orientations des sections D.3 et D.4 du chapitre VI relatives aux actifs difficiles à valoriser s'appliquent à l'évaluation des contributions de chaque participant à l'ARC.

8.21 Si un accord couvre plusieurs activités, il est important d'en tenir compte dans le choix de la méthode de répartition, de telle sorte que la valeur des contributions apportées par chaque participant soit conforme aux avantages escomptés par les participants. L'une des approches possibles (qui n'est cependant pas la seule) consiste à utiliser plusieurs clés de répartition. Par exemple, si un ARC compte cinq participants dont l'un ne peut bénéficier de certaines activités de recherche entreprises dans le cadre de l'ARC, dans ce cas, en l'absence de réduction ou de compensation de la contribution, les contributions liées à ces activités pourraient être réparties uniquement entre les quatre autres participants. Dans ce cas, on pourrait utiliser deux clés de répartition pour les contributions. La nature exacte de l'activité de l'ARC et le lien entre la ou les clés de répartition et les avantages escomptés permettent de déterminer s'il est opportun d'utiliser une ou plusieurs clés de répartition. Les orientations du chapitre VII relatives à l'utilisation des méthodes indirectes de fixation du prix de pleine concurrence pour les services (paragraphes 7.23 à 7.26) peuvent être utiles à cet égard. En revanche, les trois entreprises de l'exemple d'ARC du paragraphe 8.8, qui exploitent des sites de production, profitent de plusieurs projets pour améliorer leurs processus de production et peuvent adopter une clé de répartition fondée, par exemple, sur la dimension relative des capacités de production. Si l'une des entreprises décide de ne pas mettre en œuvre le résultat d'un projet donné, cela n'affectera pas sa part respective des avantages ni la clé de répartition utilisée. Dans de telles circonstances, il convient d'examiner attentivement la raison pour laquelle l'entreprise a choisi de ne pas mettre en œuvre le résultat, si elle avait déjà raisonnablement l'intention de procéder ainsi, si les avantages escomptés auraient dû être adaptés à l'évolution de l'ARC et si elle a changé d'intention.

8.22 Quelle que soit la méthode utilisée pour évaluer les parts respectives des participants, des ajustements du système de mesure utilisé peuvent être nécessaires pour tenir compte des parts respectives dans les avantages escomptés et réels reçus par les participants. L'ARC nécessitera une réévaluation périodique des contributions par rapport à la révision de la répartition des avantages afin de déterminer si les futures contributions des participants doivent être ajustées en conséquence. La ou les clés de répartition les mieux adaptées à un ARC donné peuvent donc évoluer dans le temps et donner lieu à des ajustements prévisionnels. Ces ajustements peuvent tenir compte du fait que les parties disposent, avec le temps, d'informations plus fiables sur des événements prévisibles (mais incertains) ou de la survenue d'événements imprévisibles.

C.4. Valeur de la contribution de chaque participant

8.23 Pour déterminer si un ARC respecte le principe de pleine concurrence, c'est-à-dire si la part respective de chaque participant dans les contributions globales à l'ARC est conforme à la part respective de chaque participant dans les avantages globaux escomptés, il est nécessaire de mesurer la valeur des contributions de chaque participant à l'accord.

8.24 Les contributions à un ARC peuvent revêtir différentes formes. Pour les ARC de services, les contributions consistent principalement à fournir des services. Pour les ARC de développement, les contributions comprennent principalement la réalisation d'activités de développement (par exemple, R&D, marketing) et incluent souvent des contributions supplémentaires relatives à des ARC de développement tels que des actifs corporels ou incorporels préexistants. Quel que soit le type d'ARC, toutes les contributions d'une valeur actuelle ou préexistante doivent être identifiées et prises en compte de manière appropriée conformément au principe de pleine concurrence. La valeur de la part respective de chaque participant dans les contributions devant être conforme à sa part des avantages escomptés, des paiements compensatoires peuvent être requis pour garantir cette cohérence. Dans ce chapitre, le terme « contributions » comprend les contributions d'une valeur actuelle ou d'une valeur préexistante apportées par les participants à un ARC.

8.25 Selon le principe de pleine concurrence, il faut que la valeur de la contribution de chaque participant soit conforme à celle que des entreprises indépendantes attribueraient à cette contribution, dans des circonstances comparables. Autrement dit, les contributions doivent être généralement évaluées en fonction de leur valeur au moment où elles sont apportées, en gardant à l'esprit le partage mutuel des risques, ainsi que la nature et l'étendue des avantages escomptés correspondants pour les participants à l'ARC, afin de respecter le principe de pleine concurrence. Pour déterminer la valeur des contributions à un ARC, il convient de respecter les orientations mentionnées ailleurs dans ces Principes.

8.26 Pour évaluer les contributions, il convient de distinguer les contributions d'une valeur préexistante des contributions actuelles. Par exemple, dans un ARC de développement d'un actif incorporel, une technologie brevetée apportée par l'un des participants constitue une contribution de valeur préexistante utile au développement d'un actif incorporel, qui constitue l'objectif de l'ARC. La valeur de cette technologie doit être déterminée selon le principe de pleine concurrence en utilisant les orientations des chapitres 1 à III et du chapitre VI et notamment les techniques d'évaluation mentionnées dans ce chapitre. L'activité actuelle de R&D exercée dans le cadre de l'ARC de développement par une ou plusieurs entreprises associées doit constituer une contribution actuelle. La valeur des contributions fonctionnelles actuelles n'est pas fondée sur la valeur potentielle de l'application technologique ultérieure en résultant mais sur la valeur des fonctions exercées. Il est tenu compte de la valeur potentielle de l'application technologique ultérieure en résultant dans la valeur des contributions préexistantes et dans la répartition du risque de développement proportionnelle à la part des avantages escomptés par les participants à l'ARC. La valeur des contributions actuelles doit être déterminée en utilisant les orientations des chapitres I à III, VI et VII. Comme l'indique le paragraphe 6.79, dans tous les cas de figure, une rémunération égale au remboursement du coût augmenté d'une marge modeste ne correspondra pas à la valeur escomptée ni au prix de pleine concurrence de la contribution de cette équipe de recherche.

8.27 Si toutes les contributions doivent être mesurées selon leur valeur (voir toutefois le paragraphe 8.28 ci-après), il peut être plus facile à gérer pour les contribuables de payer les contributions actuelles d'après le coût. Cela peut être particulièrement utile pour les ARC de développement. En cas d'adoption de cette approche, les contributions préexistantes doivent récupérer le coût d'opportunité de l'engagement *ex ante* à apporter des ressources à l'ARC. Par exemple, un accord contractuel (c'est-à-dire l'ARC), qui mobilise une équipe existante de R&D pour effectuer un travail au profit de l'ARC, doit tenir compte du coût d'opportunité des autres efforts de R&D (c'est-à-dire de la valeur actuelle de la marge de pleine concurrence par rapport aux coûts de R&D) dans les contributions préexistantes, tout en contribuant aux activités actuelles d'après le coût (voir l'exemple 1.A à l'annexe à ce chapitre).

8.28 Attendu qu'il n'est pas possible de partir du principe que la valeur des contributions préexistantes correspond aux coûts, il arrive parfois que le coût soit utilisé, à des fins de commodité, pour mesurer la valeur respective des contributions actuelles. Lorsque la différence entre la valeur et les coûts est relativement insignifiante, il est possible, pour des raisons pratiques, d'évaluer les contributions actuelles de nature similaire d'après le coût, dans de tels cas d'ARC de services. Toutefois, dans d'autres cas (par exemple, lorsque les contributions apportées par les participants sont de nature différente et comprennent un mélange de divers types de services et/ou d'actifs incorporels ou d'autres actifs), l'évaluation des contributions actuelles d'après le coût n'est pas susceptible de fournir une base fiable de détermination de la valeur des contributions respectives des participants et peut aboutir à des résultats non conformes au principe de pleine concurrence. Pour les ARC de développement, l'évaluation des contributions actuelles d'après le coût (à l'exception du principe administratif du paragraphe 8.27) ne constituera pas, en règle générale, une base fiable pour l'application du principe de pleine concurrence. Pour une illustration de ce principe, voir les exemples 1 à 3 de l'annexe à ce chapitre. Lorsque des transactions sur le marché libre sont réputées comparables à des transactions entre des entreprises associées à un ARC, et lorsque ces transactions sur le marché libre prévoient que les contributions soient effectuées d'après le coût, il est important de prendre en compte la comparabilité de toutes les caractéristiques économiquement pertinentes des transactions dans un contexte de transactions élargi, notamment l'impact d'un dispositif élargi de transactions économiquement liées pouvant exister entre des parties à une transaction sur le marché libre et le partage des risques. Il faudra en particulier se demander si d'autres paiements sont effectués dans le cadre de transactions sur le marché libre, notamment si des paiements échelonnés ou des contributions compensatoires peuvent être effectués en plus du remboursement des coûts.

8.29 Les contributions étant fondées sur les avantages escomptés, cela implique généralement que si l'évaluation des contributions actuelles peut servir de base de remboursement du coût, l'analyse doit être fondée initialement sur les coûts budgétés. Cela n'implique pas nécessairement la fixation des coûts puisque le cadre budgétaire peut s'adapter à la variabilité résultant de facteurs tels que des niveaux de demande variables (par exemple, les coûts budgétés peuvent être exprimés en pourcentage fixe des ventes réelles). En outre, des différences sont susceptibles d'exister entre les coûts budgétés et les coûts réels pendant la durée d'un ARC. Dans une situation de pleine concurrence, les dispositions convenues entre les parties sont susceptibles de définir comment ces différences doivent être traitées puisque, comme indiqué au paragraphe 2.96, des parties indépendantes ne sont pas susceptibles d'utiliser les coûts budgétés sans convenir des facteurs à prendre en compte pour fixer le budget et définir comment les circonstances imprévues doivent être traitées. Il convient d'être attentif à la raison des différences significatives entre les coûts budgétés et les coûts réels puisque la différence peut souligner des modifications dans l'étendue des activités qui peuvent ne pas profiter à l'ensemble des participants de la même manière que les activités délimitées initialement. Toutefois, d'une manière générale, lorsqu'il est établi que le coût est une base appropriée pour évaluer les contributions actuelles, les coûts réels sont susceptibles de constituer une base suffisante à cet effet.

8.30 Il est important que le processus d'évaluation reconnaisse la totalité des contributions apportées par les participants à l'accord. Cela inclut les contributions apportées par une ou plusieurs parties au début de l'ARC (telles que les contributions d'actifs incorporels préexistants) ainsi que les contributions apportées sur une base régulière pendant la durée de l'ARC. Les contributions à prendre en compte comprennent les biens ou les services qui sont utilisés exclusivement pour l'activité de l'ARC mais aussi les biens ou les services (c'est-à-dire les biens ou services partagés) qui sont utilisés en partie pour l'activité de l'ARC et en partie pour les activités de l'entreprise distincte du participant. Il peut être difficile d'évaluer les contributions qui impliquent un partage de biens ou de services, par exemple lorsqu'un participant contribue à l'utilisation partielle d'actifs tels que des immeubles de bureaux et des systèmes informatiques ou exerce des fonctions de supervision, de secrétariat ou d'administration pour l'ARC et pour sa propre entreprise. Il sera nécessaire de déterminer la proportion des actifs ou services utilisés dans le cadre de l'activité de l'ARC, d'une manière justifiable sur le plan commercial par rapport aux principes comptables généralement admis et aux faits réels et, en cas d'écart important, des ajustements peuvent être nécessaires pour garantir la cohérence lorsque différentes juridictions sont impliquées. Une fois la proportion déterminée, la contribution peut être évaluée conformément aux principes du reste de ce chapitre.

8.31 Pour les ARC de développement, les contributions prenant la forme du contrôle ou de la gestion de l'ARC, de ses activités et de ses risques sont susceptibles d'être des fonctions importantes, comme indiqué au paragraphe 6.56, dans le cadre du développement, de la production ou de l'obtention d'actifs incorporels ou corporels et elles doivent être évaluées conformément aux principes exposés dans le chapitre VI.

8.32 Le scénario suivant illustre les orientations relatives à la détermination des participants, au partage des avantages et à la valeur des contributions.

8.33 La société A domiciliée dans le pays A et la société B domiciliée dans le pays B font partie d'un groupe d'entreprises multinationales et ont conclu un ARC pour le développement d'actifs incorporels. La société B peut prétendre, en vertu de l'ARC, à l'exploitation des actifs incorporels dans le pays B et la société A peut prétendre, en vertu de l'ARC, à l'exploitation des actifs incorporels dans le reste du monde. Les parties prévoient que la société A aura 75 % du chiffre d'affaires total, que la société B en aura 25 % et que la répartition des avantages escomptés de l'ARC sera de 75/25. La société A et la société B ont toutes deux l'expérience du développement d'actifs incorporels et disposent de leur propre personnel de recherche et de développement. Elles contrôlent leur risque de développement en vertu de l'ARC, selon les dispositions énoncées aux paragraphes 8.14 à 8.16. La société A apporte à l'ARC des actifs incorporels préexistants qu'elle a acquis récemment auprès d'un tiers. La société B apporte des techniques d'analyse exclusives qu'elle a développées pour améliorer l'efficacité et la rapidité de mise sur le marché. Ces deux contributions préexistantes doivent être évaluées selon les indications formulées aux chapitres I à III et au chapitre VI. Les contributions actuelles sous la forme de recherches quotidiennes seront assurées à 80 % par la société B et à 20 % par la société A, sous la supervision d'une équipe de direction constituée du personnel des deux sociétés selon une clé de répartition de 90/10 en faveur de la société A. Ces deux types de contributions actuelles seront analysés séparément et évalués selon les indications des chapitres I à III et du chapitre VI. Lorsque les avantages escomptés d'un ARC sont constitués d'un droit sur un actif incorporel difficile à évaluer au début du projet de développement ou lorsque les actifs incorporels préexistants qui sont difficiles à évaluer font partie des contributions au projet d'ARC, les orientations des sections D.3 et D.4 du chapitre VI relatives aux actifs difficiles à valoriser s'appliquent à l'évaluation des contributions de chaque participant à l'ARC.

C.5. Paiements compensatoires

8.34 Un ARC sera considéré comme conforme au principe de pleine concurrence si la valeur de la part respective de chaque participant dans les contributions globales à l'accord (en tenant compte des paiements compensatoires déjà effectués) est conforme à sa part respective dans le total des avantages escomptés à recevoir aux termes de l'accord. Si la valeur de la part respective d'un participant dans les contributions globales à l'ARC au moment où ces contributions sont apportées n'est pas conforme à sa part dans le total des avantages escomptés aux termes de l'accord, les contributions apportées par au moins l'un des participants seront inappropriées et celles d'au moins un participant seront excessives. Dans un tel cas, le principe de pleine concurrence nécessitera généralement de procéder à un ajustement. Cela prendra généralement la forme d'un ajustement de la contribution par le versement ou l'imputation d'un paiement compensatoire (supplémentaire). Ces paiements compensatoires augmentent la valeur des contributions du payeur et diminuent celle du bénéficiaire.

8.35 Les participants peuvent effectuer des paiements compensatoires pour compléter la valeur des contributions lorsque leurs contributions respectives sont inférieures à leurs avantages escomptés respectifs. De tels ajustements peuvent être anticipés par les participants lors de la conclusion d'un ARC ou peuvent résulter d'une réévaluation régulière de leur part des avantages escomptés et/ou de la valeur de leurs contributions (voir paragraphe 8.22).

8.36 Des paiements compensatoires peuvent être également requis par l'administration fiscale lorsque la valeur des contributions respectives d'un participant dans les biens ou services au moment où ces contributions sont apportées, n'a pas été déterminée correctement, par exemple lorsque la clé de répartition fixée ou adaptée à des changements de circonstances, ne reflète pas correctement la répartition des avantages escomptés. Normalement, l'ajustement se fera sous la forme d'un paiement compensatoire versé ou imputé d'un participant à un autre pour la période concernée.

8.37 En cas d'ARC de développement, des écarts entre la part respective d'un participant dans les contributions globales à l'ARC et la part respective de ce participant dans les avantages globaux escomptés peuvent se produire au cours d'une année donnée. Si cet ARC est par ailleurs acceptable et mis en œuvre de manière loyale, eu égard aux recommandations de la section E, l'administration fiscale devrait généralement s'abstenir d'effectuer un ajustement fondé sur les résultats d'un seul exercice. Il faudra se demander si la part respective de chaque participant dans les contributions globales à l'accord est conforme à sa part respective dans les avantages globaux escomptés de la transaction sur une période de plusieurs années (voir paragraphes 3.75 à 3.79). Des paiements compensatoires distincts doivent être effectués respectivement pour les contributions préexistantes et pour les contributions actuelles. Par ailleurs, il peut se révéler plus fiable ou facile à gérer d'effectuer un paiement compensatoire global concernant à la fois les contributions préexistantes et les contributions actuelles. Voir l'exemple 4 à l'annexe de ce chapitre.

8.38 Dans l'exemple du paragraphe 8.33, les participants, à savoir les sociétés A et B, s'attendent à profiter des avantages de l'ARC selon une clé de répartition de 75/25. La première année, la valeur de leurs contributions préexistantes s'élève à 10 millions pour la société A et à 6 millions pour la société B. En conséquence, un paiement compensatoire net de 2 millions doit être effectué par la société B au profit de la société A (c'est-à-dire 4,5 millions de la société A à la société B moins 2,5 millions de la société à la société A) afin d'augmenter la contribution de la société A à 12 millions (75 % des contributions totales) et de diminuer la contribution de la société B à 4 millions (25 % du total).

C.6. Délimitation précise de la transaction

8.39 Comme indiqué au paragraphe 8.9, les caractéristiques économiquement pertinentes de la transaction définies à la section D du chapitre I peuvent indiquer que la transaction effective diffère des dispositions de l'ARC prétendument convenues par les participants. Par exemple, un ou plusieurs participants déclarés peuvent ne pas s'attendre raisonnablement à tirer des avantages de l'activité de l'ARC. Même si, en principe, le fait que la part modeste des avantages escomptés d'un participant ne soit pas un obstacle à son admissibilité, s'il est prévu qu'un participant qui exerce la totalité de l'activité concernée n'ait qu'une petite fraction de la totalité des avantages escomptés, on peut se demander si les dispositions réelles concernant cette partie consistent à regrouper les ressources et à partager les risques ou si le partage apparent des avantages mutuels a été conçu pour bénéficier de résultats fiscaux plus avantageux. L'existence de paiements compensatoires significatifs résultant d'une différence importante entre la répartition des contributions et des avantages respectifs des parties peut également inciter à se demander s'il existe des avantages mutuels ou si les dispositions doivent être délimitées précisément, en tenant compte de l'ensemble des caractéristiques économiquement pertinentes, comme une transaction de financement.

8.40 Comme l'indique le paragraphe 8.33, les orientations du chapitre VI relatives aux actifs incorporels difficiles à valoriser peuvent également s'appliquer à des situations impliquant des ARC. C'est le cas si l'objectif de l'ARC consiste à développer un nouvel actif incorporel difficile à évaluer, au début du projet de développement mais aussi lors de l'évaluation de contributions impliquant des actifs incorporels préexistants. Lorsque la totalité des dispositions commerciales examinées est dépourvue de rationalité commerciale selon les critères du chapitre I de la section D.2, l'ARC peut ne pas être pris en compte.

C.7. Régime fiscal des contributions et des paiements compensatoires

8.41 Les contributions d'un participant à un ARC, y compris les paiements compensatoires, doivent être traitées selon le même régime fiscal que celui qui s'appliquerait dans le cadre des règles générales du ou des systèmes fiscaux applicables au participant concerné si les contributions étaient effectuées en-dehors d'un ARC pour l'exercice de l'activité concernée par l'ARC. Le caractère de la contribution dépendra de la nature de l'activité entreprise par l'ARC et déterminera son régime fiscal.

8.42 Dans les ARC de services, la contribution d'un participant à l'ARC donnera souvent lieu à des avantages prenant la forme d'économies de coûts (auquel cas il ne peut pas y avoir de revenu généré directement par l'activité de l'ARC). Dans les ARC de développement, les avantages escomptés pour les participants ne peuvent pas se concrétiser avant un certain délai postérieur aux contributions et, en conséquence, il n'y a pas de reconnaissance immédiate du revenu des participants par rapport à leurs contributions, au moment où ils les apportent.

8.43 Tout paiement compensatoire doit être traité comme un supplément à la contribution du payeur et comme une diminution de la contribution du bénéficiaire. Comme pour les contributions en général, le caractère et le régime fiscal des paiements compensatoires seront déterminés conformément aux lois nationales, notamment aux conventions fiscales en vigueur.

D. Adhésion, retrait ou résiliation

8.44 Les modifications des participants à un ARC entraînent généralement une réévaluation de la répartition des contributions des participants et des avantages escomptés. Une entité qui adhère à un ARC déjà en vigueur peut obtenir un intérêt qui résulte de l'activité antérieure de l'ARC, comme les actifs incorporels ou corporels constitués ou en cours. Dans un tel cas, les anciens participants transfèrent effectivement une partie de leurs intérêts respectifs dans les résultats de l'activité antérieure de l'ARC au nouveau participant. Selon le principe de pleine concurrence, tout transfert d'actifs incorporels ou corporels doit donner lieu à un versement compensatoire sur la base de ce principe. Ce versement compensatoire est qualifié de « paiement d'entrée ».

8.45 Le montant d'un paiement d'entrée devrait être déterminé sur la base de la valeur (c'est-à-dire, le prix de pleine concurrence) de l'intérêt dans les actifs incorporels et/ ou corporels obtenu par le nouveau participant, en tenant compte de la part du nouvel adhérent dans les avantages globaux escomptés qu'il compte recevoir en vertu de l'ARC. Dans certains cas, il est possible que le nouveau participant apporte des actifs corporels ou incorporels déjà existants à l'ARC et qu'il y ait lieu pour les autres d'effectuer des paiements compensatoires au titre de cette contribution. Les paiements compensatoires au nouveau participant pourraient être exprimés en valeur nette par rapport aux paiements d'entrée requis mais il faudra tenir des comptes indiquant le montant total des paiements distincts effectués à l'intention de l'administration fiscale.

8.46 Des problèmes similaires peuvent survenir lorsqu'un participant quitte un ARC. En particulier, un participant qui quitte un ARC peut céder ses intérêts dans les résultats éventuels de l'activité antérieure de l'ARC (y compris les travaux en cours) aux autres participants. Ce transfert doit donner lieu à un versement compensatoire conformément au principe de pleine concurrence. Ce versement compensatoire est qualifié dans ce chapitre de « paiement de sortie ».

8.47 Les orientations des chapitres I à III et du chapitre VI s'appliquent pleinement à la détermination du montant de pleine concurrence d'un paiement compensatoire, d'entrée ou de sortie exigé. Dans certains cas, ces paiements ne sont pas exigés dans le cadre du principe de pleine concurrence. Par exemple, un ARC de partage de services administratifs ne produira généralement des avantages pour les participants que sur une base actuelle plutôt que des résultats tangibles en continu.

8.48 Les paiements d'entrée et de sortie doivent être traités sur le plan fiscal de la même manière que celle qui s'appliquerait dans le cadre des règles générales du ou des systèmes fiscaux (notamment les conventions tendant à éviter la double imposition) applicables aux participants respectifs si les paiements avaient lieu en dehors d'un ARC, en contrepartie de l'acquisition ou de la cession de l'intérêt dans les résultats de l'activité antérieure de l'ARC.

8.49 Lorsqu'il est mis fin à un ARC, le principe de pleine concurrence veut que chaque participant reçoive un intérêt dans les résultats éventuels de l'activité de l'ARC proportionnel à sa part des contributions à l'ARC pendant toute la durée de l'accord (ajustée en fonction des paiements compensatoires effectivement effectués, y compris en lien avec l'interruption de l'ARC) ou bien soit indemnisé de manière appropriée en échange du transfert de cet intérêt aux autres participants.

E. Recommandations pour la structuration et la documentation des ARC

8.50 De manière générale, un ARC entre des parties à une transaction contrôlée doit respecter les conditions suivantes :

a) Les participants doivent se composer exclusivement d'entreprises pouvant retirer des avantages mutuels de l'activité de l'ARC (et non uniquement de l'exercice de tout ou partie de cette activité). Voir paragraphe 8.14.

b) L'accord doit préciser la nature et l'importance de l'intérêt de chaque participant dans les résultats de l'activité de l'ARC ainsi que sa part respective des avantages.

c) Aucun paiement autre que les contributions à l'ARC, les paiements compensatoires appropriés et les paiements d'entrée ne doit être effectué au titre d'un intérêt ou de droits dans les actifs incorporels, les actifs corporels ou les intérêts obtenus par le biais de l'ARC.

d) La valeur des contributions des participants doit être déterminée de manière conforme à ces Principes et des paiements compensatoires doivent être effectués, si nécessaire, afin de faire en sorte que la répartition des contributions soit conforme à la répartition des avantages escomptés de la transaction.

e) L'accord peut mentionner une disposition spécifique relative aux paiements compensatoires et/ou aux modifications dans l'attribution des contributions de manière prospective après un délai raisonnable pour tenir compte des changements importants dans la répartition des bénéfices escomptés entre les participants.

f) Des ajustements devront être effectués si nécessaire (notamment d'éventuels paiements d'entrée et de sortie) lors de l'adhésion ou du retrait d'un participant et à l'interruption de l'ARC.

8.51 La norme relative à la documentation sur les prix de transfert, indiquée au chapitre V, exige qu'il soit rendu compte dans le fichier principal des accords de services importants et des accords importants relatifs à des actifs incorporels, notamment des ARC. Le fichier local exige des informations transactionnelles, notamment la description des transactions, le montant des paiements et encaissements, l'identification des entreprises associées impliquées, les copies des accords interentreprises importants et les informations sur les prix, y compris la description des raisons permettant de conclure que les prix des transactions ont été fixés sur une base de pleine concurrence. Pour respecter ces exigences de documentation, il doit être prévu que les participants à un ARC préparent et se procurent des documents sur la nature de l'activité concernée, les dispositions de l'accord et sa conformité au principe de pleine concurrence. Cela suppose que chaque participant puisse avoir pleinement accès aux détails sur les activités à exercer dans le cadre de l'ARC, à l'identité et à l'adresse des autres parties concernées par l'ARC, aux prévisions sur la base desquelles les contributions doivent être apportées et les avantages escomptés déterminés ainsi qu'aux dépenses budgétées et réelles de l'activité de l'ARC, avec un niveau de précision correspondant à la complexité et à l'importance de l'ARC pour le contribuable. Toutes ces informations peuvent être utiles et pertinentes pour les administrations fiscales dans le contexte d'un ARC et, si elles ne sont pas incluses dans le fichier principal ou le fichier local, les contribuables doivent être en mesure de les fournir sur demande. Les informations utiles dans le cadre d'un ARC spécifique dépendront des faits et circonstances. Il convient de souligner que les informations proposées dans cette liste ne constituent ni une norme de conformité minimum ni une liste exhaustive des informations qu'une administration fiscale est en droit d'exiger.

8.52 Il serait intéressant et utile de fournir les renseignements suivants concernant les conditions initiales d'un ARC :

a) Une liste des participants ;

b) Une liste de toute autre entreprise associée qui participera à l'activité de l'ARC ou qui devrait exploiter ou utiliser les résultats de cette activité ;

c) La portée des activités et projets spécifiques couverts par l'ARC et la manière dont ces activités de l'ARC sont gérées et contrôlées ;

d) La durée de l'accord ;

e) Les modalités selon lesquelles les parts respectives des bénéfices attendus des participants sont mesurées et les prévisions utilisées pour déterminer leur montant ;

f) Les modalités selon lesquelles il est prévu d'exploiter les futurs bénéfices (tels que les actifs incorporels) ;

g) La forme et la valeur des contributions initiales de chaque participant ainsi qu'une description détaillée de la manière dont la valeur des contributions initiales et en cours (notamment les ajustements budgétés par rapport aux ajustements réels) a été déterminée et dont les principes comptables s'appliquent de manière cohérente à tous les participants dans l'évaluation des dépenses et de la valeur des contributions ;

h) La répartition prévue des responsabilités et des tâches et les mécanismes de gestion et de contrôles de ces responsabilités et de ces tâches, en particulier, ceux qui concernent la mise au point, l'amélioration, l'entretien, la protection et à l'exploitation des actifs incorporels ou corporels utilisés pour l'activité de l'ARC ;

i) Les procédures et conséquences d'une adhésion ou d'un retrait d'un participant à l'ARC et de l'interruption de l'ARC ;

j) Toute disposition prévoyant des paiements compensatoires ou un ajustement des termes de l'accord afin de refléter une modification des circonstances économiques.

8.53 Pendant la durée de l'accord, les renseignements suivants pourraient être utilement fournis :

a) Toute modification de l'accord (conditions, participants, activité concernée, etc.) avec les conséquences d'une telle modification ;

b) Une comparaison entre les prévisions utilisées pour déterminer la répartition des avantages escomptés de l'activité de l'ARC et la répartition effective de ces avantages (en tenant compte toutefois du paragraphe 3.74) ;

c) Les dépenses annuelles encourues dans le cadre de l'activité de l'ARC, la forme et la valeur des contributions en cours de chaque participant pendant la durée de l'ARC et une description détaillée de la manière dont la valeur des contributions est déterminée.

Annexe au chapitre VIII – Exemples illustrant les principes relatifs aux accords de répartition des coûts

Exemple 1

1. L'exemple 1 illustre le principe général selon lequel les contributions doivent être évaluées selon leur valeur (c'est-à-dire sur la base du prix de pleine concurrence) afin de produire des résultats conformes au principe de pleine concurrence.

2. La société A et la société B sont membres d'un groupe d'entreprises multinationales et décident de conclure un ARC. La société A fournit le service 1 et la société B fournit le service 2. La société A et la société B « consomment » chacune les deux services (c'est-à-dire que la société A reçoit un avantage du service 2 fourni par la société B et la société B reçoit un avantage du service 1 fourni par la société A).

3. Supposons que les coûts et la valeur des services soient les suivants :

Coûts de fourniture du service 1 (coût supporté par la société A)	100 par unité
Valeur du service 1 (c'est-à-dire le prix de pleine concurrence que la société A imputerait à la société B en échange de la fourniture du service 1)	120 par unité
Coûts de fourniture du service 2 (coût supporté par la société B)	100 par unité
Valeur du service 2 (c'est-à-dire le prix de pleine concurrence que la société B imputerait à la société A en échange de la fourniture du service 2)	105 par unité

4. Au cours de la première année et des années suivantes, la société A fournit 30 unités du service 1 au groupe et la société B fournit 20 unités du service 2 au groupe. Dans le cadre de l'ARC, le calcul des coûts et avantages est le suivant :

Coût de fourniture des services de la société A (30 unités * 100 par unité)	3 000	(60 % des coûts totaux)
Coût de fourniture des services de la société B (20 unités * 100 par unité)	2 000	(40 % des coûts totaux)
Cout total pour le groupe	5 000	

Valeur de la contribution apportée par la société A (30 unités * 120 par unité)	3 600	(63 % des contributions totales)
Valeur de la contribution apportée par la société B (20 unités * 105 par unité)	2 100	(37 % des contributions totales)
Valeur totale des contributions apportées dans le cadre de l'ARC	5 700	

La société A et la société B consomment chacune 15 unités du service 1 et 10 unités du service 2 :		
Avantage pour la société A :		
Service 1 : 15 unités * 120 par unité	1 800	
Service 2 : 10 unités * 105 par unité	1 050	
Total	2 850	(50 % de la valeur totale de 5 700)

Avantage pour la société B :		
Service 1 : 15 unités * 120 par unité	1 800	
Service 2 : 10 unités * 105 par unité	1 050	
Total	2 850	(50 % de la valeur totale de 5 700)

5. Dans le cadre de l'ARC, la valeur des contributions de la société A et de la société B doit correspondre à leurs parts respectives des avantages escomptés, c'est-à-dire 50 %. Attendu que la valeur totale des contributions dans le cadre de l'ARC atteint 5 700, cela signifie que chaque partie doit contribuer à hauteur de 2 850. La valeur de la contribution en nature de la société A s'élève à 3 600 et la valeur de la contribution en nature de la société B s'élève à 2 100. En conséquence, la société B doit procéder à un paiement compensatoire s'élevant à 750 au profit de la société A. Cela a pour effet de « compléter » la contribution de la société B à concurrence de 2 850 et compense la contribution de la société A du même montant.

6. Si les contributions sont mesurées d'après le coût plutôt que la valeur, puisque les sociétés A et B reçoivent chacune 50 % des bénéfices totaux, elles auraient dû contribuer à 50 % des coûts totaux, soit 2 500 chacune, c'est-à-dire que la société B aurait dû effectuer un paiement compensatoire de 500 (au lieu de 750) au profit de la société A.

7. En l'absence d'ARC, la société A achèterait 10 unités du service 2 à un prix de pleine concurrence s'élevant à 1 050 et la société B achèterait 15 unités du service 1 à un prix de pleine concurrence s'élevant à 1 800. Le résultat net serait un paiement de 750 de la société B à la société A. Comme indiqué ci-dessus, le résultat de pleine concurrence ne peut être obtenu dans le cadre de l'ARC que lorsque les contributions sont mesurées d'après leur valeur.

Exemple 1A

8. Les faits sont les mêmes que dans l'exemple 1. Conformément aux indications du paragraphe 8.27, une autre méthode permettant d'obtenir un résultat identique dans l'exemple 1 consiste à utiliser le processus en deux étapes expliqué ci-dessous.

9. Étape 1 (contributions mesurées d'après le coût) : La société A devrait supporter 50 % du coût total s'élevant à 5 000, soit 2 500. Le coût de la contribution en nature de la société A s'élève à 3 000. La société B devrait supporter 50 % du coût total, soit 2 500. Le coût de la contribution en nature de la société B s'élève à 2 000. En conséquence, la société B doit procéder à un paiement compensatoire s'élevant à 500 au profit de la société A. Cela tient compte d'un paiement compensatoire associé aux contributions actuelles.

10. Étape 2 (tenant compte des contributions supplémentaires en valeur à l'ARC) : La société A produit une valeur excédentaire de 20 sur les coûts par unité. La société B produit une valeur excédentaire de 5 sur les coûts par unité. La société A consomme 10 unités du service 2 (valeur excédentaire de 50 sur le coût) et la société B consomme 15 unités du service 1 (valeur excédentaire de 300 sur le coût). En conséquence, la société A doit recevoir une contrepartie de 250 pour l'apport supplémentaire de valeur de 250 à l'ARC. Cela tient compte d'un paiement compensatoire associé aux contributions préexistantes.

11. La méthode en deux étapes prévoit un partage des coûts ainsi qu'un paiement distinct et supplémentaire au profit du participant qui apporte une contribution supplémentaire de valeur à l'accord. En général, la contribution supplémentaire de valeur peut tenir compte des contributions préexistantes telles que les actifs incorporels détenus par l'un des participants, qui sont significatives pour l'objectif de l'ARC. En conséquence, la méthode en deux étapes pourrait être appliquée de manière plus efficace aux ARC de développement.

Exemple 2

12. Les faits sont identiques à l'exemple 1, à ceci près que la valeur du service 1 par unité s'élève à 103 (c'est-à-dire que le service 1 et le service 2 sont des services de faible valeur). Supposons, par conséquent, que le calcul des coûts et la valeur des services soient les suivants :

Coût de fourniture des services de la société A (30 unités * 100 par unité)	3 000	(60 % des coûts totaux)
Coût de fourniture des services de la société B (20 unités * 100 par unité)	2 000	(40 % des coûts totaux)
Cout total pour le groupe	5 000	

Valeur de la contribution apportée par la société A (30 unités * 103 par unité)	3 090	(59,5 % des contributions totales)
Valeur de la contribution apportée par la société B (20 unités * 105 par unité)	2 100	(40,5 % des contributions totales)
Valeur totale des contributions apportées dans le cadre de l'ARC	5 190	

La société A et la société B consomment chacune 15 unités du service 1 et 10 unités du service 2 :		
Avantage pour la société A :		
Service 1 : 15 unités * 103 par unité	1 545	
Service 2 : 10 unités * 105 par unité	1 050	
Total	2 595	(50 % de la valeur totale de 5 190)

Avantage pour la société B :		
Service 1 : 15 unités * 103 par unité	1 545	
Service 2 : 10 unités * 105 par unité	1 050	
Total	2 595	(50 % de la valeur totale de 5 190)

13. Aux termes de l'ARC, la valeur des contributions de la société A et de la société B doit correspondre à leur part respective des avantages escomptés, c'est-à-dire 50 %. Attendu que la valeur totale des contributions dans le cadre de l'ARC atteint 5 190, cela signifie que chaque partie doit contribuer à hauteur de 2 595. La valeur de la contribution en nature de la société A s'élève à 3 090. La valeur de la contribution en nature de la société A s'élève à 2 100. En conséquence, la société B doit procéder à un paiement compensatoire de 495 au profit de la société A. Cela a pour effet de « compléter » la contribution de la société B à concurrence de 2 595 et compense la contribution de la société A du même montant.

14. Dans cet exemple, l'ensemble des contributions à l'ARC étant des services de faible valeur, il est possible, par commodité, d'évaluer les contributions d'après le coût car cela permet d'obtenir des résultats qui conformes globalement au principe de pleine concurrence. Selon cette approche pratique, le coût de la contribution en nature de la société A s'élève à 3 000; le coût de la contribution en nature de la société B s'élève à 2 000 et chaque participant doit supporter les coûts correspondant à 50 % du coût total des contributions (2 500). En conséquence, la société B doit procéder à un paiement compensatoire s'élevant à 500 au profit de la société A.

Exemple 3

15. Les faits sont identiques à l'exemple 1 à ceci près que la valeur unitaire du service 2 s'élève à 120 (c'est-à-dire que le service 1 et le service 2 ont la même valeur et qu'aucun des deux n'est un service de faible valeur).

Coût de fourniture des services de la société A (30 unités * 100 par unité)	3 000	(60 % des coûts totaux)
Coût de fourniture des services de la société B (20 unités * 100 par unité)	2 000	(40 % des coûts totaux)
Cout total pour le groupe	5 000	

Valeur de la contribution apportée par la société A (30 unités * 120 par unité)	3 600	(60 % des contributions totales)
Valeur de la contribution apportée par la société B (20 unités * 120 par unité)	2 400	(40 % des contributions totales)
Valeur totale des contributions apportées dans le cadre de l'ARC	6 000	

La société A et la société B consomment chacune 15 unités du service 1 et 10 unités du service 2 :		
Avantage pour la société A :		
Service 1 : 15 unités * 120 par unité	1 800	
Service 2 : 10 unités * 120 par unité	1 200	
Total	3 000	(50 % de la valeur totale de 6 000)

Avantage pour la société B :		
Service 1 : 15 unités * 120 par unité	1 800	
Service 2 : 10 unités * 120 par unité	1 200	
Total	3 000	(50 % de la valeur totale de 6 000)

16. Dans le cadre de l'ARC, la valeur des contributions de la société A et de la société B doivent correspondre à leurs parts respectives des avantages escomptés, c'est-à-dire 50 %. Attendu que la valeur totale des contributions dans le cadre de l'ARC atteint 6 000, cela signifie que chaque partie doit contribuer à hauteur de 3 000. La valeur de la contribution en nature de la société A s'élève à 3 600. La valeur de la contribution en nature de la société A s'élève à 2 400. En conséquence, la société B doit procéder à un paiement compensatoire s'élevant à 600 au profit de la société A. Cela a pour effet de « compléter » la contribution de la société B à concurrence de 3 000 et compense la contribution de la société A du même montant. L'exemple 3 démontre que, de manière générale, l'évaluation des contributions d'après le coût, n'aboutit pas à un résultat de pleine concurrence, y compris dans des situations dans lesquelles la marge de pleine concurrence sur le coût des contributions est identique.

Exemple 4

17. La société A et la société B sont membres d'un groupe d'entreprises multinationales et décident d'entreprendre le développement d'un actif incorporel par le biais d'un ARC. Il est prévu une rentabilité élevée de l'actif incorporel sur la base des actifs incorporels dont dispose déjà la société B, de ses résultats et de l'expérience de son personnel de recherche-développement. La société A exerce, par le biais de son propre personnel, toutes les fonctions attendues d'un participant à un ARC de développement ayant un droit d'exploitation de l'actif incorporel en résultant, notamment les fonctions requises pour exercer un contrôle des risques qu'il assume conformément aux principes figurant dans les paragraphes 8.14 à 8.18. Il est prévu que la mise au point de l'actif incorporel spécifique de cet exemple dure cinq ans avant de pouvoir être exploité commercialement et, en cas de réussite, il est prévu que sa valeur dure dix ans après son exploitation initiale.

18. En vertu de l'ARC, la société A fournira le financement associé à la mise au point de cet actif incorporel (sachant que l'on table sur des coûts de mise au point de 100 millions USD par an pendant 5 ans). La société B apportera les droits de mise au point liés aux actifs incorporels, pour lesquels la société A est investie de droits aux termes de l'ARC,

quel que soit le résultat des objectifs de l'ARC et exercera toutes les activités liées à la mise au point, à l'entretien et à l'exploitation de l'actif incorporel considéré. La valeur des contributions de la société B (comprenant la réalisation des activités ainsi que l'utilisation des actifs incorporels préexistants) devrait être déterminée conformément aux orientations du chapitre VI et serait susceptible d'être fondée sur la valeur escomptée de l'actif incorporel devant être produit dans le cadre de l'ARC, déduction faite de la contribution au financement de la société A.

19. Une fois mis au point, cet actif incorporel devrait déboucher sur des bénéfices de 550 millions USD par an (au cours des années 6 à 15). L'ARC prévoit que la société B aura des droits exclusifs d'exploitation de l'actif incorporel en résultant dans le pays B (qui doit aboutir à des bénéfices de 220 millions USD par an au cours des années 6 à 15) et que la société A aura des droits exclusifs d'exploitation de l'actif incorporel dans le reste du monde (devant déboucher sur des bénéfices de 330 millions USD par an).

20. Compte tenu des solutions de remplacement réalistes dont disposent les sociétés A et B, il est établi que la valeur de la contribution de la société A est équivalente au rendement, corrigé des risques, de son engagement de financement de R&D. Supposons que celui-ci soit évalué à 110 millions USD par an (pour les années 6 à 15)[23]. Cependant, dans le cadre de l'ARC, il est prévu que la société A bénéficie d'avantages équivalents à 350 millions USD de bénéfices par an au cours des années 6 à 15 (et non pas 110 millions USD). Cette valeur supplémentaire escomptée des droits obtenus par la société A (c'est-à-dire, la valeur escomptée dépassant la valeur de l'investissement en financement de la société A) reflète l'apport des contributions préexistantes de la société B en actifs incorporels et l'engagement de R&D pour l'ARC. La société A doit payer en échange de la valeur supplémentaire reçue. Par conséquent, il est nécessaire d'effectuer des paiements compensatoires de la société A au profit de la société B. En effet, la société A devrait verser à la société B un paiement compensatoire relatif à ses contributions, égal à la valeur présente, en tenant compte du risque lié à ce futur revenu et s'élevant à 220 millions USD par an, par anticipation pour les années 6 à 15.

Exemple 5

21. Les faits sont identiques à ceux de l'exemple 4 à ceci près que l'analyse fonctionnelle indique que la société A n'a pas la capacité de prendre la décision de saisir ou de rejeter une opportunité porteuse de risque présentée par la participation à un ARC ni de prendre la décision de répondre aux risques associés à cette opportunité et selon quelles modalités. Elle n'a pas non plus la capacité d'atténuer les risques ni d'évaluer et de prendre des décisions relatives aux mesures d'atténuation du risque prises par une autre partie pour son compte.

22. Dans le cadre de la délimitation précise des transactions associées à l'ARC, l'analyse fonctionnelle indique, par conséquent, que la société A ne contrôle pas ses risques spécifiques liés à l'ARC, selon le paragraphe 8.15 et, par conséquent, qu'elle n'a pas droit à une part du résultat, ce qui est la finalité de l'ARC.

Bibliographie

Nations Unies (2011), *Modèle de convention concernant les doubles impositions entre pays développés et pays en développement*, www.un.org/esa/ffd/wp-content/uploads/2015/02/UN_Model2011_UpdateFr.pdf.

OCDE (2016), *Relever les défis fiscaux posés par l'économie numérique, Action 1 – Rapport final 2015*, Éditions OCDE, Paris, http://dx.doi.org/10.1787/9789264252141-fr.

OCDE (2014a), *Rapports au Groupe de travail au G20 pour le développement sur l'impact du Projet BEPS dans les pays à faibles revenus*, OCDE, Paris, www.oecd.org/tax/tax-global/report-to-g20-dwg-on-the-impact-of-beps-in-low-income-countries.pdf.

OCDE (2014b), *Modèle de convention fiscale concernant le revenu et la fortune : Version abrégée 2014*, Éditions OCDE, Paris, http://dx.doi.org/10.1787/mtc_cond-2014-fr.

OCDE (2013), *Plan d'action concernant l'érosion de la base d'imposition et le transfert de bénéfices*, Éditions OCDE, Paris, http://dx.doi.org/10.1787/9789264203242-fr.

OCDE (2010a), *Principes de l'OCDE applicables en matière de prix de transfert à l'intention des entreprises multinationales et des administrations fiscales, Éditions* OCDE, Paris, http://dx.doi.org//10.1787/tpg-2010-fr.

OCDE (2010b), *Rapport sur l'attribution de bénéfices aux établissements stables*, www.oecd.org/fr/fiscalite/prix-de-transfert/45689556.pdf.

Notes

1. Le Brésil propose, dans le cadre de sa législation intérieure, une approche utilisant les marges fixes dérivées des pratiques industrielles et la considère conforme au principe de pleine concurrence. Le Brésil continuera à appliquer cette approche et utilisera les orientations de ce Rapport dans ce contexte. Lorsque les conventions fiscales du Brésil contiennent le paragraphe 1 de l'article 9 des modèles de conventions de l'OCDE et des Nations Unies et si un cas de double imposition est visé par cette disposition de la convention, le Brésil donnera accès à la procédure amiable conformément à la norme minimale de l'Action 14.

2. Les indications de ce chapitre et plus particulièrement de cette section sur les risques ne sont pas spécifiques à un secteur industriel donné. Si le concept de base selon lequel une partie supportant les risques doit avoir la capacité de gérer effectivement ces risques s'applique à l'assurance, à la banque et aux autres sociétés de services financiers, ces secteurs réglementés sont tenus de respecter des règles édictant les dispositions relatives aux risques et la façon dont ils sont reconnus, mesurés et présentés. L'approche réglementaire de l'affectation des risques des entités réglementées doit être prise en compte et il doit être fait référence, le cas échéant, aux principes en matière de prix de transfert applicables spécifiquement aux sociétés de services financiers, qui sont énoncées dans le Rapport de 2010 sur l'attribution de bénéfices aux établissements stables.

3. Des indications supplémentaires seront fournies à propos des caractéristiques économiquement pertinentes pour déterminer les conditions de pleine concurrence des transactions financières. Ces travaux seront effectués en 2016 et 2017.

4. La société A devrait s'attendre potentiellement à moins qu'un rendement sans risque, par exemple si la transaction était écartée au regard de la section D.2.

5. Compte tenu des différences entre les législations locales, certains pays considèrent qu'une action délibérée et concertée constitue toujours une transaction tandis que pour d'autres ce n'est pas le cas. Néanmoins, le consensus qui prévaut est que, dans chacun de ces deux cas de figure, il y a action délibérée et concertée dès lors qu'une entreprise associée exerce des fonctions, utilise des actifs ou assume des risques au bénéfice d'une ou plusieurs autres entreprises associées de telle sorte qu'une rémunération de pleine concurrence s'impose. Voir notamment l'exemple 5, paragraphes 1.170 à 1.173.

6. On ne saurait considérer que l'exemple 2 offre des orientations exhaustives concernant les commissions de garantie dans le contexte de transactions financières. Des travaux seront entrepris en 2016 et 2017 en vue de fournir des orientations complémentaires sur les transactions financières et notamment sur l'identification des caractéristiques économiques pertinentes pour déterminer les conditions de pleine concurrence.

7. OCDE (2014), Rapports au Groupe de travail du G20 pour le développement sur l'impact du Projet BEPS dans les pays à faibles revenus, www.oecd.org/fr/ctp/fiscalite-internationale/partie-1-du-rapport-au-g20-d%C3%A9veloppement-impact-projet-beps-2014.pdf et www.oecd.org/fr/ctp/fiscalite-internationale/partie-2-du-rapport-au-g20-d%c3%a9veloppement-impact-projet-beps-2014.pdf.

8. OCDE (2015), *Relever les défis fiscaux poses par l'économie numérique*, chapitre 6, paragraphe 231.

9. Voir la note 7.

10. Voir le paragraphe 6.57 de la section de ce rapport sur les actifs incorporels.

11. Ibid, section D.2.6.2 du chapitre VI.

12. Voir la section D.8 du chapitre I de ce rapport, Principes relatifs à l'application du principe de pleine concurrence.

13. La prise en charge des risques se réfère à la détermination de l'entreprise associée qui assume un risque spécifique conformément aux indications fournies dans la section D.1.2.1 du chapitre I, en prenant en compte le contrôle du risque et la capacité financière d'assumer ce risque. La prise en charge contractuelle du risque se réfère à la répartition des risques entre les parties dans les contrats.

14. Tel qu'il est utilisé dans ce paragraphe, le terme « actif financier » désigne tout actif qui est de la trésorerie, un instrument de fonds propres, un droit contractuel ou une obligation contractuelle de recevoir de la trésorerie ou un autre actif financier, ou d'échanger des actifs ou passifs financiers, ou un instrument dérivé. On peut citer à titre d'exemples les obligations, les dépôts bancaires, les actions et autres titres de participation, les contrats à terme standardisés ou de gré à gré, ainsi que les contrats d'échange.

15. Tel qu'elle est utilisée ici, la notion d'« exploitation d'un actif incorporel » recouvre à la fois le transfert de l'actif incorporel considéré ou des droits sur cet actif incorporel et son utilisation dans le cadre d'opérations commerciales.

16. Tel qu'elle est utilisée dans la présente section B, la notion d'« utilisation d'actifs » recouvre la contribution apportée sous forme de financement et/ou d'autres formes de capital à la mise au point, à l'amélioration, à l'entretien, à la protection ou à l'exploitation d'actifs incorporels. Voir le paragraphe 6.59.

17. Des principes complémentaires seront fournis concernant les caractéristiques économiquement significatives pour la détermination des conditions de pleine concurrence des transactions financières, y compris lorsque le financement est utilisé pour le financement de projet, notamment pour investir dans le développement d'actifs incorporels. Ces travaux seront réalisés en 2016 et 2017.

18. La section D.2.6.2 du chapitre VI est susceptible d'être révisée pour refléter le résultat des travaux menés sur l'application des méthodes transactionnelles de partage des bénéfices, mandatés par l'action 10 du plan d'action concernant le BEPS. Ces travaux seront menés en 2016 et 2017.

19. Les évaluations financières fondées sur des prévisions s'appuient souvent sur des flux de trésorerie prévisionnels. Les estimations fondées sur les droits constatés, comme celles réalisées à des fins comptables ou fiscales, reflètent parfois mal l'échéancier des flux de trésorerie, ce qui peut conduire à des résultats différents selon que l'approche est fondée sur les revenus ou sur les flux de trésorerie. Toutefois, plusieurs arguments conduisent à considérer que, dans certains cas, les prévisions fondées sur les revenus donnent en pratique des résultats plus fiables que celles fondées sur les flux de trésorerie aux fins de la fixation des prix de transfert. Dans les tous cas, cependant, on veillera à ce que les estimations fondées sur les revenus ou sur les flux de trésorerie soient utilisées de manière cohérente et lorsque les circonstances le justifient. Par conséquent, les références à une approche fondée sur les flux de trésorerie renvoient plus largement aux estimations fondées sur les revenus et sur les flux de trésorerie, appliquées à bon escient.

20. Dans certains secteurs d'activités, il n'est pas rare qu'un actif incorporel soit transféré avec une clause conditionnelle relative à une second usage ou à un usage supplémentaire. En ce qui concerne le types d'actifs incorporels concernés, la période prise en compte recommence avec la nouvelle commercialisation.

21. Aux fins de cet exemple, il n'est pas nécessaire de calculer ces résultats. Il est supposé dans le cadre de cet exemple qu'un « investissement » consistant à financer à hauteur de 100 millions USD par an pendant 5 ans un projet présentant un tel niveau de risque devrait déboucher, dans des conditions de pleine concurrence, sur des bénéfices anticipés de 110 millions USD par an pendant les 10 années suivantes. Cela correspond à 11 % de retour sur investissement.

22. La section D constitue la seule partie des principes abordée dans ce chapitre, qui doit être considérée comme une faisant partie des prix de transfert calculés à la suite des Actions 8 à 10 du plan d'action BEPS approuvé par tous les pays associés du BEPS.

23. Aux fins de cet exemple, il n'est pas nécessaire de calculer ces résultats. Il est supposé dans le cadre de cet exemple qu'un « investissement » consistant à financer à hauteur de 100 millions USD par an pendant 5 ans un projet présentant un tel niveau de risque devrait déboucher, dans des conditions de pleine concurrence, sur des bénéfices anticipés de 110 millions USD par an pendant les 10 années suivantes. Les résultats utilisés dans cet exemple ont pour seul objet de démontrer les principes illustrés dans cet exemple et non pas d'expliquer comment déduire le niveau des revenus de pleine concurrence des participants à un ARC.

ORGANISATION DE COOPÉRATION ET DE DÉVELOPPEMENT ÉCONOMIQUES

L'OCDE est un forum unique en son genre où les gouvernements oeuvrent ensemble pour relever les défis économiques, sociaux et environnementaux que pose la mondialisation. L'OCDE est aussi à l'avant-garde des efforts entrepris pour comprendre les évolutions du monde actuel et les préoccupations qu'elles font naître. Elle aide les gouvernements à faire face à des situations nouvelles en examinant des thèmes tels que le gouvernement d'entreprise, l'économie de l'information et les défis posés par le vieillissement de la population. L'Organisation offre aux gouvernements un cadre leur permettant de comparer leurs expériences en matière de politiques, de chercher des réponses à des problèmes communs, d'identifier les bonnes pratiques et de travailler à la coordination des politiques nationales et internationales.

Les pays membres de l'OCDE sont : l'Allemagne, l'Australie, l'Autriche, la Belgique, le Canada, le Chili, la Corée, le Danemark, l'Espagne, l'Estonie, les États-Unis, la Finlande, la France, la Grèce, la Hongrie, l'Irlande, l'Islande, Israël, l'Italie, le Japon, le Luxembourg, le Mexique, la Norvège, la Nouvelle-Zélande, les Pays-Bas, la Pologne, le Portugal, la République slovaque, la République tchèque, le Royaume-Uni, la Slovénie, la Suède, la Suisse et la Turquie. La Commission européenne participe aux travaux de l'OCDE.

Les Éditions OCDE assurent une large diffusion aux travaux de l'Organisation. Ces derniers comprennent les résultats de l'activité de collecte de statistiques, les travaux de recherche menés sur des questions économiques, sociales et environnementales, ainsi que les conventions, les principes directeurs et les modèles développés par les pays membres.

ÉDITIONS OCDE, 2, rue André-Pascal, 75775 PARIS CEDEX 16
(23 2015 35 2 P) ISBN 978-92-64-24919-6 – 2016

www.ingramcontent.com/pod-product-compliance
Lightning Source LLC
LaVergne TN
LVHW080653011026
849160LV00014B/1409
9789264249196